일상의 철학, 행복을 말하다
행복: 열두 이야기

행복 열두 이야기

일상의 철학, 행복을 말하다

최현철 지음

Medimark

| 머리말 |

인류는 과거 어느 시대보다 풍요롭고 자유로우며 건강한 시대를 살아가고 있다. 그러나 역설적으로 우리는 그 어느 때보다 불안하고, 행복이 멀게 느껴지는 사회 속을 걷고 있다. 물질의 풍요가 반드시 정신의 충만으로 이어지지 않는 이 시대에, '행복'은 다시 사유의 중심으로 돌아와야 할 주제가 되었다.

이 책은 중앙대학교 다빈치캠퍼스에서 저자가 2018년부터 진행해온 교양강좌인 〈행복의 철학〉의 강의 내용을 바탕으로 집필되었다. 처음 이 강의를 맡았을 때, 사실 나는 이 강의에 대해 충분히 준비된 상태가 아니었다. 갑작스러운 강의 배정으로 방학 동안 여러 책을 탐독하며 강의안을 만들어야 했다. 게다가 당시는 내가 2017년 말부터 이어진 요로 결석으로 오랜 초음파 쇄석 시술과 강한 진통제로 몸과 마음이 모두 지쳐 있던 시기였다. 아이러니하게도 그 시절, 나는 행복과 철학을 강의해야 했고 '행복'이란 단어를 수업시간마다 말했어야 했다.

그때 내게 큰 힘이 되어준 책이 김성동 교수의 《아버지는 말하셨지, 너희는 행복하여라》라는 대중서다. 김 교수님은 자신의 한글 원고 파일을 직접 보내주셨고, 나는 그 내용을 토대로 강의안을 조금 쉽게 구성하며 강의를 이어갈 수 있었다. 당시 내 몸 상태로는 그 이상의 일을 해내기가 어려웠기에, 그 도움은 지금도 마음 깊이 남아 있다. 나는 그때 김 교수님께 "언젠가 행복을 주제로 한 '열두 이야기'를 제가 한번 쓰겠습니다"라고 약속드렸다.

어느덧 시간은 흘렀고, 여러 이유로 그 약속을 미루어 왔다. 그러던 중 2025년 K-MOOC 교과 개발에 〈일상의 철학, 행복을 말하다〉 과목이 선정되면서, 비로소 그 약속을 지킬 기회를 얻었다. 그동안의 강의에서 다듬어진 생각과 논의를 정리하며, 강의의 연장선에서 이 책을 쓰게 되었다. 동시에 K-MOOC 강의 촬영도 함께 진행되었다.

이 책 《행복: 열두 이야기》는 〈행복의 철학〉의 강의 내용을 정리하고 확장한 결과물이자, 아프고 바쁘던 시절 내게 건네진 작은 도움에 대한 오래된 감사의 표현이다. 또한, 철학이란 결국 '삶의 일상'에서 출발해야 한다는 나의 믿음을 이 책에 담았다.

책의 구성은 다음과 같다. 제1부 '행복의 개념'에서는 행복이란 무엇인가를 묻는 철학적 탐구를 다루었고, 제2부 '행복의 일상'에서는 자유, 노동, 권력, 우정, 윤리, 일상 등 구체적 삶의 영역 속에서 행복의 문제를 살폈다. 이 책의 각 장은 '열두 이야기'라는 형식을 빌려, 일상 속 사유의 언어로 철학을 풀어내고자 했다.

본문의 각주에 관해서는 우선 독자들에게 미리 양해를 구하고 싶다. 가능한 한 저자의 목소리를 직접 들려드리고 싶었지만, 동시에 독자에게 불필요한 문헌 정보를 나열하는 게 아닌가 걱정이 되기도 한다. 아울러 일부 인용의 정밀한 출처가 생략된 부분이 있음을 양해해 주길 바란다.

이 책은 철학을 통해 행복을 '이해'하기보다, 행복을 '사유'하려는 시도다. 행복이란 주제는 결코 완결된 정의로 닫을 수 없는 열린 이야기며, 이 책은 그 이야기의 한 여정에 불과하다. 그리고 이 책의 내용에 대한 의견이나 제안이 있다면 언제든 연락을 부탁드린다. 저자의 주소는 choihc71@cau.ac.kr이다.

마지막으로 이 책이 나오기까지 강의록의 원고 정리 및 교정 등 많은 도움을 준 나의 제자이자 K-MOOC TA[강다희(서울대 박사과정), 문지영(서울대 석사), 이혜린(서울대 석·박사과정), 김하연(서울대 석·박사과정), 김영서(서울대 석·박사과정), 최선미(중앙대 석사과정)]에게 감사의 마음을 전한다.

2026년 3월
중앙대학교 다빈치캠퍼스에서
최현철

일상의 철학, 행복을 말하다
행복: 열두 이야기

차
례

행복의 개념

제1부

제1장

행복의 개념 길라잡이

당신은 '행복'을 생각할 때, 어떤 단어들이 떠오르는가?
당신이 행복을 정의할 때,
반드시 들어가야만 하는 단어가 있다면
그것은 무엇인가? 당신도 한번 적어보라!

행복이란 무엇인가?

1776년, 토마스 제퍼슨(T. Jefferson, 1743~1826)은 미국 독립선언서의 한 구절을 이렇게 썼다.

> "우리는 다음과 같은 사실들이 자명하다고 믿는다. 모든 사람은 평등하게 태어났으며, 창조주는 모든 이에게 양도할 수 없는 권리를 부여했다. 그 권리에는 생명, 자유, 그리고 행복을 추구할 권리가 있다."

여기서 '양도할 수 없는(unalienable)'이라는 표현은 결코 가볍게 사용할 수 있는 말이 아니다. 지난 인류의 역사는 생명과 자유의 권리를 되찾기 위한 투쟁의 연속이었다. 그 노력의 성과를 현대를 사는 우리가 어느 정도 누리고 있다고 해도 과언은 아니다. 세계 여러 나라의 사정도 비슷하겠지만, 특히 우리나라는 생명과 경제적 자유를 위한 노력에 비해 행복을 추구하려는 노력은 이제 막 시작 단계에 있다. 그래서 이러한 행복의 권리를 우리가 온전히 누리려면, 먼

저 행복이 무엇인지 그 개념을 알아야 그 이야기를 시작할 수 있을 것 같다.[1]

행복(happiness)이란 과연 무엇일까? 오늘날까지도 우리는 '행복'이라는 개념을 명확히 규정하지 못하고 있다. 따라서 행복은 개인의 사적인 감정에 국한되는 것인지, 아니면 사회적 조건과 제도와 긴밀히 연결되어 공동체적 성격을 가지는 것인지 등의 여러 가지 질문들을 동반하는 주제다. 당신은 '행복'을 생각할 때, 어떤 단어들이 머릿속에 떠오르는가? 대개 사람들이 행복을 말할 때, 반드시 들어가야만 하는 단어가 있다면 그것은 무엇인가? 당신도 한번 적어보라!

내가 조사한 다양한 연구자료를 종합해 보면, '행복'을 정의하거나 설명할 때 사람들이 가장 많이 사용하는 단어는 사랑, 건강, 자유, 안정, 성취, 만족, 가족, 즐거움, 평화, 그리고 친구였다. 대부분 가족·친구·연인과의 관계적 사랑을 행복의 핵심으로 보며, 건강을 가장 중요한 전제로 꼽는다. 그리고 스스로 선택하고 통제할 수 있는 자유를 중시했고, 경제적·심리적·사회적 안정감이 행복과 밀접하게 연결된다고 믿는다. 더욱이 목표를 이루는 성취감과 자존감, 현재 삶에 대한 만족과 감사의 감정 역시 행복의 중요한 요소로 자리 잡고 있다. 또한, 가족과 함께하는 시간은 세계적으로 행복의 중요한 원천으로 꼽히며, 즐겁고 재미있는 경험이나 일상 속의 기쁨

---

1) 김성동. 2007. 《아버지는 말하셨지, 너희는 행복하여라》. 철학과 현실사. p. 13.

또한 행복의 필수적인 부분으로 여긴다. 더불어 마음의 평화나 사회적 평화, 그리고 사회적 관계와 우정을 통한 친구 관계 역시 행복을 느끼게 하는 중요한 요인으로 자주 언급된다.

행복의 정의를 둘러싼 논의는 크게 두 가지 축으로 나누어 설명해 볼 수 있는데, 그 첫째는 행복의 근원이나 위치(locus)다. 이것은 행복이 인간 내부에서 비롯되는가 아니면 외부에서 오는가 하는 문제다. 둘째는 행복의 성격과 초점(focus)인데, 이것은 행복을 주관적인 만족이나 쾌락(hedonism)으로 볼 것인가, 아니면 개인이 지닌 가치나 역량의 실현(eudaimonism)으로 볼 것인가 하는 문제에 해당한다.

우선 행복의 근원에 관한 논의는 역사와 시대 상황에 따라 그 관점이 바뀌어 왔다. 반면, 행복의 성격에 대한 논의는 고대 그리스 시대부터 오늘날까지 두 가지 관점이 함께 공존해 왔다고 할 수 있다. 행복의 정의에 대한 접근들이 오늘날에 와서 철학뿐 아니라 심리학이나 경제학 같은 사회과학에서도 주된 관심의 대상이 되어 확장되었지만, 지금까지 행복 개념에 대한 정의들의 뚜렷한 특징 하나는 그것이 단일 차원으로 쉽게 정의되지 않는다는 점이다. 행복에 대한 정의가 단일하지 않다는 점은 곧 행복이 인간 경험의 복합성과 복잡성을 반영한다는 의미이기도 하다. 이런 복잡성 때문에, 행복을 연구하기란 정말 쉽지 않다. 그래서 여러 학문에서 행복을 더 체계적으로 연구하려면, 행복이 가진 다차원적 성격을 충분히 이해하고 어떤 차원에 초점을 맞출지 분명히 할 필요가 있다.

그렇다면 행복의 근원, 행복은 어디에서 비롯되는지에 관한 질문을 우선 살펴보자. 이 질문은 고대 그리스 시대부터 이어져 온 오래된 문제다. 데모크리토스(Democritus), 소크라테스(Socrates), 아리스토텔레스(Aristotle) 같은 고대 그리스 철학자들도 행복의 본질과 그 기원을 두고 다양한 논의를 펼쳤다. 당시 행복의 개념은 오늘날과는 조금 달랐다. 그들은 행복을 행운과 같은 것으로 이해했기 때문이다. '행복'을 뜻하는 그리스어 에우다이모니아(eudaimonia) 역시 그러한 의미를 잘 보여준다. 에우(eu)는 '좋은(good)', 다이몬(daimon)은 '신(god)'이나 '영(spirit)'을 뜻하는데, 합치면 '좋은 신' 혹은 '좋은 영'이 함께한다는 의미, 곧 행운이 따르는 상태를 말한다.[2]

고대 그리스에서 중세에 이르기까지 행복은 인간이 스스로 쟁취하는 것이 아니라 신이나 하늘로부터 외부적으로 주어지는 것이었다. 이러한 성향은 동양 역시 크게 다르지 않았는데, 예를 들어 중국 고전 《예기(禮記)》는 행복(복, 福)을 '운이 좋고 장애나 방해가 없는 상황'으로 설명하고 있다.[3] 이와 같이 행복의 초기 개념은 외부적 요인에 크게 의존하였다. 고대인들에게 행복은 단순한 개인의 노력이나 선택으로 이루어지는 것이 아니라 신의 뜻, 운에 따라 결정되는 것이었다. 따라서 이 시기의 행복관은 우리 스스로 삶을 설계하며 의미를 발견하는 것보다는 주어진 조건 속에서 최선의 행복을 누

---

2) 박성호. 2017. 아리스토텔레스의 에우다이모니아 개념에 관한 연구. 《철학 연구》, 141, pp. 63~84.
3) 《예기(禮記)》. 예운(禮運) 第9篇. 是謂承天之祐. "이것을 하늘의 복을 받았다." 또한, 구교준 외, 2015. 행복에 대한 이론적 고찰. 《정부학연구》. 21(2). p. 99.

리는 수용적 태도를 강조하는 방향으로 정의되었다.

그런데도 고대 그리스 철학자들 사이에서 행복에 대한 이해 차이는 있었다. 가령 소크라테스는 지식과 지혜, 아름다움에 대한 교육을 통해 행복에 더 가까워질 수 있다고 말했으며, 행복의 일부는 인간 내부에도 있다고 믿었다. 소크라테스와 플라톤(Plato)의 영향을 받은 아리스토텔레스도 행복을 도덕적이고 가치 있는 삶, 축복받은 삶으로 보았지만, 행복이 전적으로 다른 사람의 손에 달린 것은 아니라고 하였다. 그는 개인이 가치 있는 삶을 추구하면 행복을 얻을 수 있다고 했다. 결국 고대 그리스의 행복 개념은 행복의 외부적 요인에 무게를 두었지만, 동시에 인간의 노력과 선택을 무시하지 않았다.

중세 시대에 들어서면서 이러한 외부 중심의 행복관은 더욱 강화되었다. 중세의 철학자들은 고대 그리스의 도덕적 삶을 여전히 중요하게 평가했지만, 행복의 본질을 인간의 노력으로 얻는 것이 아니라 신의 축복으로만 가능하다고 보았다. 특히, 기독교의 영향 아래에서 인간 세상의 행복은 잠시 얻을 수 있어도 영원한 행복은 오직 신을 통해서만 주어지는 것이었다. 이처럼 고대와 중세를 거치며 발전한 고전적 행복관의 핵심은, 행복은 신이 허락한 축복이며 소수에게만 주어진다는 믿음이었다. 하지만 13세기의 신학자 토마스 아퀴나스(T. Aquinas)에게 와서 이 믿음은 변했다. 달린 맥마흔(D. M.

---

4) McMahon, D. M.. 2006. Happiness: A History. New York, NY: Atlactic Monthly Press. p. 132. 이후 행복에 대한 심리학적 접근은 구교준 외 2015. 행복에 대한 이론적 고찰.《정부학연구》. 21(2). pp. 95-130의 연구를 참조하였다.

McMahon)[4]에 따르면, 아퀴나스는 인간이 신을 닮고자 노력하는 삶을 통해 완전하지는 않더라도 부분적인 행복은 얻을 수 있다고 보았다고 한다. 행복은 더 이상 선택된 소수만의 것이 아니라, 종교적 믿음을 바탕으로 한 삶을 추구하는 사람이라면 누구나 어느 정도는 누릴 수 있는 것이 되었다. 이런 견해는 16~17세기 계몽주의를 거치며 더 세속화되었다. 이 시기에는 개인의 쾌락이야말로 행복의 핵심으로 여겨졌고, 심지어 행복과 쾌락을 동일시했다. 계몽주의가 진행되면서 행복의 근원에 대한 논의는 완전히 인간 외재적인 것에서 내재적인 것이라는 관점으로 옮겨졌다.

그 대표적인 예가 앞에서 언급한 1776년의 미국 독립선언서와 공리주의다. 미국의 독립선언서는 생명과 자유, 그리고 행복추구권을 인간의 양도할 수 없는 권리로 선언했고, 공리주의는 행복을 곧 효용(utility), 다시 말해 쾌락의 극대화를 행복으로 정의했다. 잘 알려져 있듯, 제르미 벤담(J. Bentham)은 모든 개인이 자신의 쾌락을 극대화하면 사회 전체에 대한 최대 다수의 최대 행복을 누릴 수 있다고 주장했다.

이제 근대 사회에서 행복은 더 이상 누군가가 내려주는 것이 아니라, 개인이 적극적으로 추구해야 할 목표가 되었다. 그리고 그 구체적인 모습도 고전적 행복관의 '가치 있는 삶'에서 벗어나, 공리주의에서 말하는 개인의 주관적 쾌락과 같은 훨씬 현실적이고 감정적인 내용으로 변했다. 행복의 근원이나 위치에 관한 질문과 더불어 행복의 성격, 즉 행복을 구성하는 내용에 관한 질문도 꾸준히 제기되었다.

행복의 성격에 대한 물음은 "어떤 삶이 좋은 삶인가?"라는 질문과 연결된다. 고대 그리스 철학자들은 이에 대해 상반된 두 가지 견해를 제시한다.[5] 하나는 행복을 쾌락에서 찾는 시각으로, 좋은 삶이란 육체적·정신적 쾌락을 얻는 삶이다. '쾌락주의(hedonism)'라고 불리는 이 관점은 기원전 4세기 아리스티포스(Aristippus)가 주장했다. 그는 키레네 학파의 창시자로, 행복을 즉각적이고 감각적인 쾌락의 추구에서 찾았다. 현재의 쾌락을 가능한 한 강렬하게 향유하는 것이 행복의 핵심이고, 이러한 감각적 쾌락을 통해 삶의 즐거움을 극대화할 수 있다고 그는 주장하였다. 아리스티포스에게 행복이란 곧 순간순간의 즐거움을 놓치지 않고 누리는 데 있었다.

반면 에피쿠로스(Epicurus)는 쾌락을 행복의 기준으로 삼는 점에서 아리스티포스와 유사하지만, 그는 인간 쾌락의 질과 지속성을 더 중시하였다. 그는 단순히 감각적 쾌락을 좇기보다는 고통을 피하고 마음의 평정을 유지함으로써 얻는 지속적이고 안정된 쾌락을 행복의 핵심으로 보았다. 그래서 그는 절제와 사려 깊은 선택을 통해 불필요한 욕망을 줄이고, 마음의 평온과 고요를 유지하는 것이 진정한 행복이라고 강조했다. 결국 인간의 삶의 목적은 쾌락의 총량을 극대화하는 것이며, 쾌락 이외의 가치는 별로 중요하지 않았다.

이러한 고대 그리스의 쾌락주의 전통은 근대 심리학과 경제학에도 강한 영향을 주었다. 심리학에서는 행복이라는 개념이 너무 모호

---

5) Ryan, R. M. & Deci, E. L.. 2001. "On Happiness and Human Potentials: A Review of Research on Hedonic and Eudaimonic well-being". *Annual Review of Psychology*. 52. pp. 141~166.

하다는 비판을 받아, 쾌락이나 고통을 중심으로 삶을 평가하는 '주관
적 안녕(subjective well-being) 혹은 개인적 안녕'이라는 개념이 등
장하였다.[6] 여기서 주관적 혹은 개인적 안녕은 개인이 느끼는 삶의
만족감, 긍정적 감정의 경험, 부정적 감정의 부재로 정의되며, 이를
통해 '행복'이라는 개념이 점점 추상적인 개념에서 실질적으로 측정
이 가능한 유형으로 발전하게 되었다. 이러한 실증적 개념을 바탕으
로 오늘날의 경제학에서는 인간의 주관적 경험과 쾌락을 중심으로
행복을 정의하고자 하며 이를 바탕으로 행복을 측정하고 정책에 반
영하는 행복 경제학(Happiness Economics)을 연구하기도 한다.

행복의 성격에서 다른 하나는 에우다이모니즘(eudaimonism)이
다, 나는 개인적으로 이것을 쾌락주의와 대비하여 '만족주의'라고 부
른다. 이 개념에 따르면 단순하고 순간적인 쾌락(hedonic pleasure)
과는 달리, 의미와 가치를 추구하며 성장하는 삶에서 오는 기쁨은
훨씬 더 깊이 있고 질적으로 다르다는 것이다. 개인의 욕구 충족이
라는 단순한 차원을 넘어서, 삶 전체를 바라보는 포괄적 시각을 통
해 얻어지는 것이 바로 행복이기 때문이다.

이러한 관점은 현대 심리학과 경제학의 행복 연구에서도 주목받
고 있다. 예컨대 심리학 분야에서는 단순한 쾌락을 중심으로 한 '주
관적 안녕'과 구별되는 심리적 안녕(psychological well-being) 개념
이 등장하였다. 심리적 안녕은 개인이 자신의 잠재력을 실현하며 성
장·발전해 나가는 과정에서 얻는 심리적 만족감을 의미한다. 캐럴

---

6) Diener, E., 1984. "Subjective Well-Being". Psychological Bulletin. 95. pp. 542~575.

리프(C. Ryff, 1995)는 매슬로우의 자아실현(self-actualization), 칼 로저스(Carl Rogers)의 완전하게 기능하는 인간(fully functioning person), 칼 융(K. Jung)의 개성화(individuation) 등 여러 심리학 이론을 바탕으로, 개인의 삶의 질을 측정할 수 있는 여섯 개의 차원으로 이루어진 척도를 개발하였다. 리프는 이 척도를 통해 측정되는 삶의 질을 '심리적 안녕감(psychological well-being)'이라고 정의한다. 구체적으로, 삶의 질이 높은 사람은 자신을 있는 그대로 수용[자아-수용성(self-acceptance)]하고, 긍정적인 대인관계(positive relations with others)를 유지하며, 자기 행동을 독립적이고 자율적으로 조절할 수 있고, 주변환경에 대한 통제력(environmental mastery)을 가지고, 삶의 목적(purpose in life)을 분명히 하고, 자기 잠재력과 성장을 실현하고자 하는 동기를 지닌 사람이다.

아울러 1990년대 이후 마틴 셀리그먼(Martin E. P. Seligman)을 중심으로 한 '긍정 심리학(positive psychology)'이 등장하였다. 이는 인간의 긍정적인 감정과 강점을 연구하면서 쾌락 심리학(hedonic psychology)과 구별되는 새로운 시각을 제시한다. 긍정 심리학은 매슬로우나 고든 올포트(G. W. Allport)와 같은 인문 심리학자들의 영향을 받아, 자아실현과 성장, 삶의 목적을 중심으로 한 행복관을 강조하며, 이런 접근은 본질적으로 아리스토텔레스의 덕 이론(virtue theory)과 그 맥락을 같이한다. 특히 로저스가 제시한 '완전하게 기능하는 사람' 개념은 자율적이고 독립적인 결정을 통해 자신의 잠재력을 극대화하며 자아실현에 이른 사람을 말하며, 이는 에우다이모니아적 웰빙(eudaimonic well-being)을 설명하는 여러 특성과도 잘 맞는다. 현대 사회에서 에우다이모니즘적 접근은 단순히 개인의 심리적인 만족감을 넘어서 직장이나 커뮤니티 등 다양한 사회 구조 속에서 개인의 성장과 의미있는 삶을 강조하게 된다. 예를 들어, 직장 동료들과 협심하여 목표를 성취하거나, 자기 능력을 발휘하여 성장할 때 느끼는 행복은 단순한 감각적 쾌락보다 더 지속적이고 깊은 만족감을 제공한다는 것이다.

지금까지 이야기를 정리하면, 일상적으로 우리가 말하는 행복에는 두 가지가 있다. 하나는 감각적 행복인 쾌락이고, 다른 하나는 정신적 행복인 만족이다. 우리가 목이 마를 때 물을 마시면 행복하다. 왜냐하면 그것은 감각적인 쾌락을 주기 때문이다. 하지만 인간은 감각적 쾌락을 넘어 애써 일해서 무언가를 스스로 성취했을 때, 또는 내가 잘 살고 있다는 느낌을 얻을 때, 다시 말해 자신의 삶에 만족이 있을 때 행복하다. 그래서 인간은 감각적 쾌락과 정신적 만족이라는 두 영역이 적절히 융합될 때 일상에서 행복을 느낀다.

우리는 행복을 어떻게 알 수 있나?

이번 절은 우리가 매일 고민하는 행복을 어떻게 이해할 수 있는가에 관해 이야기해 보려 한다. 행복은 지금도 우리 모두의 관심사인 것은 분명하다. 그러나 행복을 정의하고 측정한다는 것은 생각보다 쉬운 일이 아니다. 왜냐하면 행복은 우리의 머릿속, 즉 마음속에 존재하는 것이지 바깥세상에 있는 무언가가 아니기 때문이다. 행복이 우리들의 머리 밖에 있는 물건이라면 두 사람 이상이 함께 보고 서로 의견을 나눌 수 있겠지만, 머릿속에 있는 것은 사정이 다르다. 자신만이 그것을 볼 수 있기 때문에, 그것을 다른 사람에게 설명하거나 비교한다는 것은 결코 쉬운 일이 아니다. 그래서 행복을 한마디로 정의하거나 측정하고 평가하기는 어렵다.

그럼에도 우리는 자신이 행복한지 불행한지를 어느 정도 인식하며 살아간다. 실제로 많은 설문조사에서 조사자가 '당신은 행복합니까?'라고 물었을 때 '모르겠다'라고 답하는 경우는 거의 없다. 오히려 '당신이 지금 행복한지 불행한지'에 관한 질문은 다른 조사 항목들보다 응답률이 훨씬 높게 나타난다.[7]

보통의 설문조사는 단순히 행복 여부만을 묻지 않는다. '얼마나 행복한지'를 10단계나 혹은 0~100%와 같은 숫자로 구체적으로 표현하도록 유도하는 것이 일반적이다. 그런데 조금 흥미로운 사실은, 자기 보고식으로 대답한 행복도가 주변 사람들의 평가와도 크게 다르지 않다는 점이다. 즉 친구나 동료 혹은 처음 만난 조사원에게 그 사람의 행복도를 물어보아도, 스스로 대답한 행복도와 크게 차이가 나지 않는다는 것이다.

그렇다면 사람들이 이야기하는 자기 행복은 믿을 만한 것일까? 혹시 착각으로 인해서 실제보다 더 행복하거나 불행하다고 느끼는 것은 아닐까? 이런 의문을 떠올릴 수 있다. 실제로 심리학에는 '폴리애나 증후군(Pollyanna Syndrome)'이라는 개념이 있다. 이 용어는 1919년에 발표된 미국 작가 엘레너 포터(E. H. Porter)의 소설 《폴리애나(Pollyanna)》의 주인공 이름에서 유래한 것으로, 현실의 부정적인 측면을 무시하거나 축소하고, 모든 것을 지나치게 긍정적으로만 해석하려는 심리적 경향 또는 사고방식을 말한다. 일부 심리학자들은 "행복하다면 행복한 것이다"라는 개념으로 이것을 설명한다. 다시 말해, 주관적으로 행복을 느낀다면 그것이 바로 '행복'이라는 것이다. 비록 그러한 행복이 현실의 문제를 극적으로 변화시키지는 못하더라도, 적어도 우리의 머릿속과 마음을 변화시키는 힘은 분명히 존재하니 말이다.

---

7) Deutskens, E., De Ruyter, K., Wetzels, M. & Oosterveld, P., 2004. Response Rate and Response Quality of Internet-Based Surveys: An Experimental Study. Marketing Letters. 15(1). pp. 21~36.

하지만 행복의 정도와 강도는 언제나 일정하지 않다. 우리가 살아가는 동안 아주 행복할 때도 있고, 아주 불행하다고 느낄 때도 있기 마련이다. 예를 들어, 월드컵 경기에서 우리나라 대표팀이 승리했을 때 갑자기 기분이 좋아지고, 반대로 어떤 큰 실패를 경험하면 이유 없이 침울해진다. 이런 감정의 변화는 일종의 색안경 효과라고 설명할 수 있다. 기분이 좋을 때는 세상이 장밋빛으로 보이고, 기분이 나쁠 때는 세상이 회색빛으로 보이는 것과 같다. 이처럼 사람의 행복도는 **자신의 관점과 시점에 따라** 달라질 수 있다. 그렇다면 특정한 시점에 측정한 행복도가 과연 그 사람 전체 행복을 대표할 수 있을까? 분명 한 시점의 행복은 모든 시점을 설명할 수는 없을 것이다. 다만, 여러 조사에 따르면 시간이 달라져도 사람들의 행복도 평가는 대체로 크게 바뀌지는 않는다는 특성을 보인다. 다소 차이가 있더라도 그 순간순간의 행복은 충분히 독립적이고 의미가 있는 경험이라는 것이다.

이제 조금 더 과학적으로 들어가 보자. 행복은 어디서 느껴지는 것일까? 흔히 우리는 '가슴으로 느낀다'라고 표현하지만, 사실 가슴으로 행복을 느낄 수는 없다. 가슴의 통증조차도 뇌가 느끼지 않으면 체감할 수 없듯이, 행복도 뇌에서 만들어지는 감정이다. 구체적으로, 우리 뇌의 '**전두엽 피질(Prefrontal cortex)**'이라는 부위가 행복과 불행을 담당한다. 전두엽 피질의 왼쪽과 오른쪽은 각각 다르게 작동하면서 행복과 불행을 조절한다. 예를 들어, 우리 두뇌의 왼쪽 전두엽 피질이 더 활성화되면 긍정적인 감정을 느끼기 쉽고, 오른쪽이 활성화되면 부정적인 감정을 더 많이 느낀다. 다시 말해 우리의 좌뇌는 행복에 민감하고 우뇌는 불행에 민감하다. 이런 결과는 미국 위스콘신대 신경과학자인 리처드 데이비슨(R. Davidson)의 연구[8]에 의한 것이다. 데이비슨은 전두엽의 비대칭적 활동과 정서 상태의 관계를 연구했다. 뇌파검사(EEG)와 fMRI를 활용한 연구에서 좌측 전두엽의 활동이 증가하면 긍정적인 정서(기쁨, 낙관, 접근 행동)가 관측되고 우측 전두엽의 활동이 증가하면 부정적인 정서(불안, 슬픔, 회피 행동)가 나타난다는 것을 확인하였다.

이러한 패턴은 뇌 손상 연구에서도 확인된다. 왼쪽 전두엽 피질을 다친 사람은 우울감과 부정적인 감정을, 오른쪽을 다친 사람들은 오히려 지나치게 높은 낙관성을 보이는 사례도 있었다. 이후 뇌파검사, MRI(자기공명영상), PET(양전자방사단층촬영) 등의 기술을 통해, 실제로 행복할 때는 왼쪽 전두엽 피질이, 불행할 때는 오른쪽 전두엽 피질이 활성화된다는 것이 확인되었다. 이는 신생아를 대상으로 한 실험에서도 동일한 결과를 보인다. 달콤한 것을 먹었을 때는 왼쪽의 뇌가, 씁쓸한 것을 먹었을 때는 오른쪽 뇌가 더 활성화된다. 30개월 정도의 아기 중에서도 왼쪽이 더 잘 활성화되는 아이들은 모험적이고 사회성이 높은 반면, 오른쪽이 잘 활성화되는 아이들은 불안하고 어머니와 떨어지지 않으려는 경향이 강하다.[9]

이것은 성인 역시 마찬가지다. 왼쪽 전두엽 피질이 쉽게 활성

---

8) Davidson, R. J. & Begley, S.. 2012. The emotional life of your brain: How its unique patterns affect the way you think, feel, and live — and how you can change them. New York, NY: Hudson Street Press.
9) 김성동. 2007. 《아버지는 말하셨지, 너희는 행복하여라》. 철학과 현실사. p. 19 참조.

화되는 사람은 긍정적이고 행복하다는 평가를 받고, 스트레스 상황도 비교적 잘 이겨낸다. 반대로 오른쪽이 쉽게 활성화되는 사람은 더 부정적이고, 스트레스에 취약한 편이다. 이는 정서 조절 회로(Affective Regulation Circuits)와 연계되어, 장기적으로 개인의 행복 성향을 결정하는 신경학적 기초로도 작용한다. 더 흥미로운 사실은, 이러한 뇌의 활성 패턴을 인위적으로 조작할 수도 있다는 것이다. 예를 들어, 강한 자석을 이용해 전두엽 피질의 활성화를 변화시키면 우울증을 완화하는 데 도움을 줄 수 있다는 연구 결과도 있다.[10]

이처럼 행복은 분명히 뇌의 활동과 밀접하게 연결되어 있다. 하지만 과연 뇌파나 전류만으로 행복을 완전히 파악할 수 있을까? 행복은 감정의 영역이기 때문에 수치나 파형만으로 완벽하게 설명하기는 어렵다. 그래서 심리학이나 경제학에서는 행복 측정이 큰 과제이다. 경제학자들은 행복을 '삶의 질'과 연결해서 측정하기도 했다. 소득, 교육, 건강, 주거 환경, 사회참여 같은 요소들을 행복의 조건으로 간주하는데, 이를 삶의 투입(input)으로 보고 행복을 산출(output)로 보는 셈이다. 특히, 1960년대 이후 인도의 경제학자이자 철학자인 아마티아 센(A. K. Sen)의 역량이론에서는 민주주의, 사회적 자유, 사회자본, 노동 환경까지도 행복에 큰 영향을 준다고 보

10) Levkovitz, Y., Harel, E. V., Roth, Y., Braw, Y., Most, D., Katz, L. N., Sheer, A., Gersner, R., & Zangen, A.. 2009. Deep transcranial magnetic stimulation over the prefrontal cortex: evaluation of antidepressant and cognitive effects in depressive patients. Brain stimulation. 2(4). pp. 188~200.

았다. 그 후 세계는 행복을 지표화했다.

　나라별 행복의 척도로 우리에게 잘 알려진 세계 행복지수(World Happiness Report)는 2012년부터 유엔 산하의 지속가능발전 해법 네트워크(UN Sustainable Development Solutions Network, SDSN)가 주관하여 매년 발표하고 있는 보고서다. 이 보고서는 단순히 '행복하다'라는 주관적 느낌만을 측정하는 것이 아니라, 객관적인 사회·경제적 요인과 개인의 주관적 평가를 종합적으로 고려하여 산출한다. 세계 행복지수는 다음의 여섯 가지 요소를 중심으로 평가하고 있다.

　우선 '1인당 국내총생산(GDP)'이다. 이것은 경제적 수준을 대표하는 지표로서, 사람들이 기본적인 삶을 유지하고 안정적인 생활을 영위할 수 있는 기반을 말한다. 충분한 소득이 있어야 생활고로 인한 불행을 덜어낼 수 있기 때문이다. 다음은 '사회적 지원(사회적 지지망)'이다. 어려울 때 의지할 수 있는 친구나 가족, 공동체가 있는지를 조사한다. 사회적 관계망이 튼튼할수록 사람들은 더 큰 행복감을 느끼며, 위기 상황에서도 정신적으로 덜 흔들린다. 그리고 '건강과 기대수명'은 단순히 오래 사는 것뿐만 아니라, 건강하게 오래 사는 정도를 말한다. 질병이 적고 신체적으로 자유롭게 활동할 수 있을수록 삶에 대한 만족도가 높아진다. 다음은 '자기 삶에 대한 선택의 자유'다. 자신이 삶을 통제하고 있다고 느끼는지, 자기 선택이 존중된다고 느끼는지를 평가하는 항목이다. 개인의 자율성이 보장될수록 행복감이 높아진다는 연구 결과가 많다.

　다음은 '이타적 태도'다. 이것은 사회 전반의 관용 수준을 측정한다. 최근 1개월 동안 자선단체에 기부했는지, 자원봉사를 했는지 등 타인을 돕는 행동을 평가한다. 이타적 행동은 사회적 신뢰를 높이고 개인의 행복에도 긍정적인 영향을 미친다. 마지막으로 부패 인식을 측정한다. 사회와 정부가 얼마나 공정하고 신뢰할 수 있는지에 대한 시민들의 평가다. 부정부패가 심각할수록 사람들은 사회와 정부를 불신하게 되고, 불행하다고 느낄 가능성이 커진다.

이 여섯 개의 요소를 종합하여 수치화한 결과가 바로 우리가 알고 있는 세계 행복지수 순위다. 최근 세계 행복지수 보고서에서도 여전히 북유럽 나라들이 상위권을 차지하고 있다. 핀란드, 덴마크, 아이슬란드, 스웨덴, 노르웨이 등이 대표적이다. 이들 나라의 공통점은 상대적으로 높은 소득 수준, 건강과 복지가 잘 갖춰진 사회 시스템, 강력한 사회적 안전망, 민주주의적 의사결정 구조, 그리고 개인의 자율성을 존중하는 문화가 자리 잡고 있다는 것이다. 더욱이 북유럽 특히 스웨덴에서는 라곰(lagom)[11] 같은 '적절함'의 철학을 중요하게 여긴다. 너무 많지도, 너무 적지도 않은 상태에서 만족과 균형을 찾는 태도가 행복에 크게 기여한다는 것이다. 이것은 아리스토텔레스가 말하는 중용의 덕과 연결된다.

한편, 부탄은 전 세계적으로 '행복의 나라'라는 별칭으로 불리며, 국내총생산보다 '국민총행복(GNH, Gross National Happiness)'을

---

11) 라곰(LAGOM)은 스웨덴어로 '적당한', '충분한', '딱 알맞은'을 뜻하는 단어로, 소박하고 균형 잡힌 생활과 공동체와의 조화를 중시하는 삶의 경향이다. 이것은 동양철학의 '중용(中庸)'과 유사한 개념이며, 연관되는 단어로는 프랑스의 '오캄(au calme)', 덴마크의 '휘게(hygge)' 일본의 '소확행(小確幸)' 등이 있다.

나라 발전의 지표로 삼는다. 부탄 시민은 삶에서 느끼는 정신적 만족감과 조화로움을 중시한다. 그들은 자연과의 조화, 공동체적 가치, 심호흡과 명상, 영성을 생활 속에서 실천하며 행복을 키우고 있다. 노르웨이처럼 자연 속에서 시간을 보내는 문화를 장려하는 나라도 있다. 노르웨이 정부는 시민들이 쉽게 야외 활동을 즐기도록 장비를 무료로 대여해 주며, 일상에서 자연을 접하도록 돕는다. 자연과 함께하는 시간은 과학적으로도 정신적 안정과 행복감을 높이는데 효과가 있다는 것은 잘 알려진 사실이다. 또한, 아이슬란드는 강한 사회적 유대감을 강조한다. 실제로 아이슬란드 국민 대부분은 "어려울 때 의지할 수 있는 사람이 있다"라고 대답할 정도로, 가까운 친구나 가족을 통한 정서적 지지를 중요하게 생각한다. 하버드대의 유명한 성인발달연구소 연구에서도 인간관계가 행복에 결정적인 영향을 미친다는 사실을 오랜 실험으로 확인했다.

이처럼 세계 행복지수는 단순히 경제적 부나 생활의 편리함만으로 높아지는 것이 아니다. 미국은 분명 북유럽 나라들보다 경제적 수준이 높지만, 행복지수에서는 여전히 북유럽을 능가하지 못한다. 이는 행복이 개인 주관적인 감정인 동시에 사회 구조와 환경의 영향을 크게 받는다는 것을 보여준다. 따라서 현재 세계 행복지수는 사회적 신뢰, 관계의 질, 자율성, 관용, 부패 수준까지 폭넓게 살펴봄으로써 행복의 진짜 모습을 포착하려는 지표라고 할 수 있다. 북유럽 나라의 행복 설문은 "삶의 선택에 충분한 자유가 있다고 느끼십니까?"와 같이 주로 행복을 감정적 웰빙(positive emotions, negative emotions)과 삶의 의미 차원에서 측정하는 데 집중되어 있다. 반면 우리나라의 행복 설문지는 소득과 자산 정도를 묻는 문항으로 경제적 안정, 가족 관계, 사회적 평가와 같은 항목을 더 비중 있게 다루는 경향이 강하다.

잘 알려져 있듯, 우리나라의 행복지수는 대체로 세계 50위권 중간에 머무르고 있다. 경제적 수준은 상당히 높은 편이지만 사회적 신뢰나 관용, 삶의 선택적 자유와 같은 부분에서는 아직 갈 길이 멀다는 의미다. 결국 개인은 물론 나라 전체의 행복도를 높이기 위해서는 경제 성장만으로는 부족하다. 공동체의 연대감과 공정성, 그리고 개인이 자신의 삶을 주도적으로 선택할 수 있다는 믿음을 키우는 정책과 문화가 함께 뒷받침되어야 한다는 점을 세계 행복지수는 보여주고 있다.

행복은 유전일까, 환경의 영향일까?

이번 절은 행복에 대한 흥미로운 질문을 함께 살펴보고자 한다. 인간에게 행복이 과연 유전적인가, 아니면 환경의 영향을 더 많이 받는가 하는 문제다. 이 주제는 심리학뿐 아니라 사회학, 뇌과학, 행동유전학 등 다양한 분야에서 오랫동안 논의되어 왔다.

사실 우리 뇌에는 왼쪽 전두엽과 오른쪽 전두엽이 있다. 사람에 따라 왼쪽 전두엽 피질이 더 잘 활성화되는 사람이 있고, 오른쪽 전두엽 피질이 더 쉽게 활성화되는 사람이 있다. 이런 차이가 왜 생길까? 우리가 생각해 볼 수 있는 첫 번째 이유는 타고난 기질, 즉 유전적으로 좌뇌의 활성이 결정되었다는 가설이 있을 수 있다. 반면 성장하는 환경에 의해서 뇌의 활성도가 변할 수 있다는 이론도 있다. 물론 유전과 환경의 적절한 영향으로 좌뇌의 전두엽 피질의 활성화가 형성되었다고 할 수도 있다.

우리가 행복이나 불행을 느낄 때, 뇌의 특정 부위가 얼마나 활발하게 작동하는지가 관여한다는 사실은 많은 연구를 통해 알려져 있다. 그런데 이 활성화의 패턴이 사람마다 다르다는 것은 바로 기질적 차이나 유전적 성향이 작용하고 있을 가능성을 보여준다. 그렇다면 과연 행복에 관한 유전적 영향을 어떻게 연구할 수 있을까? 비교적 잘 알려진 방법이 바로 쌍둥이 연구(twin study)다. 일란성 쌍둥이는 100% 같은 유전자를 공유한다. 그리고 이란성 쌍둥이는 절반 정도의 유전자를 공유한다. 만약 일란성 쌍둥이가 서로 다른 환경에서 자라더라도 행복 수준이 비슷하다면, 그만큼 유전적 요인이 크게 작용한다고 볼 수 있다. 이것의 대표적인 연구를 하나 소개하면, 데이비드 리켄(D. Lykken)과 아우케 테레겐(A. Tellegen)의 1996년 실험이다. 이들은 미국 미네소타 대학교의 행동유전학 연구팀에서 방대한 양의 쌍둥이 데이터를 분석하였다. 일란성 쌍둥이와 이란성 쌍둥이의 행복 점수를 비교한 결과 , 행복 수준의 약 50% 정도가 유전적으로 설명된다는 결론을 내렸다. 나머지 50%는 환경적인 요인, 예를 들어 사회적 관계나 경제적 안정, 개인의 노력 같은 것들이 결정한다고 주장하였다.[12] 이 연구는 결국 개인의 행복을 높이기 위해서는 단순히 유전적 성향에 의존할 수 없으며, 사회적 지원망을 강화하고 심리적 안정을 지원하고, 교육 기회를 확대하는 등의 환경적 개선이 필요하다는 점을 시사한다.

이 연구를 보다 상세히 설명하면, 연구자들은 약 4,000쌍 이상의 쌍둥이를 장기간 추적하며 그들의 행복감, 즉 삶의 만족감(life satisfaction)을 다차원 성격 질문지의 행복 척도를 사용해 측정했다. 사회경제적 지위, 교육 수준, 가구 소득, 결혼 여부, 종교적 헌신 지표 등은 행복의 분산을 3% 이상 설명하지 못했지만, 행복의 분산 중 44%에서 52%는 유전적 변이로 설명되었다. 그중 4~5년 및 10

년 후 소규모 쌍둥이 표본을 재검사한 결과에 따르면, 삶의 만족 및 안정적인 구성요소에 대한 유전율은 약 80%에 이르는 것으로 추정되었다. 하지만 이렇게 유전과 행복의 실험에서 또 하나 발견된 중요한 사실은 행복에는 안정적인 기준선(baseline) 같은 것이 존재한다는 점이다. 큰 사건을 겪어도 잠시 흔들릴 뿐, 일정 시간이 지나면 사람마다 자기 행복 기준선으로 다시 돌아온다는 이야기다. 이를 흔히 '행복의 원위치[세트-포인트(set-point)]' 가설이라고 부른다. 예를 들어 누구나 복권에 당첨되면 처음에는 행복감이 크게 올라가지만 결국 원래 수준으로 다시 돌아오는 경향이 있다는 것이 바로 세트-포인트다. 반대로 이혼이나 사고처럼 불행한 일을 겪어도 시간이 지나면 다시 원래의 행복 수준으로 회복되는 경우가 많다.

이 결과는 행복이 단순히 소득이나 사회적 조건만으로 결정되지 않는다는 점을 보여준다. 타고난 기질, 예를 들어 낙관성이나 외향성, 정서적 안정성 등이 개인의 행복 수준에 큰 비중을 차지한다는 것이다. 하지만 그렇다고 해서 행복이 전적으로 "유전적이다, 운명처럼 정해져 있다"라고 말할 수 없다. 행복의 절반 정도는 여전히 환경의 몫이라는 점을 결코 간과할 수 없으니 말이다.

미국 행복 연구가로 유명한 일리노이대학교의 에드워드 디너(Edward F. Diener)는 1999년 연구[13]에서 행복이 전적으로 유전적으로만 결정되지 않는다는 점을 강조했다. 그는 쌍둥이 연구나 가족 연구 등에서 일정 수준의 유전적 영향이 확인되더라도, 그 사람이 살면서 겪은 사건들, 사회적 관계, 목표와 가치관 같은 환경적·심리적 요인이 행복에 큰 영향을 미친다는 가설을 입증했다. 특히 디너는 행복 수준이 개인의 선택, 삶의 해석, 그리고 사회적 맥락에 따라 달라질 수 있다고 강조했다. 더욱이 그는 행복의 나라 간 차이를 비교 분석하였고, 경제적 풍요, 정치적 자유, 사회적 자본, 인권 보장 같은 사회·환경적 요인이 행복을 결정하는 데 매우 중요하다고 말했다. 개인의 유전적 기질이 아무리 긍정적일지라도, 사회적 제도나 환경이 받쳐주지 않으면 행복을 충분히 누릴 수 없다는 것을 시사한다. 사실, 디너가 정의한 주관적 행복은 사람들이 현재뿐 아니라 지난 1년과 같은 시간 동안의 자기 삶을 평가하는 방식이다. 이러한 평가에는 사건에 대한 감정적 반응, 기분, 삶의 만족도, 성취감, 그리고 결혼이나 직장과 같은 영역에서 자기만족도 역시 행복의 환경적 요인에 포함된다. 따라서 행복은 현재 순간에 느끼는 기분이나 특정 상황에서 느끼는 정서가 아니라 특별한 변화 없이 만족하고 편안하다고 느끼는 감정으로, 삶의 만족도와 긍정 정서를 합한 값에서 부정 정서를 뺀 것을 말한다.

프로마 월시(F. Walsh)는 가족 회복탄력성(resilience)[14]을 가족이 역경과 어려움을 극복하는 능력으로 정의한다. 그녀는 가족 구성원 모두의 긍정적 심리적 지원과 조직적 구조, 의사소통 방식이 잘 이루어진, 즉 가족 탄력성이 높은 가정일수록 어려운 상황에서 그렇지 않은 가정보다 더 유연하게 대처하고 서로를 지지하는 능력이 크며,

---

13) Diener, E., Suh, E. M., Lucas, R. E. & Smith, H. L.. 1999. Subjective well-being: Three decades of progress. Psychological Bulletin. 125(2). pp. 276~302.

14) Walsh, F.. 2016. Family Resilience: A Developmental Systems Framework. European Journal of Developmental Psychology. 13. pp. 313~324.

가족 구성원 개개인의 행복감 또한 높아진다고 말한다. 그것은 가족이 위기를 극복하면서 느끼는 성취감과 소속감이 행복을 촉진하기 때문이다. 높은 가족 회복탄력성은 가족 내에서의 지지, 긍정적 신념, 효과적인 의사소통을 통해 가족 구성원의 행복을 증진하는 중요한 요인이다. 어려움 속에서 서로를 지지하고 회복하는 능력이 강한 가족일수록 구성원들의 삶의 만족도와 행복 수준이 높아진다. 이는 개인의 행복이 단순한 유전적 성향뿐 아니라 가족과 공동체라는 사회적 맥락에서 형성된다는 것을 보여준다.

사실, 일반적으로 가족을 넘어 행복의 요소로 논의되는 회복탄력성은 크게 두 가지 관점으로 요약될 수 있다. 하나는 역경 상황에서도 긍정적으로 적응하는 능력에 초점을 두는 관점이고, 다른 하나는 긍정적인 발달 산물로 개념화하는 관점이다.[15] 노먼 가메지(N. Garmezy, 1993)는 첫 번째 관점에 따라 역경 및 어려움을 경험하였지만 다시 이전의 적응 수준으로 되돌아가고 회복할 수 있는 능력을 '회복탄력성'이라 하였다.[16] 그리고 앤 마스텐(Ann S. Masten, 2001)은 두 번째 관점에 초점을 맞추어서 회복탁련성을 '적응이나 발달상의 심각한 위험의 상황에도 불구하고 나타나는 긍정적인 산물'이라고 정의했다. 이처럼 회복탄력성과 연관된 다양한 정의가 있지만, 결국 '위험상황에 대한 노출'과 이러한 어려움에도 불구하고 '긍정적

---

15) 좌현숙. 2010. 청소년 내재화 문제의 발달 궤적에 영향을 미치는 위험 요인과 보호 요인: 발달-맥락주의 관점을 적용하여. 《청소년학연구》. 17(10). pp. 105~133.

16) Garmezy, N.. 1993. Children in Poverty: Resilience Despite Risk. Psychiatry. 56(1). pp. 127~136

산물(positive outcome)'을 보이는 것이 회복탄력성의 중요한 필수 구성요소라고 할 수 있다.

지금까지의 이야기를 정리해 볼 때, 행복은 유전적 요소와 환경적 요소가 서로 독립적으로 작용한다기보다는 함께 맞물려 있다고 보는 게 더 합리적이다. 최근 행복을 연구하는 학자들도 이런 시각을 많이 취하고 있다. 이것을 '상호작용(interaction) 모델'이라고 부른다. 이 상호작용 모델에 따르면, 유전적으로 낙관적인 성향을 타고 났더라도 극심한 빈곤이나 차별 같은 환경에 놓이면 행복감이 크게 떨어질 수 있고, 반대로 다소 부정적 기질을 가진 사람이라도 충분한 사회적 지지망과 좋은 교육 환경을 만나면 행복을 느낄 수 있다. 인간의 외향성은 상당히 유전적으로 결정된 성격 특성이다. 외향적인 사람은 타인과 잘 어울리고, 쉽게 사회적 관계를 맺는다. 만약 이 사람이 사회적으로 풍부한 네트워크라는 환경을 만난다면, 더 많은 정서적 지지를 얻어 위기를 극복하기 쉬울 것이다. 결국 타고난 외향적 기질(유전)과 사회적 환경(인간관계)이 맞물려 행복을 높이는 효과를 만들어낸다.

앞에서도 언급했지만, 회복탄력성은 역경에 부딪혔을 때 다시 일어서는 능력이다. 이 역시 어느 정도는 유전적으로 타고난다. 하지만 동일한 유전적 성향을 지녔더라도 긍정적인 양육 환경이나 어려움을 성장의 기회로 바라보도록 격려하는 교육을 받은 사람이 훨씬 강한 회복력을 보인다. 동일한 스트레스 상황이라도 더 빨리 회복하거나, 오히려 더 성장할 수 있다.

대표적으로, 네덜란드 암스테르담 대학교의 메이케 바텔스(Meike

Bartels) 교수 연구팀은 수십 년간 축적한 쌍둥이 데이터를 메타–분석하여, 개인의 행복 수준에 유전적 요인이 적지 않은 영향을 미친다는 사실을 밝혀냈다. 일반적으로 행복에 대한 유전적 기여도는 대략 30~40%로 추정된다. 그녀의 연구에 따르면, 가족 환경·사회적 배경·경제적 상태와 같은 환경적 요인도 행복과 정신 건강에 영향을 주며, 이러한 요인들은 유전적 성향과 상호작용한다는 것이다. 예를 들어, 어떤 사람이 우울증에 취약한 유전적 성향을 지니고 있더라도 따뜻하고 돌봄이 있는 가정환경에서 성장하면, 실제로 우울증이 발병하지 않을 가능성이 높다. 반대로 아무리 긍정적인 기질을 가진 사람이라도 극심한 스트레스 환경에 장기간 노출되면 결국 우울증이나 불행감을 경험할 수 있다.

행복도 마찬가지다. 선천적으로 다소 불리한 기질을 타고났다 하더라도 환경과 개인의 선택을 통해 행복을 충분히 높일 수 있다. 반대로 좋은 기질을 타고났더라도 노력 없이 방치한다면 행복을 유지하기는 어렵다. 케네스 셸던(Kenneth M. Sheldon)과 소냐 루보미르스키(Sonja Lyubomirsky)[17]는 2004년에 행복을 설명하는 '50-10-40 모델'을 제안했다. 이 모델에 따르면, 행복의 약 50% 정도는 타고난 유전적 요인에 의해 결정되고 10%는 재산, 결혼 여부, 직업 안정성처럼 개인이 처한 객관적인 환경에서 비롯된다. 마지막으로 40%는 개인의 의도적인 활동, 예를 들어 감사의 마음을 표현하거

---

17) Sheldon, K. M. & Lyubomirsky, S.. 2004. Achieving sustainable gains in happiness: Change your actions, not your circumstances. Journal of Happiness Studies. 5(2). pp. 111~137.

나 목표를 세우고 노력하는 행동, 상황을 긍정적으로 해석하는 삶의 태도 등에 의해 설명된다. 이 모델의 중요한 메시지는, 설령 환경을 당장 크게 바꾸기 어렵더라도 우리가 선택하고 실천하는 의도적 활동을 통해 충분히 행복을 높일 수 있다는 점이다. 바로 이런 부분이 우리에게 희망을 주는 이유다.

여기서 중요한 것은 우리의 행복이 반드시 유전 50%, 환경과 의도가 50%로 나눠진다고 단순히 결론지을 수 없다는 점이다. 유전과 환경이 서로 영향을 주고받고 상황에 따라 달라지기 때문에, 이 비율은 언제든 유동적으로 움직일 수 있다. 특히 성인이 된 이후에는 후천적 노력이 더 큰 차이를 만들어낼 수 있다고 많은 연구자가 이야기한다. 아이들은 자신의 환경을 바꿀 힘이 없지만, 어른들은 새로운 관계를 만들거나 긍정적인 사고를 훈련하거나 사회적 지지망을 찾아가는 등 스스로 개입할 수 있는 여지가 훨씬 많다. 즉, 타고난 기질이 행복의 소질을 어느 정도 좌우할 수 있지만, 그것을 관리하고 변하게 하는 힘은 우리에게 있다는 점을 반드시 기억하면 좋겠다. 그러니 "나는 원래 행복하지 못하게 태어난 것 같다" 하고 낙담할 필요는 전혀 없다. 유전적 기질이 있더라도, 환경을 개선하고 자기 행동을 조절하면 행복의 가능성은 늘 열려 있다. 마치 우울증 연구에서 위험 유전자를 가지고 있어도 따뜻한 양육을 받으면 우울증을 피할 수 있었던 사례가 있듯이, 행복도 우리의 선택과 노력으로 얼마든지 개선할 수 있다.

지금까지의 내용을 요약하면, 행복은 분명히 타고난 요소와 후천적 요소를 모두 포함한다. 그러나 어느 한쪽이 전적으로 결정한다

고 단정할 수 없으며, 결국 행복은 유전과 환경의 상호작용 결과이
다. 따라서 후천적 노력, 환경 개선, 사회적 지지망은 우리가 언제
나 조절할 수 있는 영역이므로, 당신은 늘 행복을 기대하고 희망해
도 좋다.

〈생각 및 토론 거리〉

1. 내가 행복을 정의할 때, 꼭 들어가야 할 단어는?
2. 행복의 주관성과 객관성은 어떻게 구분될 수 있을까?
3. 뇌의 활동과 행복감의 연관성은 우리에게 어떤 의미를 줄까?
4. 자기 보고식 행복 측정은 얼마나 신뢰할 수 있을까?
5. 유전적 요인과 환경적 요인이 행복에 미치는 영향 비율은 어느 정도일까?
6. 개인이 환경을 변화시켜 행복을 증진시킬 가능성은 무엇일까?

〈읽을 거리〉

1. 김성동(2007). [아버지는 말하셨지 너희는 행복하여라] 철학과 현실사.
2. 라메르트 캄파위스 | 강민경 역(2022). [철학이 삶을 위로할 때] 웅진하우스.
3. 마르틴 가스파로브 | 에밀리 부데 그림 | 장지영 역(2025). [철학의 힘: 행복] 맥스미디어.

〈영화 볼거리〉

1. 조나단 데이턴(Jonathan Dayton) 감독(2006). [리틀 미스 선샤인(Little Miss Sunshine)] 미국: Fox Searchlight Pictures. – 가족의 일상과 꿈속에서 행복을 발견하는 코미디 드라마.
2. 임순례 감독(2018). [리틀 포레스트] 한국: 메가박스중앙. – 자연 속에서 자급자족하며 삶과 행복을 성찰하는 영화.

제2장

인간과 행복

몰입은 단지 즐거움 그 자체를 넘어 존재의 확장을
경험하는 순간이며, 자아실현을 인지하게 하는 감정적 경험이다.
몰입은 존재 욕구의 자연스러운 결과이자 표현이기에
우리는 몰입을 통해 스스로가 살아 있다는 느낌,
'나'라는 존재가 어떤 영향력을 가지고 있다는
감각, 생동감을 경험한다.

인간은 왜 행복을 추구하는가?

당신은 '행복하다'는 느낌을 언제 가장 뚜렷하게 느끼는가? 따뜻한 밥을 먹을 때, 오랜만에 걱정 없이 쉰 하루를 보낼 때, 원하는 직장에 취업했을 때, 친구와의 깊은 대화 속에서, 혹은 스스로에게 자랑스러운 무언가를 해냈을 때 우리는 다양한 방식으로 행복을 경험한다. 하지만 그 행복의 배경을 조금 더 깊게 들여다보면, 우리는 단지 감정이나 욕구가 충족되었기 때문에 행복을 느끼는 것이 아니라, 근본적인 어떤 조건이 갖추어졌을 때 비로소 진정한 행복을 느낀다는 사실을 알게 된다. 그리고 우리는 '행복해지고 싶다'라고 쉽게 말하지만, 그 말 속에는 무언가가 부족하다는 느낌, 지금보다는 더 나은 상태로 가고 싶다는 바람들이 숨어 있다.

그렇다면 우리는 '무엇'을 채우면 행복해지는 것일까? 더 많은 돈, 안정된 일자리, 깊은 관계, 아니면 스스로에 대한 만족일까? 이러한 질문에 대해 **매슬로우**는 인간의 욕구를 두 가지 범주 – **결핍욕구**(deficiency needs)와 **존재욕구**(being needs) – 로 나누어 설명한다. 인간의 두 욕구의 차이를 이해하는 것은 단순한 심리를 넘어, 인간 존재의 방향성과 행복의 본질을 다시 생각하게 하는 일이다. 왜냐하면 우리 삶에서의 많은 고통과 불행이 때론 이 두 욕구의 혼동으로 발생하거나, 결핍욕구의 반복에 정체된 채 우리가 존재욕구로의 이행을하지 못한 것에서 비롯되기 때문이다.

매슬로우는 바로 이러한 인간의 두 욕구와 행복 사이의 관계를 정리한 인물이다. 그는 인간이 단순히 생존을 위해 사는 존재가 아니라, 끊임없이 성장하고 의미를 추구하는 존재라는 전제를 바탕으로, 인간 욕구의 구조를 단계적인 피라미드, 즉 욕구 위계 이론(Hierarchy of Needs)으로 설명한다.[1] 그의 이론은 단지 심리학뿐 아니라 교육, 복지, 조직문화, 그리고 행복 연구 전반에 큰 영향을 미치고 있다. 그가 사용한 '욕구'라는 단어는 영어로 'Needs(물리적 욕구)'다. 이것은 다른 심리학자들이 '욕구(desire: 심리적 욕구)'를 대하는 태도와 사뭇 다르다. 매슬로우는 인간의 욕구(Needs)를 다섯 단계로 구분한다. 인간의 가장 아래에는 생리적 욕구, 그 위로는 안전의 욕구, 사랑과 소속의 욕구, 존중의 욕구, 마지막으로 자아실현의 욕구가 있다.

그가 말하는 '결핍욕구'라는 것은 말 그대로 무언가가 부족할 때 생겨나는 욕구다. 우리가 배가 고플 때 음식이 절실해지는 것처럼,

---

1) 욕구 5단계설은 처음 Maslow, A. H.. 1943. A theory of human motivation. Psychological Review. 50(4). pp. 370~396에 발표되었다. 그 후 그의 저서 Maslow, A. H.. 1954. Motivation and personality. New York:Harper가 있고, 번역서는 에이브러햄 매슬로 지음, 오혜경 옮김. 2009. 《(에이브러햄 매슬로의) 동기와 성격》. 21세기북스에서 설명하고 있다.

결핍욕구는 충족되지 않을 때 강한 불안과 긴장을 동반한다. 매슬로우의 욕구 단계에서 생리적 욕구, 안전의 욕구, 사랑과 소속의 욕구, 자존감 욕구가 바로 결핍욕구에 속한다. 이 욕구들은 충족되면 사라지는 특징을 가지며, 결핍욕구만을 채우는 삶은 불안정한 만족감 위에 놓이게 되고, 외부 조건에 따라 쉽게 흔들리는 행복을 만든다. 그래서 그는 인간이 진정으로 '살아 있다'고 느끼기 위해서는, 그 너머에 있는 존재욕구로의 전환이 필요하다고 말한다. 그가 말하는 **존재욕구**는 결핍을 채우는 것이 아니라, 스스로 실현하고 확장하려는 욕구다. 이것은 결핍으로 인한 긴장에서 비롯되지 않으며, 내 안에 이미 존재하는 잠재력과 가능성을 실현하려는 내면의 에너지에서 출발한다. 존재욕구는 충족될수록 더깊어지고 확장되는 특징이 있다. 우리가 어떤 창의적인 작업을 하거나 남을 도울 때 느끼는 충만감, 혹은 몰입을 경험하는 순간들이 여기에 해당한다. 매슬로우는 이러한 상태를 '**자아실현(self-actualization)**'이라 불렀다.

그의 욕구 이론에서 중요한 것은, 각 상위 욕구는 하위 욕구가 어느 정도 충족되었을 때 비로소 그 필요가 인식된다는 점이다. 예를 들어, 한 사람이 심각한 배고픔에 시달리고 있다면 그에게 '자존감'이나 '인생의 의미'는 일시적으로 중요하지 않다. 반대로 먹고 살 걱정이 없어진 사람에게는 단지 생존이 중요한 것이 아니라, 삶의 방향성과 인간관계의 깊이가 중요해진다. 매슬로우는 이처럼 인간의 행복은 욕구의 충족을 바탕으로 점진적으로 심화되는 감정이라고 보았다. 그에게 행복은 단순한 쾌락이나 욕구의 일시적 충족이 아니라, 인간 내면의 잠재력을 실현하고 의미있는 삶을 살아가는 과정 자체다.

매슬로우의 이론은 때때로 너무 단순하다는 비판을 받는다.[2] 모든 사람이 동일한 순서로 욕구를 경험하는 것은 아니기 때문이다. 예컨대 어떤 사람은 경제적으로 풍요롭지 않아도 강한 자아실현 욕구를 보이며, 누군가는 사회적 관계나 자신의 이익이 전혀 없는 어떤 일에 몰입하며 만족을 느낀다. 그래서 욕구 단계 이론은 우리로 하여금 행복의 조건이 단일하지 않다는 점도 인식하게 만든다. 행복은 단지 기분이 좋은 상태가 아니라 나의 삶에서 어떤 욕구가 얼마나 충족되어지고 있는가, 그리고 그것이 나에게 얼마나 '의미있는 충족'이었는가에 따라 달라진다. 누군가에게는 '안전' 이라는 단어가 물리적인 보안일 수 있고, 다른 누군가에게는 감정적 보호 또는 심리적인 신뢰일 수 있다. 매슬로우 이론의 핵심은 **바로 이런 '의미 중심의 충족'**이다. 욕구는 단지 그것이 채워졌느냐가 중요한 것이 아니라, 그것이 내 삶에서 어떤 감정적 가치와 연결되었는지가 중요하다.

또한, 매슬로우는 인간이 특정 욕구를 충족시켰다고 해서 완전히 그 욕구에서 자유로워지는 것이 아님을 강조한다. 우리는 하루 잘 먹었다고 해서 생리적 욕구에서 해방되지 않고, 하루 사랑받았다고 해서 외로움을 느끼지 않는 것도 아니다. 인간의 욕구는 반복적이고 순환적이며, 감정의 변화와 상황에 따라 유동적이다. 이처럼 욕구는 일종의 '동기 시스템'으로 작동하며 우리의 일상적 감정과 행동을 유

---

2) 이경인, 이진남. 2018. 매슬로의 욕구이론에 대한 비판-과잉긍정 문제 해결을 위한 '철학함'의 필요성과 관련하여-. 《인문학연구》. 55. pp. 69~99.

도한다. 이것은 우리가 불안하거나 무기력할 때, 혹은 이유 없이 우울할 때조차도 그 내면에는 어떤 충족되지 않은 욕구가 있을 수 있음을 시사한다. 그래서 매슬로우의 이론은 단지 구조적 이론이 아니라, 자기 감정과 삶의 방향을 점검하는 하나의 철학적 도구다.

매슬로우에 따르면, 진정한 행복은 자기실현의 과정에서 나타나는 충만감, 삶의 의미, 창조성에서 비롯된다. 단순히 욕구가 충족되어 편안한 상태에 도달하는 것만으로 인간은 진정한 만족을 느끼지 못하며, 자기 잠재력을 최대한 실현할 때 깊은 만족감과 행복을 느낀다.[3]

여기서 흥미로운 점은, 매슬로우는 생애 후기에 자신의 이론을 보완하며 '자아실현' 이후의 단계, 즉 '**자기 초월(Self-Transcendence)**'의 욕구를 제안했다는 것이다.

> "초월(Transcendence)이란 인간 의식의 가장 높고 포괄적이며 전체론적인 수준을 의미하며, 자신, 중요한 타인, 인류 전체, 다른 종, 자연, 그리고 우주에 이르기까지의 존재들과 수단이 아닌 그 자체를 목적으로 관계하고 행동하는 것을 말한다."[4]

---

3) Maslow, A. H.. 1954. Motivation and Personality. New York: Harper & Row. pp. 153~154.

4) Maslow, A. H.. 1971. The Farther Reaches of Human Nature. New York: Viking Press. p. 275.

이것은 단지 개인의 성취나 만족이 아니라, 타인의 성장, 공동체의 발전, 더 큰 의미를 향한 기여에 대한 욕구다. 다시 말해, 행복은 자기완성에서 멈추는 것이 아니라, 타인과의 연결 속에서 깊어지는 감정일 수 있다. 현대의 많은 사람이 자아실현의 중요성을 말하지만, 우리는 동시에 소속감의 붕괴, 관계의 불안정, 자기 존중감의 흔들림도 함께 경험한다. 이런 상황에서 매슬로우의 이론은 어떤 욕구가 충분히 채워지지 않았는지, 행복의 균형이 어디에서 무너졌는지, 그리고 다시 어떤 방향으로 나아갈 수 있을지를 성찰하게 한다. 이처럼 매슬로우의 욕구 단계 이론은 인간이 무엇을 필요로 하는지를 구조화하면서, '행복'이라는 복합적 감정이 단지 심리적 만족이 아니라, 자기 자신에 대한 존재적 이해가 필요하다는 점을 우리에게 알려준다.

자아실현이나 초월은 단지 '성공'하거나 '능력 있는 사람'이 된다는 것을 의미하지 않는다. 그것은 내가 누구인지를 알고, 나다울 수 있는 삶을 살아가는 것, 그리고 그 과정에서 타자와 세계에 긍정적인 영향을 미치는 존재가 되는 것을 의미한다. 자아실현의 순간은 종종 '몰입(flow)' 상태로 나타나는데, 긍정 심리학자 미하이 칙센트미하이(M. Csikszentmihaly)는 몰입을 자신이 하는 일에 완전히 빠져 시간 감각마저 잊은 채 수행하는 최적의 경험이라 설명한다. 그에 따르면 "몰입이란 사람이 완전히 한 활동에 몰두하여 시간의 흐름, 자아의식, 심지어는 기본적인 욕구조차 잊게 되는 최적의 경험 상태다."

몰입은 단지 즐거움 그 자체를 넘어, 존재의 확장을 경험하는 순간이며, 자아실현의 핵심적인 감정적 경험이다. 몰입은 존재 욕구의 자연스러운 결과이자 표현이기에 우리는 몰입을 통해 스스로가 살아 있다는 느낌, '나'라는 존재가 어떤 영향력을 가지고 있다는 감각, 의미와 기여의 감정을 경험한다. 이 순간은 성과나 결과와 관계없이, 그것 자체로 충만한 상태를 만든다. 예술가가 작품에 몰두할 때, 교사가 학생과의 수업에 깊이 빠질 때, 요리사가 재료 하나하나에 정성을 들일 때가 바로 몰입이다. 우리는 모두 자기 삶의 의미와 가치가 실제로 작동하고 있다는 느낌을 몰입에서 받는다. 이런 경험은 단순한 즐거움이 아니라, 존재 전체의 긍정과 연결로 이어진다. 내가 하는 일이 의미 있고, 내가 존재하는 것 자체가 가치 있게 느껴질 때, 우리는 더 이상 외부의 인정이나 평가에 의존하지 않게 된다. 칙센트미하이에 의하면 몰입 경험에는 여러 가지 뚜렷한 특징들이 있다.[6]

---

5) Csikszentmihalyi, M.. 1990. Flow: The Psychology of Optimal Experience. New York: Harper & Row. p. 71.

6) Csikszentmihalyi, M.. 1990. Flow: The Psychology of Optimal Experience. New York: Harper & Row. pp. 60~67.

첫째, **활동의 목표가 분명히 인식**되며, 무엇을 해야 하는지가 명확하다. 둘째, **즉각적인 피드백**이 주어져, 자신의 행동이 어떤 결과를 낳고 있는지를 실시간으로 파악할 수 있다. 셋째, **도전과 기술 사이의 균형**[7]이 이루어져, 활동이 너무 쉽거나 어렵지 않아서 지속적인 몰입이 가능하다. 넷째, 외부 자극이 차단되고 **완전한 집중 상태**에 들어서며, 온전히 그 활동에 몰두하게 된다. 다섯째, **자신과 활동이 하나가 된 듯한 통합된 느낌**이 든다. 여섯째, **자아에 대한 의식이 사라지는 경험**을 한다. 일곱째, 시간 감각이 왜곡되어, **시간이 매우 빠르게 지나가거나, 반대로 멈춘 듯 느껴지기도** 한다. 여덟째, **그 행위 자체가 즐거움을 주며**, 외적인 보상 없이도 그 활동을 지속하고 싶어진다. 마지막 아홉째는 자신이 상황을 통제하고 있다는 감각이 생기며, **안정감과 만족감**을 느낀다. 이러한 아홉의 요소들이 함께 작용할 때, 우리는 '몰입'이라는 최적의 심리 상태에 도달한다.

이 절에서 우리는 행복한 인간은 단순한 쾌락이나 욕구 충족에 머무르지 않고, 자기 삶에서 의미와 성장을 추구한다는 것을 확인했다. 또한. 우리는 결핍을 채우는 데 급급하기보다는 내면의 가능성을 실현하며 존재의 가치를 확장해 나간다는 것을 학습했다. 몰입의 순간처럼, 자신이 하는 일에 깊이 빠져드는 경험 속에서 우리는 진

---

7) 칙센트미하이는 몰입 상태에 도달하기 위한 핵심 조건으로 '도전-기술의 균형(Challenge-Skill Balance)'을 제시하는데, 어떤 활동이 개인의 능력에 비해 너무 쉬우면 지루함을 느끼게 되고, 반대로 너무 어렵게 느껴지면 불안감이 생긴다. 하지만 도전의 수준과 자기의 기술이 적절하게 균형을 이룰 때, 사람은 그 활동에 온전히 몰입할 수 있다. 이 균형이 맞춰진 순간, 우리는 시간 가는 줄 모르고 몰두하며, 가장 깊은 만족과 성취감을 경험한다.

정한 만족과 기쁨을 발견한다. 행복은 외적인 조건에서 비롯되는 것
이 아니라, 자신다움을 향해 살아가며 타인과 세계에 긍정적인 영향
을 미치는 삶 속에서 생겨나므로, 인간은 행복을 추구한다.

어떻게 손은 인간 신체의
행복 도구가 되는가?

  '손'은 우리에게 너무나 익숙한 신체 부위다. 우리는 손으로 밥을 먹고, 글을 쓰고, 악수를 하고, 스마트폰을 조작한다. 일상에서 손을 얼마나 자주, 복합적으로 사용하는지조차 인식하지 못할 정도로 손은 인간 삶의 모든 영역에 깊숙이 개입되어 있다. 그런데 이 손이 인간의 행복과 어떤 관계를 맺고 있는지를 충분히 생각해 본 적이 있는가?

  우선 인간의 손은 그 구조부터가 독특하다. 가장 핵심적인 특징은 바로 **엄지손가락의 대립(opposability)**이다. 인간의 엄지는 다른 동물들과 아주 다르다. 우리의 엄지와 검지는 180도로 서로 마주볼 수 있는 구조, 즉 **맞붙임 구조**를 가진다. 이러한 맞붙임 구조가 도구의 사용을 가능하게 한다. 인간의 경우 이러한 맞붙임 구조 덕분에 아주 효율적으로 도구를 사용하는데, 이는 맞붙이는 면적이 아주 넓다는 사실에 기인한다. 일반적으로 유인원들은 엄지가 짧고 검지가 길어서 우리와 같은 맞붙임이 충분히 이루어지지 않는다. 맞붙임이 충분한 인간이 작은 포도알을 잡는 것과 그렇지 못한 침팬지가 손으로

잡는 것을 비교할 수 있다.[8]

이렇게 원숭이와 달리 인간의 엄지는 나머지 네 손가락과 마주 보는 방향으로 배열되어 있어, 물체를 감싸 쥘 수 있다. 이러한 구조 덕분에 우리는 정교한 동작-이를테면 글씨를 쓰거나, 단추를 채우거나, 실을 꿰는 작업-을 수행할 수 있다. 진화론적 관점에서 보면, 이와 같은 손의 구조는 인간이 직립보행을 시작하면서 앞다리를 자유롭게 사용할 수 있게 된 것에서 비롯된다. 앞다리가 땅에서 해방되자, 그 기능은 걷는 것에서 조작하고 변형하는 것으로 전환되었고, 손은 도구 사용에 적합한 방향으로 정교하게 진화했다. 특히, 엄지손가락의 움직임은 단순한 구조적 차원을 넘어 두뇌의 발달과도 긴밀하게 연결되어 있다.

손과 두뇌는 해부학적으로 깊이 연결되어 있다. 손의 미세한 움직임을 조절하기 위해 두뇌의 여러 영역이 동시에 동원되며, 이 때문에 유아의 뇌 발달에서도 손의 움직임은 매우 중요한 지표로 작용한다. 다시 말해, 손은 단순한 신체 기관이 아니라 '생각하는 기관', '행동하는 지성'으로 진화해 온 것이다. 손과 뇌가 연결되었다는 증거는 또 있다. 언어의 기능을 보면 왼손잡이와 오른손잡이의 이러한 차이가 좀 더 확실해진다. 여러 기록과 인구 비율로 볼 때, 오른손잡이와 왼손잡이는 대개 9:1의 비율이다. 압도적으로 다수인 오른손잡이의 98%는 좌뇌에 언어기능의 중심을 가지고 있다. 반면 왼손잡이의 70%는 오른손잡이와 마찬가지로 좌반구에 언어기능의 중심을 가

---

8) 존 네이피어 저, 이민아 옮김. 1999. 《손의 신비》. 지호. pp. 84~89.

지고 있는데, 나머지 30% 중 약 15%는 우반구에 언어기능의 중심을 가지고 있으며, 그 나머지 15%는 좌뇌와 우뇌 양쪽에 언어기능의 중심이 분산되어 있다.[9] 이러한 사실은 인간의 손과 뇌가 얼마나 잘 연결되어 있는지 우리에게 알려준다.

물론 우리는 도구를 사용하는 유일한 동물이 아니다. 침팬지도 막대를 이용해 흰개미를 꺼내 먹고, 까마귀도 돌멩이로 먹이를 꺼내기도 한다. 하지만 인간은 다르다. 인간은 **도구를 '만드는 존재'**, 더 나아가 도구를 설계하고 발전시키며, 도구의 도구를 만드는 그런 존재다. 이 결정적 차이가 바로 엄지손가락의 구조와 손의 정교한 운동성에서 시작되었다. 도구를 사용하는 능력은 인간에게 물리적인 생존을 넘어, 세계와의 관계를 바꾸는 힘을 부여했다. 돌도끼를 만들고, 불을 피우며, 농기구와 무기를 제작하는 일련의 행위들은 단순한 생존 전략이 아니라, 세계를 재구성하는 창조적 실천 과정이다. 손은 물리적 공간을 넘어서 문화와 기술, 상징의 공간까지 확장하는 인간의 신체적 수단이다. 더 흥미로운 점은, 도구 사용이 인간의 정서에까지 영향을 미친다는 사실이다. 손을 사용한 활동은 뇌를 자극하며, 정서적 안정감을 유도하고, 몰입을 촉진한다.[10] 공예, 요리, 악기 연주, 정원 가꾸기와 같은 활동이 스트레스를 완화

---

9) 야마모토 저, 박선무 & 고선윤 옮김. 2002. 《3일 만에 읽는 뇌의 신비》. 서울문화사. pp. 90~91.

10) Bonanno, M., Gangemi, A., Fabio, R. A., Tramontano, M., Maggio, M. G., Impellizzeri, F., Manuli, A., Tripoli, D., Quartarone, A., De Luca, R., & Calabrò, R. S.. 2025. Impact of Gentle Touch Stimulation Combined with Advanced Sensory Stimulation in Patients in a Minimally Conscious State: A Quasi-Randomized

하고 기쁨과 성취감을 주는 이유도 이와 관련이 깊다. 결국 손은 단지 '무언가를 하는' 기관이 아니라, 무언가를 '느끼고 창조하며 연결하는' 기관이다.

역사적으로 보면 손은 인간을 창조적 존재로 만들었다. 우리는 손을 통해 무언가를 만들고, 그 결과물을 통해 의미를 구성한다. 예술가가 조각을 깎고, 도예가가 그릇을 빚고, 건축가가 도시를 설계하는 모든 순간에 손은 존재의 확장을 돕는 매개체다. 중요한 것은 이 창조 행위가 단지 물질적인 결과를 낳는 것이 아니라, '내가 누구인가'에 대한 감각을 강화해 준다는 점이다. 우리는 손으로 만든 무언가를 통해 세상에 흔적을 남긴다. 그리고 그 흔적은 자신이 살아 있음을, 자신이 세상과 관계를 맺고 있음을 증명하는 인간의 필수 수단이다. 이 과정은 타인의 인정과는 무관하게, 자기 자신에 대한 긍정과 존재의 확인으로 이어진다. 그러므로 손은 인간의 '정체성의 도구'이기도 하다. 또한 손은 타자와의 연결, 즉 관계의 도구로도 작용한다. 우리가 악수하고, 손을 잡아주고, 쓰다듬어주는 행위는 모두 비언어적이면서도 깊은 정서적 소통을 가능하게 한다. 특히 어린 시절의 애착 형성에서 '촉각'의 경험은 매우 중요하게 작용하며, 손을 통한 접촉은 신뢰와 안정감, 감정 조절 능력의 기반이 된다.

Clinical Trial. Life. 15(2). p. 280. 이 논문은 촉각, 특히 C-촉각 섬유(C-tactile fibers)에 의해 매개되는 감정적 촉각(affective touch)은 정서 조절과 치료적 개입에 있어 핵심적인 역할을 하지만 뇌손상 환자를 위한 감각 자극(sensory stimulation, SS) 프로토콜에서는 이러한 촉각 자극이 잠재력에도 불구하고 충분히 활용되지 않고 있다고 지적한다. 연구자들은 촉각 자극이 신경 및 자율신경 조절을 통해 의식 수준을 향상시키고 회복을 촉진하는 가능성을 지닌다고 주장한다.

그렇다면 손은 어떻게 우리의 행복에 기여할까? 첫째, 손은 직접적인 감각 자극의 중심에 있는 기관이다. 우리는 손으로 따뜻함을 느끼고, 질감을 경험하며, 공감을 인식한다. 이 감각은 단순한 물리적 느낌을 넘어, 감정적 안정과 만족감을 형성하는 중요한 기반이 된다. 둘째, 손은 몰입의 매개체다. 우리가 어떤 활동에 몰두할 때, 대부분 손을 적극적으로 사용한다. 그림을 그리고, 피아노를 치고, 뜨개질도 하고, 정원을 가꾸는 모든 순간은 손의 지속적인 움직임이 필요하다. 이 과정에서 우리는 '몰입'이라는 정서적 흐름을 경험한다. 몰입은 자기 초월의 경험이자, 존재의 기쁨을 가장 강하게 느낄 수 있는 심리적 상태다. 이는 앞서 자아실현과 존재 욕구와도 깊이 연결된다. 셋째, 손은 타자와의 관계를 형성하고 회복하는 감각의 다리다. 접촉, 손을 맞잡는 행위는 정서적 지지와 친밀감을 만든다. 손은 감정을 주고받는 통로며, 신뢰의 제스처 도구다. 그래서 손을 통해 우리는 행복의 핵심 요소 중 하나인 '연결, 연대감'을 얻는다.

이처럼 손은 단순한 신체 기관을 넘어 인간이 환경을 인식하고 조작할 수 있게 만든 지각의 도구, 도구를 만들어 문명을 일구게 한 기술의 도구, 감정을 나누고 관계를 형성하게 한 소통의 도구, 무언가를 만들고 스스로 표현할 수 있게 한 창조의 도구, 그리고 자신을 확인하고 삶을 실현하게 한 존재의 도구다. 우리는 손을 통해 세상을 만지고, 타인을 만나며, 나 자신을 만든다. 그 과정에서 우리는 단지 살아가는 것이 아니라, 살아 있음의 의미를 체감하는 존재다.

우리는 흔히 창조성을 '생각의 영역'으로만 이해하곤 한다. 창의적인 사람은 상상력이 뛰어나고 독특한 아이디어를 떠올리며, 사고의 전환을 잘하는 사람으로 묘사된다. 그러나 인간의 창조성은 단지 머릿속에서 일어나는 인지적 과정만이 아니다. 창조의 실질적인 시작은 바로 '손'에서 비롯된다. 손은 인간이 상상한 것을 현실로 구현하는 첫 번째 도구며, 세계를 변화시키는 창조 행위의 가장 직접적인 매개체다. 우리가 살아가는 이 문명은 사실상 '손이 만든 세계'라고 해도 과언이 아니다. 농업, 건축, 공예, 과학기술, 예술 등 모든 창조적 실천에는 손의 섬세한 움직임과 반복된 훈련, 그리고 그 속에서 형성된 감각적 지식이 축적되어 있다.

인간은 약 2만 년 전부터 동굴 벽에 그림을 그리기 시작했다. 동굴벽화에 등장하는 사냥 장면, 손바닥의 음영, 기하학적 무늬 등은 단순한 장식이 아니라, 인간이 세계를 이해하고 표현하려 했던 창조적 흔적이다. 특히 손바닥 모양의 그림은 매우 흥미로운데, 이것은 작가가 '나 여기 있었다'라는 존재의 흔적을 남긴 것이며, 동시에 공동체의 신호로 작용했을 가능성도 크다. 이처럼 손은 의미를 생산하고 기호를 만드는 힘을 가졌다. 인간은 손을 통해 집을 짓고, 도구를 만들고, 의복을 재단하고, 악기를 제작해 소리를 내고, 문자를 새겨 언어화한다. 이 모든 실천은 인간이 자연으로부터 거리를 두고 스스로 세계를 만들어낸 과정이며, 이 세계는 곧 '문화'와 문명을 이루었다. 손으로 쌓아온 결과물은 곧 인간 삶의 환경이 되었고, 우리는 그 환경 속에서 자신의 정체성과 감정을 형성해 왔다. 예술과 기술, 종교와 언어 모두 손의 창조적 실천 없이는 존재할 수 없었다. 손은 문명을 생산한 감각기관이자 세계를 구축한 기관이다.

인간 창조는 순간적인 번뜩임보다 반복과 훈련의 결과물이다. 예를 들어 도자기를 빚는 도예가는 수천 번의 손동작을 반복한다. 피아니스트는 하루 수 시간 동안 손가락을 훈련하고, 목수는 나무의 결을 느끼며 수십 년에 걸쳐 숙련도를 쌓는다. 이 반복의 과정에서 손은 단순한 도구가 아니라, 기억과 감각을 축적한 지성적 기관으로 작동한다. 손이 반복적으로 행한 작업은 몸의 감각기억으로 남으며, '감각적 앎'이라는 형태로 축적된다. 이미 프랑스의 철학자 메를로퐁티(M. Merleau-Ponty)는 이러한 감각의 지각성을 통해 '몸이 아는 방식'을 강조한 바 있다. 손은 훈련을 통해 단지 기술을 익히는 것이 아니라 사물에 대한 직관, 형태에 대한 감각, 흐름에 대한 리듬감을 체화한다. 창조는 이처럼 지식과 감각, 존재가 일치하는 상태에서 발생한다. 그리고 그 과정 자체는 인간에게 깊은 만족과 성취, 감정의 몰입을 제공한다. 창조는 결과물이 아니라 행위 자체에서 오는 충만함이 존재하는 실천이며, 손은 그 중심에 있다. 이것이 손이 단순한 생산을 넘어서 '행복의 도구'로 불릴 수 있는 이유다.

어떻게 뇌는 인간 신체의
행복 도구가 되는가?

우리는 흔히 인간의 뇌를 '고도로 발달한 생각의 기관'이라고 여기곤 한다. 하지만 실제로 뇌는 단일한 구조가 아닌, 오랜 진화의 역사를 거치며 여러 층으로 구성된 복합적인 시스템이다. 오늘날 뇌과학과 진화심리학에서는 **삼위일체 뇌 구조 이론(triune brain theory)**을 통해 인간의 정서와 사고, 사회적 행동을 설명한다. 신경과학자 **폴 맥린(Paul D. MacLean)**이 제안한 이 구조 이론에 따르면 인간의 뇌는 **파충류의 뇌, 변연계, 신피질**로 이루어져 있으며, 각각의 뇌는 서로 다른 기능을 수행하면서도 긴밀하게 상호작용을 수행한다.[11]

인간의 세 가지 뇌는 화학적 성질과 구조에서 근본적으로 다르며, 진화적 관점에서 수많은 세대를 거쳐 분화된 결과다. 이 세 가지 신경 구조는 '하나의 뇌 속에 세 개의 뇌'라는 위계적 구조, 즉 삼위일

---

11) MacLean, P.D., 1990. The Triune Brain in Evolution: Role in Paleocerebral Functions. Springer. p. 8.

체 뇌(triune brain)를 형성한다.[12]

이 세 개의 뇌 구조를 살펴보면 인간이 어떻게 '생존하고', '느끼고', '생각하며', 나아가 '행복을 구성하는지'에 대한 이해가 쉬워진다. 우선 가장 오래된 뇌의 층인 파충류의 뇌(reptilian brain)는 인간 진화 초기 단계에서 형성된 구조로, 생명 유지와 본능적 행동을 담당한다. 여기에는 뇌간(brain stem)과 기저핵(basal ganglia), 소뇌(cerebellum)가 있으며, 호흡, 심장박동, 체온 조절, 수면 주기 같은 기초적인 생리적 기능을 자동으로 조절한다. 이 영역은 생존에 필수적인 행동—예를 들면 먹이 섭취, 회피 반응, 영역 본능, 반복적 습관—을 담당하기 때문에 '본능의 뇌'라고도 불린다. 외부 자극에 대한 빠른 반응, 위협 상황에서의 자동적 반사 행동 등은 모두 이 구조의 작용이다. 행복과의 관련성을 보자면, 파충류의 뇌는 우리가 기초적인 안정감과 생리적 평형(homeostasis)을 느낄 수 있는 토대다. 생존 자체가 위협받는 환경에서는 행복이라는 감정조차 작동할 여지가 없다. 이처럼 행복의 가장 밑바탕에는 신체적 안정과 안전감이라는 생물학적 조건이 자리 잡고 있으며, 이는 바로 이 가장 원초적인 뇌 구조에서 비롯된다.

두 번째 층은 변연계(limbic system)로, 포유류에서 본격적으로 발달한 구조다. 여기에는 해마(hippocampus), 편도체(amygdala),

---

12) MacLean, P.D., 1990. The Triune Brain in Evolution: Role in Paleocerebral Functions. Springer. p. 8.

시상하부(hypothalamus) 등이 포함되며, 감정, 기억, 동기화된 행동을 조절하는 역할을 한다. 가장 핵심적인 기능 중 하나는 '감정 처리'다. 변연계는 위협에 대한 두려움, 보상에 대한 기쁨, 애착에 대한 안정감, 상실에 대한 슬픔 같은 다양한 감정을 생성하고, 그것에 적절한 반응을 유도한다.

"감정을 이해하는 데 핵심적인 뇌는 변연계다. 변연계는 편도체, 해마 등 여러 구조들로 이루어진 네트워크다. 이 변연계는 감정을 처리하고 조절하며, 기억을 형성하고, 다양한 상황에 대한 우리의 반응을 결정짓는 데 중요한 역할을 한다."[13]

특히 편도체는 공포와 분노와 같은 강한 감정을 인식하고 저장하며, 해마는 이러한 감정을 기억으로 변환하여 학습의 역할을 한다. 잘 알려져 있듯 변연계는 또한 사회적 유대감 형성과 깊이 관련이 있다. 인간은 포유류 중에서도 가장 오랜 시간 동안 보호와 애착이 필요한 존재로, 이 과정에서 감정적 신호를 인식하고 해석하며 관계를 맺는 능력이 진화했다. 우리가 누군가의 미소, 눈빛, 말투에 감정적으로 반응하는 것도 이 구조 덕분이다. 행복의 관점에서 보면, 변연계는 감정적 안정과 공감, 유대감 같은 핵심 요소를 조절한다. 단순히 생존을 넘어 함께 있음에서 오는 안도감, 사랑, 돌봄의 경험이

---

13) LeDoux, J.E.. 1996. The Emotional Brain: The Mysterious Underpinnings of Emotional Life. Simon & Schuster, p. 5를 참조.

행복의 본질임을 고려할 때, 변연계는 인간 행복의 정서적 토대를 형성한다고 할 수 있다.

마지막 층은 신피질(neocortex), 즉 인간 고유의 고등적인 뇌다. 진화적으로 가장 늦게 등장한 이 뇌는 언어, 논리적 사고, 상상력, 창의성, 자기반성, 도덕 판단 등 고차원적 인지 기능을 담당한다. 특히 전두엽(prefrontal cortex)은 목표 설정, 계획, 충동 조절, 감정 통제 등 자기조절 능력과 깊은 관련이 있다. 신피질은 우리가 미래를 예측하고, 다양한 선택지를 고민하며, 감정을 언어화하고, 예술과 문화를 창조하게 만드는 '의식의 중심'이라고 할 수 있다. 이 구조 덕분에 우리는 단지 환경에 반응하는 존재가 아니라, 삶을 설계하고 재구성하는 존재가 되었다. 신피질은 변연계와 밀접하게 연결되어 있어, 감정 자극에 대한 반응을 억제하거나 조절하는 역할도 수행한다.[14] 이를 통해 인간은 본능적인 충동을 절제하고, 사회적으로 수용 가능한 방식으로 감정을 표현하며, 복잡한 윤리적 판단을 내릴 수 있다. 행복과 관련하여 신피질의 가장 큰 기여는 우리가 삶을 해석하고 의미화할 수 있는 능력에 있다. 동일한 경험이라도 어떤 감정으로 해석하느냐에 따라 그 경험이 삶의 기쁨이 될 수도, 고통이 될 수도 있다. 신피질은 우리가 고통을 성장으로 전환하거나, 사소한 일상에서 감사와 충만함을 느끼도록 돕는 고등 사고의 기반이다.

이 세 가지 뇌 구조는 각각 고유한 기능을 가지지만, 서로 독립

---

14) Gazzaniga, M.S., Ivry, R.B. & Mangun, G.R., 2019. Cognitive Neuroscience: The Biology of the Mind. 5th ed. Norton.을 참조.

적으로 작동하지 않는다. 오히려 긴밀하게 연결되어 상호 조율되며, 이를 통해 인간은 단지 반응하는 존재가 아니라, 느끼고 해석하며 의미를 만들어가는 복합적인 존재다. 행복 역시 이 구조적 통합 위에서 이해할 수 있다. **파충류의 뇌**가 제공하는 생리적 안정, **변연계**가 생성하는 감정적 유대감, **신피질**이 주는 의미와 가치의 구성─이 세 가지가 조화를 이루는 상태에서 지속 가능하고 깊이 있는 행복이 가능하다. 이와 같은 구조는 우리에게 중요한 철학적 질문을 던진다.

"나는 지금 어떤 뇌를 중심으로 살아가고 있는가?"

"나는 감정의 충동에만 반응하고 있는가, 아니면 그것을 해석하고 구성하고 있는가?"

"나의 행복은 본능적 안락함인가, 정서적 충만함인가, 아니면 스스로 설계한 의미인가?"

우리 뇌의 구조는 곧 행복을 경험하고 구성하는 방식과 직결되어 있다. 이처럼 뇌는 단지 생물학적 기관이 아니라 감정의 지도며, 행복의 구조이고, 존재의 방식을 결정하는 토대다. 우리의 행복은 뇌가 작동하는 방식에 달려 있으며, 그 작동을 이해하는 것은 자신의 삶을 더 깊이 이해하고 구성하는 첫걸음이다.

한편, 우리는 하루에도 수십 번, 수백 번의 감정을 경험한다. 때로는 짜증이 밀려오고, 때로는 사소한 일에 감동하거나 웃음을 터뜨린다. 그리고 그 감정들은 타인과의 관계 속에서 더 자주, 더 깊게 발생한다. '감정'은 단순한 기분이 아니라 뇌와 몸이 함께 반응하는 총체적인 반응 시스템이며, 이는 인간의 행복을 구성하는 핵심 요소 중 하나다. 감정은 어떤 사건이나 자극이 우리에게 영향을 줄 때, 뇌와 몸이 함께 반응하면서 나타나는 종합적인 심리적 · 생리적 상태다. 기쁨, 슬픔, 분노, 불안, 사랑 같은 감정은 모두 뇌의 특정 부위에서 생성되고 조절된다.

특히 앞서 살펴본 변연계(limbic system)는 감정의 중심이다. 편도체(amygdala)는 위협적인 자극에 즉각 반응하며, 두려움과 분노를 생성한다. 반면, 해마(hippocampus)는 이러한 감정과 관련된 기억을 저장하여 다음 행동에 영향을 준다. 시상하부(hypothalamus)는 감정에 따라 호르몬을 분비하고 신체 반응을 조율하지만, 이때의 감정은 본능적인 반응에 그치지 않는다. 우리의 신피질, 특히 전두엽(prefrontal cortex)은 그러한 감정을 인지하고, 해석하고, 표현하며 조절하는 역할을 한다. 이 과정을 통해 인간은 단지 감정에 휘둘리는 것이 아니라, 감정을 해석하고 선택할 수 있는 존재다. 행복과 감정의 연결은 분명하다. 우리는 단지 기쁜 일을 경험해서 행복한 것만 아니라, 그 일을 어떻게 해석하고 느끼는가에 따라 행복의 강도가 달라진다. 다시 말해, 행복은 감정의 '내용'뿐 아니라 감정을 다루는 뇌의 작동 방식에 달려있는 셈이다.

행복 연구에서 자주 언급되는 개념 중 하나가 '몰입'인데, 이미 긍정 심리학자 칙센트미하이는 이런 몰입을 "자기 행동에 완전히 집중되고, 시간의 흐름을 잊게 되며, 그 자체가 보람이 되는 심리 상태"로 정의한다. "몰입은 어떤 활동에 너무 깊이 몰두한 나머지 다른 모든 것이 중요하지 않게 느껴지는 상태다. 그 경험이 너무 즐거워서, 사람들은 그저 그것을 하고 싶다는 이유만으로, 때로는 큰 희생을 치르면서도 그 활동을 계속하게 된다.”[15] 몰입은 어떤 일을 할 때 자아와 환경의 경계가 흐려지고, 행동과 의식이 일체화되는 경험이다. 이 몰입 상태에서는 뇌의 전두엽 일부 활동이 감소하며, 우리는 현재에 완전히 집중하게 된다. 신체적 긴장도는 낮아지고, 사고는 선명해지며, 스트레스 호르몬은 줄어들고, 도파민과 세로토닌 같은 행복 호르몬이 증가한다. 뇌의 작동 방식으로 보면, 몰입은 감정조절의 결과이자 뇌의 균형 상태다. 주의집중과 정서 안정, 자기 효능감이 함께 작동할 때 몰입이 가능해지며, 이 몰입은 인간에게 내재적 만족감, 성취감, 존재의 충만함을 제공한다. 흥미로운 점은 몰입이 반드시 큰 성과가 있어야만 가능한 것이 아니라는 사실이다.

악기연주, 요리, 정원 가꾸기, 뜨개질, 글쓰기, 운동 등 일상의 단순한 활동에서도 몰입은 얼마든지 발생하고, 좋은 몰입은 뇌를 정화하며, 감정을 안정시키고, 깊은 정서적 행복을 유도한다.

뇌는 근본적으로 사회적 기관(social organ)이다. 인간의 뇌는 고립된 환경보다 타자와의 상호작용 속에서 훨씬 더 활발히 작동하며, 그 속에서 감정과 사고, 행동이 조절되고 확장된다. 예를 들어, 누군가의 미소를 보면 우리의 뇌에서는 '거울 뉴런(mirror neurons)'이 작동한다. 거울 뉴런은 타인의 표정이나 행동을 보며, 마치 자신

---

15) Csikszentmihalyi, M.. 1990. Flow: The Psychology of Optimal Experience. Harper & Row. p. 4.

이 그 행동을 직접 하는 것처럼 감정적으로 반응하도록 만드는 신경 세포다. 이 시스템 덕분에 우리는 타인의 감정을 공감하고, 감정적으로 연결될 수 있다. 또한, 사회적 유대감은 뇌의 보상시스템을 자극한다. 사랑, 우정, 신뢰, 공동체적 소속감은 도파민과 옥시토신 분비를 촉진하며, 이는 정서적 안정과 만족을 유도한다. 반대로 외로움이나 고립은 편도체를 과도하게 자극하여 불안과 우울의 위험을 높인다. 따라서 행복은 결코 '혼자만의 감정'이 될 수 없다. 왜냐하면 뇌의 구조 자체가 타인과 연결되어 있을 때 더 건강하게 작동하고, 더 긍정적인 정서를 형성하도록 설계되어 있기 때문이다.

감정을 단순히 억제하거나 회피하는 것이 아니라 자각하고, 해석하고, 표현하며 조절하는 능력은 행복의 필수 조건이다. 그리고 이 능력은 많은 부분 뇌, 특히 전두엽의 기능에 달려 있다. 전두엽은 충동을 억제하고, 장기적 관점을 유지하게 하며, 상황을 다각도로 해석할 수 있도록 돕는다. 이 능력은 특히 좌절이나 상실, 실패와 같은 부정적 감정을 다룰 때 빛을 발한다. 감정은 제거할 수 있는 것이 아니라 조절하고 동반해야 하는 것이기에, 전두엽의 자기 성찰 기능은 행복을 위한 핵심 역량이다. 감정을 표현하는 데 있어서 언어화의 능력은 매우 중요하다. 감정을 말로 설명할 수 있을 때, 우리는 그것에 휘둘리는 것이 아니라 그 감정을 다룰 수 있는 위치에 서게 된다. 뇌의 언어 중추와 감정 중추의 협력은 단순한 사고 훈련을 넘어 정서적 해방과 통합으로 이어진다.

우리가 느끼는 감정, 우리가 경험하는 몰입, 우리가 맺는 인간관계, 이 모든 것은 뇌의 작동 방식에 깊이 뿌리내려 있다. 감정은 뇌가 만들어낸 삶의 언어며, 몰입은 뇌가 경험하는 가장 충만한 순간이며, 사회성은 뇌가 타인과 함께 존재하기 위해 구성된 결과다. 결국 행복은 단지 기분 좋은 상태가 아니라, 자신의 감정을 자각하고 조절하며, 타자와 연결되고, 삶에 몰입할 수 있는 능력의 총합이다. 우리가 누군가와 함께 있는 순간의 안정감, 어린 시절의 기억에서 느끼는 따뜻함, 말로 설명할 수 없는 감정의 떨림은 모두 우리의 뇌, 특히 그 내밀한 구조 속에서 작동하는 기억과 정서의 산물이다. 그렇기에 인간의 행복은 단지 이성의 설계가 아니라 뇌 전체의 조화로운 작용, 곧 논리와 감정, 기억과 직관, 신피질과 변연계가 함께 엮어내는 '존재의 총체적 감각'이다.

〈생각 및 토론 거리〉

1. 매슬로우는 인간이 단순히 생존을 위해서만 사는 존재가 아니라고 했다. 그렇다면 나는 요즘 어떤 욕구를 가장 중요하게 느끼고 있을까?
2. 결핍을 채우는 행복과 내가 하고 싶어서 하는 일에서 오는 행복은 어떻게 다르게 느껴질까?
3. 누군가를 도우면서 느끼는 기쁨은 왜 오래 기억에 남는 걸까?
4. 손으로 무언가를 만들거나 만질 때 특별히 몰입이 잘 되는 이유는 무엇일까?
5. 뇌가 감정과 생각을 함께 다룬다고 할 때, 나는 행복을 더 많이 '느끼는 편'일까, '생각하는 편'일까?
6. 나에게 변연계의 울림을 줄 수 있는 일은 무엇일까?

〈읽을 거리〉

1. 미하이 칙센트미하이 | 이희재 역(2021). [몰입의 즐거움] 해냄.
2. 김형석, 이어령, 문용린, 황농문, 강성모 외(2016). [우리는 무엇으로 행복해지나] 프런티어.
3. 마틴 셀리그만 | 김인자·우문식 역(2009). [마틴 셀리그만의 긍정심리학(Authentic Happiness)] 물푸레.

〈영화 볼거리〉

1. 가브리엘 무치노(Gabriele Muccino) 감독(2006). [행복을 찾아서(The Pursuit of Happyness)] 미국: Columbia Pictures. – 역경 속에서도 희망을 잃지 않는 한 아버지의 행복 찾기 여정.
2. 벤 스틸러(Ben Stiller) 감독(2013). [월터의 상상은 현실이 된다(The Secret Life of Walter Mitty)] 미국: 20th Century Fox. – 평범한 인물이 모험을 통해 몰입과 자기실현을 발견하는 이야기.

사랑과 행복

사랑은 단순한 감정이 아니라
생물학적으로 복잡하게 구성된 시스템이며,
우리의 뇌와 몸은 이런 감정을 다양한 방식으로
만들어내고 유지하고 있다.

사랑의 유형에는 무엇이 있는가?

우리는 누구나 사랑을 원하고 사랑을 경험하며 인생을 살아간다. 하지만 '사랑이란 과연 무엇인가?'라는 질문을 진지하게 던지고 깊이 탐색해 보는 우리의 시간은 의외로 드물다. 사실 사랑은 인간 행복의 근원이자, 가장 복합적이고 깊은 감정의 집합체다. 사랑은 수치화하거나 계량할 수 없다는 이유로 때때로 과학적 연구에서 배제되었지만, 인간 존재와 삶을 지탱하는 가장 본질적인 감정이 바로 사랑임을 부정할 수는 없다. 사랑은 단순한 감정이 아니라 인간이 세계와 타자, 그리고 자기 자신과 맺는 관계의 방식이며, 존재의 목적이다. 이번 절에서는 사랑의 다양한 유형을 설명하는 심리학자 존 앨런 리(J. A. Lee)의 사랑의 색채 이론과 더불어서, 에리히 프롬(Erich S. Fromm)의 《사랑의 기술(Art of Loving)》에서 말하는 사랑의 요소와 더불어 사랑의 두 양태, 사랑에 대한 생물학적 설명, 그리고 인간의 궁극적 가치인 행복과 연결되는 사랑의 의미를 다층적으로 살펴보고 한다.

캐나다의 사회심리학자 존 앨런 리는 《사랑의 색(Colors of Love)》

이라는 저서[16]에서 사랑을 색에 비유하여 설명한다. 이 책은 사랑이 단일한 감정이 아니라 다양한 유형으로 존재하며, 이들이 조합되어 더욱 다양한 형태의 사랑이 탄생할 수 있다는 점에 중점을 둔다. 그는 사랑의 스타일을 세 가지 기본색, 즉 세 가지 원형으로 분류한다. 첫째, 열정적 사랑(Eros)은 강한 정서적 감정과 육체적 끌림이 중심이 되는 사랑이다. 이 사랑은 종종 '첫눈에 반하는 사랑'처럼 감정의 몰입이 빠르고 깊으며, 로맨틱한 요소가 강조된다. 상대의 신체적 매력, 감성적 연결, 감각적 욕망이 중심이 되어 감정의 파도 속에서 서로의 관계가 휘몰아친다. 둘째, 유희적 사랑(Ludus)은 사랑을 놀이처럼 즐기는 스타일을 말한다. 이 유형의 사람은 사랑을 인생의 한 부분으로 간주하며, 자유와 자율성을 중시한다. 상대방과의 관계에서 깊이보다는 폭을 추구하고, 감정적 몰입보다는 가벼운 접촉과 재미에 초점을 둔다. 셋째, 친구 같은 사랑(Storge)은 우정에 기반한 사랑으로, 오랜 시간에 걸쳐 쌓인 신뢰와 안정감을 바탕으로 한다. 이 사랑은 깊은 친밀감과 편안함, 안정적인 유대가 특징이며, 급작스러운 열정보다는 따뜻한 일상 속의 배려와 이해를 중시한다.

이러한 세 가지 기본색이 조합되면서 새로운 색깔의 사랑이 탄생한다. 예를 들어, 열정적 사랑인 에로스(Eros)와 유희적 사랑인 루더스(Ludus)가 결합할 경우, 이는 소유적 사랑(Mania)으로 드러난다. 이 사랑은 격렬하면서도 불안정하고, 통제 욕구와 질투심이 강한 것이 특징이다. 반면 친구 같은 사랑(Storge)과 열정적 사랑(Eros)이

---

16) Lee, J. A.. 1973. Colours of love: An exploration of the ways of loving. New Press.

결합되면, 헌신적 사랑(Agape)을 형성한다. 이는 이타적이고 무조건적인 사랑으로, 타인의 행복을 자신의 것처럼 여기는 깊은 애정의 형태다. 주로 종교적 사랑이나 부모의 사랑에서 자주 발견된다. 또한, 유희적 사랑(Ludus)과 친구 같은 사랑(Storge)의 조합은 실용적 사랑(Pragma)을 만든다. 실용적 사랑을 추구하는 사람들은 감정보다는 조건, 가치관, 사회적 배경 등을 중요하게 여기며, 현실적이고 전략적인 관계를 선호한다.

잘 알려져 있듯, 프롬은 그의 저서 《사랑의 기술》[17]에서 진정한 사랑을 '적극적 사랑'이라고 표현하며, 이에는 네 가지 요소가 필요하다고 주장한다. 그가 말하는 사랑의 네 가지 요소는 관심(care), 책임(responsibility), 존경(respect), 지식(knowledge)이다.[18] 우선, 관심은 상대방의 필요와 욕구에 대해 적극적인 관심과 주의를 기울이는 것을 의미한다. 단순히 상대방을 바라보는 것을 넘어 그의 삶에 적극적으로 참여하고 그의 성장을 돕고 보호하는 것이다. 두 번째, 책임은 상대방의 성장과 안녕을 위해 노력하고, 그에 대한 의무감을 가지는 것을 의미한다. 단순히 감정적인 책임만이 아니라 행동으로 보여주는 책임감을 뜻한다. 세 번째, 존경은 있는 그대로의 상대방을 인정하고 존중하는 것을 의미한다.[19] 맹목적인 숭배나 소유욕이 아닌, 상대방의 개성과 차이를 존중하는 것을 포함한다. 네 번째 요소인 지식은 상대방에 대해 깊이 이해하고 알아가는 것을 말한다.

---

17) Fromm, E.. 1956. The Art of Loving. Dublin: Thorsons.
18) Fromm, E.. 1956. The Art of Loving. Dublin: Thorsons. p. 46.
19) Fromm, E.. 1956. The Art of Loving. Dublin: Thorsons. p. 22.

단순히 피상적인 지식이 아닌, 그 사람의 내면과 본질을 파악하려는 노력을 포함한다.

결국 프롬이 말하는 사랑은 단순한 감정이 아니라 '능동적이고 적극적인 행위'며 '기술'이다. 그는 완벽한 사랑의 형태를 제시하지 않고 오히려 사랑은 다양한 모습으로 존재하며, 그중 어떤 것이 절대적으로 옳다고 말할 수 없다고 한다. 그러나 그는 "사랑을 오직 실패했을 때만 성찰한다면, 그 성찰은 단순한 교훈에 지나지 않는다"라고 강조한다. 그렇다면 어떻게 해야 할까? 프롬은 우리가 끊임없이 사랑의 의미를 고민하고, 자신의 사랑 방식과 태도를 성찰하며, 더 나은 사랑을 실천하려는 노력을 기울여야 한다고 강조한다. 왜냐하면 사랑이 정적인 감정이 아니라 끊임없이 살아 움직이는 능동적인 행위이기 때문이다. 그의 저서 《사랑의 기술》의 원제가 The Art of Loving인 것은 우연이 아니다. 이는 단순한 사랑(love)이라는 개념이 아니라 '사랑하기(loving)'라는 진행형의 행위임을 강조하려는 의도일 것이다. '어떻게 사랑할 것인가'를 고민하지 않는 사랑은 쉽게 정체되고, 결국 사랑의 본질 중 하나인 행복을 잃게 된다. 중요한 것은 우리가 아는 만큼 볼 수 있고, 아는 만큼 사랑할 수 있으며, 아는 만큼 행복할 수 있다는 점이다. 사랑은 본능처럼 행동할 수 있다고 믿기 쉽지만, 사실 성찰과 노력을 통해 배워야 하고 훈련해야 하며 연습해야만 진정한 사랑으로 다듬어진다.

사랑의 여러 양태 중에서도 부모와 자식 간의 사랑, 그리고 연인 간의 사랑은 인간 삶에서 가장 깊고 결정적인 관계에서 비롯된 사랑의 유형이다. 부모와 자식의 사랑은 생존의 조건이자 자아 형성의 기초로서, 아이는 이를 통해 세상에 대한 신뢰와 자신에 대한 가치를 배운다. 이처럼 이상적인 부모 사랑은 조건 없는 존재적 사랑이지만, 현실에서는 자녀를 욕망 충족의 수단으로 삼는 결핍적 사랑으로 왜곡되기도 한다. 이때 아이의 성공이나 사회적 인정이 사랑의 조건이 되면, 부모와 자식의 사랑은 헌신적 사랑(Agape)에서 실용적 사랑(Pragma) 혹은 소유적 사랑(Mania)으로 기울게 되어 심리적 혼란과 자율적 성장을 방해한다. 반면 존재적 사랑은 아이의 가능성과 개성을 존중하며, 자율성과 독립을 허용한다.

연인 간의 사랑은 선택된 타자와의 관계로, 초기에는 열정적 사랑(Eros)에서 시작하지만, 시간이 지나면서 신뢰와 이해를 바탕으로 한 존재적이고 헌신적 사랑(Agape)으로 성숙해야 그 사랑이 오래 지속된다. 소유와 통제를 지향하는 사랑은 일시적일 수밖에 없으며, 연인 관계는 끊임없는 대화와 감정의 공유, 가치의 정렬을 통해 성장한다. 진정한 연애는 열정에서 시작해 우정과 헌신으로 이어지며, 가장 자유롭고 깊은 인간적 연대의 형태로 완성된다.

사랑은 단지 심리적 현상에 머무르지 않는다. 사랑할 때 우리의 뇌와 신경계에서는 극적인 생물학적 변화가 일어나며, 이는 감정과 행동, 인지에 직접적으로 영향을 미친다. 헬렌 피셔(Helen E. Fisher)[20]는 인간의 사랑을 세 가지 심리·신경 생물학적 체계로 구분했는데, 그것은 바로 욕망, 로맨틱한 끌림, 애착이다. 이 세 가지

---

20) Fisher, H.. 2004. Why We Love: The Nature and Chemistry of Romantic Love. New York: Henry Holt and Company Fisher.

는 서로 다른 감정이지만, 서로 영향을 주고받으며 복합적으로 작용한다.[21] 먼저 욕망(Lust)은 인간이 성적으로 다른 사람에게 끌리고, 본능적으로 이성과 접촉하려는 충동이다. 여기에는 남녀 모두에게 있는 테스토스테론과 여성의 성적 수용성과 관련된 에스트로겐이 주로 작용한다.

이런 성 호르몬과 신경전달물질들은 번식을 위한 성적 욕구를 자극하며, 다양한 사람들과의 관계 가능성을 열어주는 역할을 한다. 진화론적 관점으로 보면, 욕망은 유전자의 전달가능성을 확장하려는 인간의 본능적 시스템이다.

다음으로 로맨틱한 끌림(Romantic Attraction)은 말 그대로 '누군가에게 빠지는' 감정을 말한다. 이 단계에서는 특정한 사람에게 강하게 끌리고, 그 사람을 계속 생각하며 집중하게 된다. 이때 뇌에서는 도파민이 활발히 분비되어 강한 쾌감과 보상감을 느끼게 되며, 마치 중독 상태와 비슷하게 된다. 또 노르에피네프린은 심장 박동을 빠르게 하고, 에너지를 높이며, 설렘이나 흥분 상태를 유도한다. 반대로 세로토닌 수치는 낮아져 반복적인 생각, 즉 집착적 사고가 나타나기도 한다. 이러한 변화는 사랑에 빠졌을 때 흔히 경험하는 초조함, 식욕 저하, 수면 장애 등의 신체 반응을 설명한다.

마지막으로 애착(Attachment)은 시간이 지나면서 형성되는 깊은 유대감, 즉 장기적인 관계를 유지하기 위한 감정 체계다. 여기에는

---

21) Fisher, H.. 2004. Why We Love: The Nature and Chemistry of Romantic Love. New York: Henry Holt and Company Fisher. p. 75.

주로 옥시토신과 바소프레신이라는 호르몬이 작용한다. 옥시토신은 스킨십, 성관계, 출산, 수유 등에서 분비되며 정서적 친밀감을 강화한다. 바소프레신은 특히 남성의 애착 형성에 중요한 역할을 하며, 충성심과 보호 본능을 자극한다. 이 단계는 연인, 배우자, 가족과의 안정적인 관계 형성에 필요하며, 자녀 양육이나 사회적 유대를 가능하게 해준다.

따라서 사랑은 단순한 감정이 아니라 생물학적으로 복잡하게 구성된 시스템이며, 우리의 뇌와 몸은 이런 감정을 다양한 방식으로 만들어내고 유지하고 있다.[22]

지금까지 내용을 정리하면 사랑은 단순히 '느끼는 것'이 아니라, '지켜내고 길러내야 할 것'이다. 누군가를 사랑한다면, 그 감정이 어디서 시작되었는지 이해하는 것이 중요하다. 사랑이 욕망에서 시작되었든, 우정에서 비롯되었든, 혹은 헌신과 이해 속에서 자라났든, 중요한 것은 사랑과 행복을 지속 가능한 형태로 가꾸어가는 의지와 실천이다. 우리는 사랑을 통해 자신의 존재를 확인하고, 타인의 삶에 연결되며, 더 깊은 행복과 의미를 경험한다. 그 행복은 '완벽한 사랑'을 만났을 때가 아니라, 사랑을 잘 지키고 성장하려는 노력과 과정을 통해 비로소 가능하다.

---

22) Fisher, H. E., Aron, A., Mashek, D., Li, H., & Brown, L.L., 2002. Defining the brain systems of lust, romantic attraction, and attachment. Archives of sexual behavior. 31(5). pp. 413-419. https://doi.org/10.1023/A:1019888024255.

사랑의 명과 암은 행복에
어떤 영향을 미치는가?

'사랑'이라는 단어는 머리로는 매우 익숙하면서도 설명하기 어려운 감정을 불러일으킨다. 우리는 사랑을 통해 기쁨과 안정, 성장과 유대감을 경험하기도 하지만, 때로는 상처와 아픔, 혼란과 외로움도 함께 겪는다. 그렇다면 이 사랑은 우리 행복에 어떤 방식으로 영향을 주는 걸까? 심리학은 그동안 사랑을 다양한 관점에서 탐구해 왔으며, 그 성과는 우리가 사랑을 더욱 깊이 이해하는 데 도움을 준다. 이번 절은 사랑이 불러 일으키는 감정의 명과 암에 관한 연구들을 다룬다.

사랑의 시작은 대체로 열정적인 감정에서 비롯되며, 우리는 상대에게 강하게 끌리고 하루 종일 그 사람만을 생각하게 된다. 이러한 열정적 사랑은 뇌의 도파민 분비와 관련이 있다. 헬렌 피셔와 그 동료들의 2005년 fMRI 연구[23]에 따르면, 사랑에 빠진 사람의 뇌에서

---

23) Fisher, H., Aron, A., & Brown, L.L.. 2005. Romantic love: an fMRI study of a neural mechanism for mate choice. The Journal of comparative neurology. 493(1). pp. 58~62. 이 연구에 따르면 낭만적 사랑과 관련된 신경 메커니즘을 밝히기 위해, 기능

는 보상과 동기부여에 관여하는 영역이 활발히 활성화된다. 이처럼 열정적 사랑은 극도의 희열과 행복감을 유발하지만 동시에 감정의 기복도 심해져 불안정성을 동반한다. 상대방의 말 한마디, 행동 하나에 감정이 급변하고, 때로는 질투나 집착으로까지 이어진다. 이러한 관계는 단기적으로는 높은 감정적 만족을 줄 수 있지만, 장기적으로는 스트레스와 갈등을 유발할 가능성도 있다.

이와 같은 이유로 많은 심리학자들은 열정적 사랑만으로는 안정적인 행복에 도달하기 어렵다는 데 동의한다. 사랑의 시간이 지나면서 이러한 강렬한 감정은 자연스럽게 줄어들기 마련이고, 이때 사랑이 주는 행복의 지속 가능성을 결정짓는 것은 바로 동반적 사랑이다. 동반적 사랑은 깊은 신뢰와 상호 이해, 그리고 정서적 유대를 바탕으로 한다. 오랜 시간 함께한 경험과 일상은 두 사람 사이에 특별한 정서적 토대를 형성하며, 이를 통해 안정감과 심리적 지지를 느끼게 된다. 그래서 사회심리학자 엘레인 해트필드(E. Hatfield)는 사랑을 두 가지 유형으로 구분한다. 하나는 열정적 사랑(passionate love), 다른 하나는 동반자적 사랑(companionate love)이다. 우리가 흔히 연애라 부르는 사랑은 대부분 열정적 사랑이며, 오랜 세월을 함께한 부부에게서 기대되는 것은 동반자적 사랑이다. 두 사랑은 별개의 감정처럼 보이지만, 실제로는 한 관계 안에서 공존할 수 있다.

적 자기공명영상(fMRI)을 사용하여 '강렬하게 사랑에 빠진' 17명의 사람의 특징을 연구했다(Aron외. 2005. Neurophysiol. 94. pp. 327-337을 참조). 사랑하는 사람에 대해 구체적으로 활성화된 뇌 영역은 오른쪽 복측 피개부(right ventral tegmental area)와 오른쪽 선조체 핵(right caudate nucleus)으로, 이들은 포유류의 보상 및 동기 부여와 관련된 도파민 풍부 영역이다.

여기서 열정적인 사랑은 흔히 말하는 '첫눈에 반하는 사랑'이다. 갑작스레 서로에게 끌리며, 기쁨과 질투, 불안과 평온, 이타심과 소유욕이 뒤섞인 감정의 소용돌이에 빠지게 된다. 이 사랑은 생물학적으로도 마약과 비슷하게 작용한다. 도파민, 아드레날린, 세로토닌, 옥시토신 등이 분비되어 마치 최면에 걸린 듯 연인을 전부처럼 느끼지만, 그 효과는 18개월에서 36개월 정도 지나면 서서히 사라진다. 사실, 사람들이 열정적인 사랑에 빠지는 이유는 진화론적으로 설명할 수 있다. 인간의 아기는 원숭이 새끼보다 훨씬 무력하게 태어난다. 이는 인간의 큰 두뇌가 완전히 자라기 전에 출산해야만 직립보행에 적합한 골반 구조로 출산이 가능하기 때문이다. 따라서 인간은 미성숙한 상태로 태어나며, 이를 양육하기 위해 어머니는 상당한 부담을 지게 되고 아버지의 도움이 필요하다. 이들의 협력 기간은 대체로 3~4년이며, 열정적 사랑은 약 18개월에서 36개월간 지속된다. 이러한 생리학적 연구 결과는 인간의 생존 전략과 맞닿아 있으며, 사랑의 열정이 아이가 최소한으로 살아남을 수 있도록 남녀를 결속시키는 진화적 장치였다고 해석할 수 있다.

시간이 지나면서 사람들은 상대의 단점이 눈에 들어오고, 때로는 사랑이 식었다는 자각에 이른다. 하지만 해트필드는 동반자적 사랑이 장기적인 만족과 행복에 더 밀접하게 관련되어 있다고 강조한다.[24]

---

24) Hatfield, E. C., Pillemer, J. T., O'Brien, M. U., & Le, Y.C. L.. 2008. The Endurance of Love: Passionate and Companionate Love in Newlywed and Long-Term Marriages. Interpersona: An International Journal on Personal Relationships. 2(1). pp. 35~64.

특히 부부 관계에서 열정적 사랑은 시간이 지나며 감소하는 반면, 동반자적 사랑은 안정되거나 오히려 증가한다는 사실이 관찰되었다.

동반자적 사랑의 긍정적이고 행복에 미치는 효과는 다양한 연구를 통해 뒷받침되고 있다. 동반자적 사랑은 흔히 '함께함'과 '조화', '의무와 헌신'을 중시하는 경향이 있다. 이는 감정 중심의 사랑이 열정과 표현을 중시했던 것과 달리, 관계의 안정성과 지속성, 사회적 책임을 중심으로 사랑을 이해하는 방식이다. 해트필드와 리처드 랩슨(Richard L. Rapson)은 이런 사랑의 형태가 인간 관계에서 깊은 신뢰와 지속적인 유대감을 형성하는데 효과적이며, 개인주의적이고 감정 중시적인 사랑과는 또 다른 가치와 지혜를 담고 있다고 설명한다. 이들은 문화 간 비교를 통해 사랑이 단일한 보편 개념이 아니라 다양한 문화적 맥락 속에서 다르게 형성되고 표현된다는 점을 강조한다. 동반자적 사랑의 방식은 때로는 억제적이고 전통적이라는 비판을 받을 수 있지만, 실제로는 갈등을 줄이고 상호 책임감을 강화하며, 사회적 유대를 공고히 하는 데 중요한 역할을 한다.[25]

보다 안정적 애착 관계를 유지하는 사람들은 일반적으로 자존감이 높고 불안 수준이 낮으며, 스트레스에 대한 회복탄력성 또한 뛰어나다. 이러한 심리적 안정감은 직장, 가족, 사회적 관계 전반에도 긍정적인 영향을 미치며, 궁극적으로는 전반적인 삶의 질 향상으로 이어진다. 사랑은 단순히 개인적인 감정의 영역을 넘어서서, 삶 전

---

25) Hatfield, E., & Rapson, R. L.. 1993. Love, sex, and intimacy: Their psychology, biology, and history. HarperCollins.

체를 지탱해 주는 정서적 자원이 되는 셈이다.

한편, 미국의 심리학자이자 인지 심리학자인 로버트 스턴버그 (Robert J. Sternberg)[26]는 사랑의 구조를 보다 체계적으로 설명하기 위해 '사랑의 삼각형 이론'을 제시했다. 그는 사랑을 친밀감 (intimacy), 열정(passion), 의지적 헌신(commitment)이라는 세 가지 요소로 구성된 삼각형으로 설명하며, 이 요소들이 어떤 비율로 조합되느냐에 따라 사랑의 유형이 달라진다고 보았다. 예를 들어 열정만 강한 사랑은 짧고 격렬하게 끝날 가능성이 높고, 헌신과 친밀감은 있으나 열정이 부족한 사랑은 친구 같은 관계로 이어질 수 있다. 반면 이 세 가지가 모두 조화를 이루는 경우, 우리는 그것을 '완전한 사랑'이라 부른다. 스턴버그의 이론은 단지 사랑을 분류하는 데 그치지 않고, 사랑이 어떻게 유지되고 발전하는지를 이해하는 데에도 큰 도움을 준다. 각 요소는 행복의 다양한 차원을 자극한다. 친밀감은 감정적 안정과 상호 연결감을 제공해 사랑을 우정 (friendship)으로 만들고, 열정은 삶의 활력과 흥미를 주어 황홀한 사랑(infatuation)으로 나타나지만, 지속성은 낮다. 헌신은 미래에 대한 신뢰와 계획 가능성을 제공하지만, 의지적 헌신만 있을 경우 공허한 사랑(empty love)으로 남는다. 이러한 세 요소가 균형 있게 결합될 때 비로소 가장 이상적인 사랑, 즉 완전한 사랑이 실현된다.

그렇다면 사랑은 구체적으로 어떤 방식으로 우리의 행복에 기여

---

26) Sternberg, R. J.. 1986. A triangular theory of love. Psychological Review. 93(2). pp. 119~135.

할 까? 긍정 심리학자인 마틴 셀리그먼(Martin Seligman)은 정서적 지지와 사회적 연결감이 삶의 만족도를 높이는 핵심 요인 중 하나라고 강조한다. 이와 관련된 연구에서는 친밀한 관계를 유지하고 있는 사람일수록 심리적 웰빙 지수가 높고, 외로움과 불안, 우울감은 낮다고 말한다. 또한, 지안 곤자가(G. C. Gonzaga) 등의 2001년[27] 연구에 의하면 연인 간의 애정 표현이 스트레스 호르몬인 코르티솔 수치를 낮추고, 불안과 우울 증상을 완화하는 결과가 나왔다. 사랑은 창의성과 동기에 긍정적인 영향을 미치며, 심리적 안정과 충만함 속에서 자아실현을 위한 동기를 제공한다. 매슬로우의 욕구 위계 이론에서도, 안전과 소속감이 충족될 때 비로소 인간이 자아실현 단계로 나아갈 수 있다. 결국 사랑은 개인의 감정적 안정뿐 아니라 신체적 건강, 창의적 동기, 심리적 회복력까지 포함하는 핵심적 심리·사회적 자원으로서, 행복의 근본적 원천이자 삶을 풍요롭게 하는 정서적 힘이다.

물론 사랑이 언제나 긍정적인 결과만을 가져오는 것은 아니다. 사랑의 어두운 면, 즉 '암' 또한 분명히 존재한다. 감정이 과도해질 경우, 우리는 오히려 그 사랑에 휘둘리게 되며, 의존이나 집착, 통제 욕구로까지 이어질 수 있다. 이러한 상태에서는 사랑이 행복보다는 오히려 불안과 갈등의 원인이 된다. 연인과의 이별은 자존감 하락, 자기 효능감 저하, 우울 증상 증가 등과 밀접한 관련이 있으며, 이는

---

27) Gonzaga, G. C., Keltner, D., Londahl, E. A., & Smith, M. D., 2001. Love and the commitment problem in romantic relations and friendship. Journal of Personality and Social Psychology. 81(2). pp. 247-262.

이후의 관계 형성에도 부정적인 영향을 미칠 수 있다. 더 나아가 잘못된 사랑이 폭력적으로 변질되는 경우, 우리는 이를 '사랑의 이름을 빌린 폭력'이라 부른다. 지나친 소유욕, 감정적 통제, 상대에 대한 일방적 기대는 관계를 병들게 하며, 사랑이 고통과 외로움의 원천이 되기도 한다. 이처럼 사랑은 큰 기쁨을 주는 동시에 상처와 혼란을 야기할 수 있으며, 중요한 것은 이러한 양면성을 인식하고 건강하게 감정을 조절하는 능력을 기르는 일이다.

사랑의 명과 암을 이해하는 것은 곧 자기 자신을 이해하는 일과도 밀접하게 연결되어 있다. 우리는 사랑을 통해 타인과 깊이 연결되기도 하고, 동시에 그 관계 속에서 자기 자신을 돌아보게 된다. 사랑은 자기 성장의 계기며, 인간으로서의 성숙을 가능하게 하는 정서적 통로다. 사랑의 어두운 면을 회피하지 않고 직면하고, 그 안에서 배움을 얻을 수 있을 때 비로소 우리는 진정한 행복에 도달할 수 있다. 이번 절의 결론을 말하자면, 사랑은 인간 존재의 핵심적인 정서이자 행복과 깊이 연결된 경험이다. 하지만 사랑은 양날의 검과 같아, 어떻게 사랑하고 관계를 맺느냐에 따라 우리의 삶은 완전히 다른 양상을 띨 수 있다.

과연 우리는 결혼하면 행복할까?

　결혼은 여전히 많은 사람에게 인생의 중요한 전환점으로 여겨진다. 현대 사회에서 결혼은 더 이상 보편적 선택이 아니며, 결혼이 곧 행복이라는 등식 또한 많은 도전에 직면하고 있다. 그렇다면 과연 결혼은 우리를 행복하게 만드는가? 이 절에서는 결혼 생활이 가져다주는 긍정적 영향과 부담, 동거와 결혼의 차이, 안 좋은 결혼이 개인과 사회에 미치는 영향, 그리고 최근의 비혼 현상까지, 여러 심리학적 연구와 사회적 현상을 중심으로 이야기해보자.

　먼저, 결혼이 행복에 긍정적인 영향을 줄 수 있는 요소들에 대해 살펴보자. 많은 연구에서 안정된 결혼 관계는 삶의 만족도와 정서적 안녕에 긍정적인 영향을 미친다고 보고되고 있다. 특히 동반자적 결혼, 즉 서로에 대한 정서적 지지와 존중이 기반이 된 결혼은 정서적 안정감과 스트레스 완화에 기여하며, 심리적 **회복탄력성(resilience)** 을 높이는 데도 효과적이다. 부부간의 정서적 친밀감은 외부 스트레스에 대한 완충 작용을 하며, 건강 문제, 직장 스트레스, 자녀 양육 등 삶의 다양한 영역에서의 어려움을 함께 이겨내는 자원이다.

이와 관련하여 애착이론(Attachment Theory)은 결혼과 행복의 관계를 설명하는 데 매우 중요한 틀을 제공한다. 애착이론은 영국의 정신분석가 존 보울비(John Bowlby)에 의해 처음 제안되었으며, 이후 메리 에인스워스(Mary Ainsworth)의 실험을 통해 보다 구체화되었다. 이 이론에 따르면 인간은 생애 초기에 형성된 주요 양육자와의 정서적 유대, 즉 '애착'을 통해 세상과 자신, 그리고 타인을 바라보는 틀을 형성하게 된다. 이는 성인기에도 이어져, 우리가 연인이나 배우자와 어떤 방식으로 관계를 맺고 갈등을 조율하며 친밀감을 형성하는지를 크게 좌우하게 된다. 애착 유형은 크게 네 가지로 분류된다.

첫째는 안정 애착(secure attachment)이다. 안정 애착을 가진 성인은 상대방과의 친밀함을 편안하게 받아들이고, 갈등 상황에서도 감정을 조절하며 솔직하게 대화하려는 경향이 강하다. 이러한 태도는 결혼 관계에서도 높은 만족도와 신뢰를 형성하게 된다.

둘째는 불안 애착(anxious-preoccupied attachment)이다. 이들은 관계에서 지나친 관심과 확인 욕구를 보이며, 상대가 자신을 버릴까 봐 끊임없이 불안해한다. 이는 종종 갈등을 격화시키고, 상대방을 압박하는 방식으로 나타나 관계의 피로도를 높인다.

셋째는 회피 애착(dismissive-avoidant attachment)이다. 회피형은 타인과의 정서적 연결을 회피하며, 독립성과 자율성을 과도하게 중시한다. 겉으로는 무덤덤하고 거리를 유지하려 하지만, 이는 친밀함에 대한 불안감의 방어적 표현일 수 있다. 결혼 관계에서는 감정적 단절이나 소통 회피로 나타나며, 상대에게 정서적 고립감을 준다.

마지막으로는 **공포-회피 애착(fearful-avoidant attachment)**이다. 이들은 타인과 친해지고 싶어 하면서도 동시에 거절당할까 봐 두려워하여 관계 형성에 어려움을 겪는다. 이러한 애착 유형은 결혼 생활에서 갈등 회피와 감정 억제를 동시에 보이면서도 깊은 외로움을 경험하게 만든다.

마리오 미쿨린치어(Mario Mikulincer), 필립 R. 샤버(Phillip R. Shaver)는 성인의 애착 유형이 결혼 관계의 질, 커뮤니케이션 방식, 갈등 해결 능력, 성적 만족도 등과 밀접한 관련이 있다고 밝혔다.[28] 안정 애착을 가진 배우자는 관계 만족도, 정서적 안정성, 신뢰 형성에 중요한 역할을 한다. 안정 애착을 가진 부부는 스트레스 상황에서도 서로를 지지하며, 갈등 시 이해와 협상의 태도를 보인다. 반면 불안형과 회피형이 결합된 관계에서는 오해와 갈등이 잦아 결혼 만족도가 낮아지고 심리적 소진으로 이어질 수 있다. 애착은 관계 속에서 변화할 수 있으며, 안정적 파트너와의 경험을 통해 점차 내면화될 수 있다. 결혼과 애착은 결국 '안정감'이라는 키워드를 공유하며, 애착은 정체성이 아니라 관계적 반응 패턴임을 보여준다. 반복되는 갈등이나 외로움은 성격 문제가 아니라 내가 어떻게 연결되고 두려워하며 기대하는지를 들여다볼 신호다.

그렇다면 행복한 결혼의 핵심 요소는 무엇일까? 첫째는 **상호 존중과 의사소통 능력**이다. 결혼 생활에서는 필연적으로 갈등이 발생

---

28) Mikulincer, M. & Shaver, P.R.. 2007. Attachment in adulthood: Structure, dynamics, and change. Guilford Press.

하게 되는데, 이를 어떻게 다루는지가 관계의 질을 결정짓는다. 미국 심리학자 **존 가트맨(John Gottman) 박사**는 수천 쌍의 부부를 장기간 연구한 결과, 부정적 감정 표현 방식이 반복될수록 이혼 가능성이 높다는 사실을 밝혔다. 그는 부부들의 3분 동안의 대화를 분석하여 이후 이혼 가능성을 예측할 수 있다는 놀라운 연구 결과를 발표하며 **비난, 경멸, 방어적 태도, 담쌓기** 등 네 가지 상호작용 패턴이 부부 관계를 해치는 주요 요인이라고 제시하면서, 이를 '**이혼을 부르는 네 기사(Four Horsemen of the Apocalypse)**'라고 불렀다. 반면 갈등 상황에서도 서로의 말을 경청하고, 감정을 솔직하면서도 따뜻하게 표현하는 커플은 이혼 확률이 현저히 낮고 관계 만족도가 높았다.[29]

둘째는 **공유된 가치관과 목표**다. 자녀 양육, 경제적 태도, 종교적 신념, 가족과의 관계 등 주요 생활 영역에서 유사한 가치관을 가진 부부일수록 의사결정 갈등이 적고, 안정적인 생활을 영위할 가능성이 높다. 이는 단지 취향의 문제가 아니라, 공동체로서의 결혼 생활을 운영해 가는 데 필요한 기본적인 조율력과 연결되어 있다. 셋째는 **정서적 친밀감과 애정 표현**이다. 이는 단순한 성적인 측면을 넘어 일상에서의 따뜻한 말, 포옹이나 손잡기와 같은 신체 접촉, 공감적 태도 등을 포함한다. 이러한 표현은 부부의 유대감을 강화하고, 서로에게 정서적으로 안전한 공간이 되어주는 데 중요한 역할을 한

---

29) Gottman, J.M. & Levenson, R.W.. 2002. Predicting divorce among newlyweds from the first three minutes of a marital conflict discussion. Journal of Marriage and Family. 64(3). pp. 427~435.

다. 넷째는 **공정한 역할 분담과 상호 협력**이다. 전통적인 성역할에서 벗어나, 가사나 육아, 경제활동에 있어 균형 잡힌 분담이 이루어질수록 결혼 만족도는 높다. 특히 맞벌이 부부가 늘어난 현대 사회에서는 역할 분담에 대한 명확한 기대와 조율이 더욱 중요해졌다. 다섯째는 **함께 성장하려는 태도와 신뢰**다. 관계는 정체되기보다는 시간이 흐르면서 함께 진화하는 과정이다. 서로의 목표를 지지하고, 개인의 성장도 존중하는 관계는 더 건강하고 오래 지속될 수 있다. 삶의 어려움을 함께 극복하며 형성되는 유대감은 단순한 사랑 이상의 안정감을 제공한다.

결국 행복한 결혼은 '**서로를 얼마나 잘 이해하고 지지하며 함께 성장할 수 있는가**'에 달려 있으며, 이는 감정적 친밀감, 현실적 협력, 갈등 해결 능력을 포함한 관계의 총체적 역량에서 비롯된다.

하지만 결혼이 언제나 행복을 보장하는 것은 아니다. 오히려 좋지 않은 결혼 생활은 개인의 정신 건강에 심각한 부정적 영향을 미칠 수 있다. 지속적인 갈등, 언어적 혹은 정서적 폭력, 외도, 의사소통의 단절 등은 우울증, 불안장애, 신체 질환의 원인이 되기도 한다. 특히 여성의 경우, 안 좋은 결혼 생활에서 벗어나지 못할 때 자기효능감의 저하, 자존감 하락, 심리적 무기력에 빠지기 쉬우며, 남성 역시 외부로부터의 사회적 스트레스가 결혼 관계 내 갈등을 악화시키는 악순환을 경험한다. 더욱이 이러한 개인의 고통은 사회적 비용으로 이어진다. 가정 내 갈등이 심화될 경우, 아동의 정서적 발달에도 영향을 미치며, 학교 부적응, 공격적 행동, 대인관계 어려움 등의 문제를 유발할 수 있다. 또한 높은 이혼율은 법률·복지 시스템에 대한 부담 증가, 한부모 가정 증가와 같은 사회적 현상으로 이어진다. 미국 정신의학회(APA)에서는 부부 갈등이 심한 가정보다 차라리 평화로운 이혼이 아동에게 더 긍정적이라는 입장을 제시하기도 했다.

그렇다면 혼인 전 동거는 결혼의 대안이 될 수 있을까? 동거는 법적 절차 없이 두 사람이 함께 생활하는 것으로, 결혼에 비해 훨씬 더 자유롭고 유연한 특성을 지닌다. 특히 유럽과 미국을 비롯한 서구 국가에서는 동거가 결혼보다 더 일반적인 삶의 방식이 되었으며, 한국에서도 젊은 세대를 중심으로 동거를 받아들이는 분위기가 확산되고 있다. 동거의 가장 큰 장점은 서로의 생활 습관과 가치관을 직접 경험하며 관계의 적합성을 시험해 볼 수 있다는 점이다. 이는 결혼 전 서로를 이해하고 갈등 해결 방식을 익힐 수 있는 중요한 기회가 된다. 하지만 동거에는 여전히 해결해야 할 과제도 있다. 동거커플은 법적 보호가 부족해 상속권, 재산 분할, 건강보험 등에서 제도적 한계를 겪는 경우가 다반사다. 일부 연구에서는 동거 관계가 결혼에 비해 갈등 발생 시 이별 가능성이 높고 정서적 안정감이 낮을 수 있음을 지적한다. 이는 동거가 사회적으로 완전히 인정받지 못하고 상대적으로 불안정한 위치에 있기 때문이다.

이와 함께 비혼 현상도 현대 사회에서 주목받고 있다. 비혼은 결혼하지 않기로 선택한 삶의 방식으로, 단순한 경제적 이유나 만남 부족에서 비롯된 것이 아니라 개인의 가치관과 사회 구조 변화가 반영된 결과다. 특히 2030세대에서는 결혼을 필수로 여기지 않는 인식이 확산하며 독립성과 자기 계발, 다양한 인간관계를 중시하는 비혼자들이 늘어나고 있다. 이들은 결혼 없이도 충분히 행복하고 만족스러운 삶을 추구하며, 전통적 가족 제도에 대한 재해석을 시도하고 있다. 이는 단순한 일시적 유행이 아니라 구조적 변화의 일부로 해석된다.

사랑과 결혼의 관계는 어떠한가? 사랑과 결혼은 많은 사람이 동일시하지만, 사랑은 사람의 감정적 교류에 기반된 것인 반면 결혼은 책임과 지속성을 요구하는 사회적 제도다. 사랑만으로 결혼 생활을 유지하기 어렵다는 연구도 있다. 그래서 결혼 결정에는 감정뿐 아니라 현실적 고려와 삶의 가치, 인간관계에 대한 이해가 필요하다. 행복한 결혼은 강력한 심리적 자원이 될 수 있지만, 불행한 결혼은 삶 전반을 무너뜨리는 스트레스가 된다. 결국 결혼의 질은 애착 유형, 정서적 의사소통, 갈등 조절, 상호 존중 등 관계 유지 역량에 달려있다.

이 절을 마무리하며 다시 질문을 상기해 보자. 과연 우리는 결혼하면 행복해질까? 이 질문에 정답은 사실 없다. 그러나 자신과 상대를 깊이 이해하고, 성숙한 방식으로 관계를 맺을 수 있다면, 결혼은 분명 삶을 더욱 풍요롭고 안정되게 하는 선택이 될 수 있다. **결혼 여부보다 중요한 것은 우리가 사랑을 어떻게 실천하고, 관계를 책임질 수 있는가이다.** 여러분 각자가 삶 속에서 이 질문에 대한 답을 찾아가길 바란다.

〈생각 및 토론 거리〉

1. 열정적 사랑, 동반자적 사랑, 헌신적 사랑 중 어느 유형이 장기적 행복에 더 중요한가?
2. 사랑을 배울 수 있는 것이라 한다면, 우리의 사랑을 더욱 견고하고 건강하게 만들기 위해 필요한 요소는 무엇인지 생각해보자.
3. 사랑은 단순히 뇌의 화학작용일 뿐인가, 아니면 그 이상의 의미를 갖는가?
4. [생각거리] 애착유형은 변화될 수 있는 요소일까? 애착은 선천적 요소인지 후천적 요소인지 생각해보자.
5. [토론] "사랑만으로 결혼 생활을 유지할 수 있을까, 아니면 다른 요소가 더 중요한가?"
6. [생각거리] 결혼은 사회적 제도와 책임의 수행인지, 아니면 개인의 사랑과 자아실현을 위한 선택인지 생각해보자.

〈읽을 거리〉

1. 에리히 프롬 | 황문수 역(2019). [사랑의 기술] 문예출판사.
2. 알랭 드 보통 | 정영목 역(2022). [왜 나는 너를 사랑하는가] 청미래.
3. 로버트 스턴버그 | 최연실 외 역(2001). [사랑의 심리학] 하우기획출판

〈영화 볼거리〉

1. 스파이크 존즈(Spike Jonze) 감독(2013). [그녀(Her)] 미국: Warner Bros. – 인간과 인공지능 간의 사랑을 통해 현대 사회의 친밀감과 외로움을 탐구하며, '사랑은 반드시 인간끼리만 가능한가'라는 질문을 던지는 영화.
2. 미셸 공드리(Michel Gondry) 감독(2004). [이터널 선샤인(Eternal Sunshine of the Spotless Mind)] 미국: Focus Features. – 기억 삭제를 통해 전 연인을 잊으려는 과정을 그리며, '사랑의 상실과 기억, 그리고 인간관계의 의미'를 다시 생각하게 하는 영화.

제4장

돈과 행복

사람의 행복은 단지 물질적인 조건에서만 오지 않는다.
우리의 행복을 구성하는 요소는 매우 다양하다.
인간관계, 건강, 자율성, 의미 있는 활동, 공동체 소속감 등
수많은 요소가 우리의 행복에 영향을 준다.

수입이 늘어나면 행복할까?

당신은 돈이 정말로 우리의 삶에서 모든 것을 해결해 준다고 생각하는가? 우리는 "돈만 있으면 모든 게 해결된다"라는 말처럼, 마치 돈이 만능열쇠처럼 여겨지는 사회, 자본주의 사회 속에 살고 있다. 광고나 영화, SNS 속 사람들의 삶을 보면 돈이 많으면 걱정도 적고, 인맥도 넓어지고, 모든 것이 화려하게 보이곤 한다. 하지만 정말 돈이 우리의 행복을 결정짓는 완벽한 요소인가? 이번 절에서 우리가 함께 이야기할 전체 주제는 바로 '돈과 행복'이다. 돈과 행복, 이 두 가지는 얼마나 밀접하게 연결되어 있는가? 이 질문에 답하기 위해 1920년대를 배경으로 한 한 문학작품을 소개하고자 한다. 바로 현진건 작가의 단편소설, 《운수 좋은 날》[1]이다.

이 소설은 일제강점기 시절, 산업화가 본격화되기 전의 조선의 어두운 도시 풍경 속 인력거꾼, 김첨지를 주인공으로 하고 있다. 그는 평소에 손님이 없어 굶기 일쑤인데, 소설의 배경이 되는 그 날따라

---

1) 현진건, 2003, 《운수 좋은 날》, 신원문화사.

비가 많이 내렸다. 김첨지는 비가 오는 날이면 인력거를 타려는 사람이 많아 돈을 많이 벌 수 있었기에 오늘을 '운수 좋은 날'이라고 생각하였다. 김첨지는 그 날따라 "나가지 말고 자신의 곁에 있어 달라"고 말하는 병든 아내의 말을 뿌리치고 거리로 나왔다. 그리고 그의 예상대로 하루 종일 손님이 끊이질 않았고, 덕분에 평소와는 다르게 설렁탕 한 그릇을 살 정도로 번듯한 수입을 올렸다. 그는 하루 종일 번 돈으로 아내가 그렇게 먹고 싶어 하던 설렁탕을 사들고 집으로 달려간다. 병든 아내에게 따뜻한 국밥 한 그릇이라도 먹이려고 말이다. 하지만 그가 집에 도착했을 때, 그는 충격적인 현실과 마주하게 된다. 그의 아내는 이미 홀로 세상을 떠나 있었다. 그가 아무리 많이 벌어왔어도, 차갑게 죽은 사람에게 따스한 국밥은 아무런 의미가 없었다. 김첨지의 가슴속에 공허함과 슬픔이 몰려왔다. 그리고 그는 이렇게 말했다.

> "이 원수같은 돈!"… "설렁탕을 사다놓았는데, 왜 먹지를 못하니, 왜 먹지를 못하니… 괴상하게도 오늘은 운수가 좋더니만…"

이렇게 그에게 돈이 넘쳐났던 날, 김첨지는 왜 이렇게도 비참한 감정을 느꼈을까? 그의 비참함은 단순히 아내가 죽었기 때문만은 아니다. 그는 분명히 그날 평소보다 훨씬 많은 돈을 벌었고, 욕심을 내었고, 일종의 성공을 맛보았다. 그러나 그 돈은 자신이 진정으로 원하는 것, 즉 아내의 건강과 사랑을 지키는 데에 아무런 도움이 되지 못했다. 이 지점에서 우리는 돈이 '수단'이라는 본질을 이해하게 된다. 돈이 많다고 해서 행복이 자동적으로 따라오는 것은 아니라는 사실을 우리는 이 이야기를 통해 직관적으로 깨닫게 된다. 나아가 이는 단순한 문학적 비극이 아니라, 현실 속에서 수많은 사람이 경험하는 진실이기에 독자들의 깊은 공감을 불러일으킨다.

이러한 메시지는 문학만이 아닌 영화, 드라마, 그리고 예술 전반에서 반복되어 등장한다. 예를 들어, 봉준호 감독의 영화 〈기생충〉에서도 가난한 가족이 부유한 가정에 침투하여 돈을 통해 경제적으로 계급을 뒤바꾸려 하지만, 결국 더 깊은 비극으로 빠져드는 모습을 보여준다. 그들에게 돈은 분명 꿈의 열쇠처럼 보였지만, 결국 그들의 삶을 구원해 주지는 못한다. 미국의 사회학자인 댄 아리엘리(D. Ariely)는 '돈은 불편함을 줄일 수는 있지만, 삶의 의미를 채워주지는 못한다'고 지적한 바 있다. 돈은 필요한 것이지만, 그것만으로 우리의 삶을 구성할 수는 없다. 위와 같은 사례들은 우리에게 반복적으로 질문을 던진다. "진정으로 인간을 구원하는 것은 돈일까, 아니면 관계와 의미일까?"

이제 돈과 행복의 관계를 좀 더 상세하게 살펴보자. 1974년, 경제학자 리처드 이스털린(Richard A. Easterlin)은 전 세계 여러 나라의 경제 성장률과 국민 행복도 사이의 관계를 분석하는 연구[2]를 발표했다. 그는 "경제성장이 계속되면 국민들은 더 행복해질까?"라는 질문을 던졌고, 그의 연구 결과는 "그렇다"라는 많은 사람의 생각을 뒤엎

---

2) Easterlin, R. A.. 1974. "Does Economic Growth Improve the Human Lot?" In Paul A. David and Melvin W. Reder, eds., Nations and Households in Economic Growth: Essays in Honor of Moses Abramovitz. New York: Academic Press. pp. 89~125.

었다. 과거에는 근대화가 급속도로 진행되면서 가계수입이 늘어나게 되었고 삶의 질도, 행복도도 높아져 갔다. 하지만 오늘날에는 수입과 행복도가 비례하지 않는다는 경험들이 많이 나타나고 있다. 따라서 그는 이러한 현상을 분석하며 다음과 같이 주장하였다.

> "소득이 최소한의 생계 수준을 넘어서면, 소득 증가가 행복 증대에 이바지하지 못한다."

이것이 바로 **이스털린의 역설**(Easterlin Paradox)이다. 즉, 사람들은 일정 수준까지는 돈이 많아질수록 더 행복하다고 느끼지만, 어느 지점을 넘어서면 돈이 늘어나도 행복은 제자리에 멈추게 된다는 것이다. 소득이 행복과 관련된 것은 맞지만, 기본적인 생계와 자율성, 사회적 안전망이 갖춰진 후에는 돈과 행복도가 반드시 양의 상관관계를 가지는 것은 아니다. 사실 이스털린의 역설은 그 해석에 여러 논란이 있지만, 중요한 의미는 행복을 가져다주는 것이 소득의 절대적인 값어치가 아니라, 상대적 가치라는 점이다. 그렇다면 그 지점이 어디쯤이라고 생각하는가?

한국행정연구원은 사회통합실태 조사를 실시하여 월 소득과 행복 간의 관계를 매년 연구한다. 2024년 조사 결과에 따르면, 월 소득 일정 부분(대략 600만~700만 원) 이상 집단에서 행복감이 증가하는 반면, 최저 소득 집단에서는 행복감이 감소한다고 한다.[3]

---

3) https://www.yna.co.kr/view/AKR20240318153700530.

소득별 행복지수, 기부금 참여율, 자원봉사 참여율은 소득 하위 약 80% 선까지는 소득과 비례하게 상승한다. 그러나 이 지점을 기점으로 그 이상의 소득 집단에서는 오히려 행복이 반비례하는 곡선이 나타나고 있다. 또한, 소득 하위(25%)에 속하는 사람의 약 30~38% 가량은 소득 상위(80%)의 30% 정도가 행복하지 않다고 대답한 것과 유사한 비율로 자신이 행복하다라고 답했다. 이와 관련하여 프린스턴 대학의 노벨상 수상자이자 심리학자인 다니엘카 너먼(Daniel Kahneman) 과 경제학자 앵거스 디턴(Angus Deaton)은 흥미로운 연구를 진행하였다.[4] 결과적으로 7만 5000달러, 즉 한화 약 1억 원의 수입을 초과한 이후에는 행복도에 뚜렷한 변화가 없다는 결론이었다. 이는 이스털린의 주장과 유사하게, 돈이 감정적인 안정을 제공하는 데에는 한계가 있으며 일정 수준 이상에 서는 더 많은 돈이 곧 더 큰 행복으로 이어지지 않는다는 점을 실증 적으로 보여준다. 그렇다면 이렇게 이스털린의 역설이 작용하는이유는 무엇인가?

그 이유는 간단하면서도 복잡하다. 우리의 행복은 단지 물질적인 조건에서만 오지 않는다. 우리의 행복을 구성하는 요소는 매우 다양하다. 인간관계, 건강, 자율성, 의미 있는 활동, 공동체 소속감 등 수많은 요소가 우리의 행복에 영향을 준다. 돈은 단지 이 요소 중 일부며 어느 정도 접근할 수 있게 해주는 도구일 수는 있지만, 그 자체가 곧 행복을 느끼게 해주는 것은 아니다. 오히려 돈이 너무 많아지면

---

4) Kahneman, D. & Deaton, A., 2010. High income improves evaluation of life but not emotional well-being. Proc. Natl. Acad. Sci. U.S.A. 107 (38). pp. 16489~16493.

경쟁과 고립, 비교와 같은 부작용이 생긴다고 하는 사람들도 있다. 돈 자체가 목적이 되면 우리는 이런 생각들을 하게 된다. '나는 월급이 500만 원인데, 저 사람은 1,000만 원을 받네.' '나는 아직 전세인데, 저 친구는 강남에 집을 샀네.' 이러한 상대적 비교는 오히려 행복을 감소시키는 요인이 되곤 한다. 우리는 돈이 삶을 윤택하게 해주는 도구지만, 그와 동시에 마음의 평온을 위협하는 칼날이 될 수도 있다는 점을 항상 생각하고 있어야 한다.

하지만 여전히 사람들은 돈이 곧 행복이라 믿는다. 이 믿음은 단순히 개인적 사고가 아니라, 근대 정치사와 자본주의 사회의 발전을 배경으로 하고 있다. 프랑스 혁명을 떠올려보자. '자유, 평등, 박애'라는 슬로건에서 볼 수 있듯이, 이 혁명을 계기로 정치가 해방되면서 모든 사람이 평등하다는 개념이 자리 잡게 된다. 정치적으로 안정기에 접어들자 사람들은 물질적 평등이 곧 삶의 질을 향상시킨다는 공식을 내면화하기 시작하였다. 또한, 산업혁명과 자본주의의 발달로 개인의 노력과 능력으로 부를 이룰 수 있다는 믿음이 확산하게 되었다. '열심히 일하면 부자가 된다'는 메시지는 가난한 사람들에게도 희망을 주었고, 돈은 곧 성공과 자아실현의 상징으로 자리 잡게 되었다.

하지만 근대 계몽주의 철학자인 장 자크 루소(Jean Jacques Rousseau)는 이러한 흐름을 비판적으로 바라보았다. 그는 1754년 "무엇이 인간 불평등의 근원인가?"라는 질문에 대답하기 위해 소유권 제도와 사회조직의 발전으로 인해 생긴 불평등과 비참함을 자연 상태의 자유롭고 평등한 상태와 대립하여 해석하였다.[5] 그에 의하면 자연적 불평등은 신체 능력, 나이, 건강과 같은 생물학적 차이를 의미하지만, 사회적 불평등은 부, 권력, 명예와 같은 인간 사회가 만든 차이를 의미한다. 그렇기에 이러한 사회적 불평등은 그의 비판 대상이 되었다. 또한 그는 "사유재산이 생기면서 인간 불평등이 시작되었다"라고 주장한다. 이러한 그의 철학은 이후 《사회계약론》의 바탕을 이룬다. 오늘날에도 그의 메시지는 시사하는 바가 크다. 우리는 돈을 통해 평등을 이루려 했지만, 오히려 그것이 새로운 불평등과 계급, 불행을 만들어내고 있다. 또한, 현대 사회는 돈을 중심으로 구성된 구조적 시스템 안에서 개인의 가치를 평가하려는 경향이 나타난다. 독일의 사회학자 울리히 벡(Ulrich Beck)은 자신의 저서 《위험 사회(Risikogesellschaft)》[6]에서 현대 사회는 끊임없는 위험(리스크)과 불확실성에 노출되어 있으며, 그 속에서 개인은 스스로 끊임없이 증명하고 방어해야 한다고 설명한다. 현대 사회가 물질적 풍요를 이루었음에도 불구하고, 사람들은 점점 더 불안과 불행 속에 살아간다. 단지 소득이 늘어났다는 사실만으로는 더 나은 삶이 보장되지 않으며, 오히려 소득의 증가가 곧바로 행복으로 이어지지 않는 구조적 역설이 나타나고 있다고 진단할 수 있다.

현대인은 소비를 통해 자신을 표현하고 정체성을 구성하지만, 그 소비의 기반인 돈은 이제 더 이상 단순한 생존의 수단이 아니다. 돈

---

5) Rousseau. J. J.. 1992. Discourse on the Origin of Inequality, translated by Donald A. Cress. Hackett Publishing.
6) Ulrich Beck. 1986. Risikogesellschaft. Auf dem Weg in eine andere Moderne. Suhrkamp. Frankfurt.

은 위험을 회피하기 위한 방패가 되고, 동시에 더 많은 위험에 노출되는 입구가 된다. 벡은 현대 사회에서 돈이 '행복의 수단'이라기보다 불안을 통제하기 위한 보험의 성격을 띠게 되었다고 말한다. 투자, 헬스케어, 사교육 산업이 팽창하는 이유도 이와 같이 사람들이 미래의 불확실성 즉 불안을 줄이고 싶어하기 때문이다. 그러나 이러한 소비는 끝없는 비교와 경쟁을 불러일으키며, 불안의 총량을 늘리는 방향으로 나아간다. 사람들은 미래의 불확실성을 줄이기 위해 돈을 축적하지만, 그 과정에서 삶의 실제적 만족은 점점 사라진다. 그렇기에 돈은 행복의 보증 수표가 아닌 불안을 잠시 느끼지 못하게 해주는 진통제에 가깝다. 무엇보다 벡이 지적한 것은, 위험이 평등하게 분배되지 않는다는 사실이다. 소득이 낮은 사람일수록 환경오염, 산업재해, 건강위험에 더 많이 노출되고, 이를 방어할 수단—즉 돈—이 부족하다. 반면 소득이 높은 사람들은 더 안전한 환경을 살 수 있다고 믿고, 더 나은 의료와 정보 접근성을 가진다. 그들 또한 환경 속에서 불안하지만, 돈을 통해 당장 위험을 회피할 수 있다고 의존적으로 믿을 수 있다.

돈이 인간관계와 행복에 미치는 영향은 무엇인가?

경제학적으로 '가치(Value)'란 경제 주체로 하여금 특정 재화를 소유하고 싶게 만드는 근원을 뜻하며, 세 가지로 구분된다. 첫째, '사용가치(Use Value)'는 어떤 사물이 우리에게 직접적인 효용을 줄 때 발생하는 가치다. 예를 들어, 빵은 우리가 먹음으로써 배를 채워주는 실질적인 가치를 지닌다. 둘째, '교환가치(Exchange Value)'는 그것이 다른 것과 교환될 수 있을 때의 가치를 의미한다. 즉, 돈은 다른 재화나 서비스를 얻기 위한 교환의 수단이 된다. 여기에 독일의 경제학자이자 철학자인 카를 마르크스(Karl Marx)는 '잉여가치(Surplus Value)'라는 개념을 덧붙인다. 자본주의 사회에서는 노동자가 자신이 생산한 가치보다 적은 임금을 받고, 그 차익을 자본가가 가져가게 되며, 마르크스는 이러한 구조를 비판하기 위해 자본의 개념을 정의했다. 우리는 이처럼 복잡한 자본주의적 시스템 속에서 살아가고 있다. 돈을 벌고, 쓰고, 저축하고, 투자하는 모든 행위가 이 구조 안에 있으며, 때로는 알지 못하는 사이에 이 시스템이 우리를 지배하고 있을 수도 있다.

이즈음에서 우리는 돈의 본질을 조금 더 철학적으로 들여다볼 수 있는 질문을 하나 던져야 한다. 돈은 우리의 삶을 돕는 도구일까, 아니면 우리를 지배하는 주인일까? 프랜시스 베이컨(Francis Bacon)은 "돈은 최고의 종이지만, 최악의 주인이다(Divitiæ bona ancilla, pessima domina)"라고 말했다.[7] 이것은 간단한 말이지만 돈의 본질을 꿰뚫는다. 당신은 이 말의 의미가 무엇이라고 생각하는가? 돈은 우리가 필요할 때 현명하게 활용한다면 우리에게 힘을 실어줄 수 있는 유익하고 강한 도구다. 하지만 우리가 돈의 지배를 받게 되는 순간, 돈은 우리의 주인이 되어버린다. 돈을 중심으로 사고하고, 관계를 맺고, 삶의 목표를 세우는 사람은 자기도 모르게 돈에 끌려다니는 삶을 살게 될 것이다. 우리는 이와 반대로 돈을 통제하고 도구로 삼아 우리 스스로가 진정으로 원하는 삶을 선택하고 실현해야 한다. 아리스토텔레스 역시 돈은 행복을 위한 필수 조건이 아닌 보조적 수단이라고 말했다. 돈이 우리에게 활동의 자유를 제공할 수 있지만, 행복은 결국 덕과 공동체적 삶의 조화를 통해 완성되기 때문에 돈 자체가 행복을 만들어내지 않는다는 것이다.

이제, 돈과 우리의 심리에 관한 여러 연구 사례를 소개하고자 한다. 먼저, 콜럼비아 대학의 라라 아크닌(Lara Aknin) 연구팀은 인간의 마음에 공통적으로 자리한 어떤 보편적 심리 가능성에 대해 의미 있는 첫 번째 근거를 제시하였다. 바로 사람들은 자기 돈을 다른 사

7) Bacon, F.. 2011. De Dignitate et Augmentis Scientiarum, pp. 431~ 633. In J. Spedding, R. L. Ellis, & D. D. Heath (Eds.), The Works of Francis Bacon (pp. 431- 633). chapter, Cambridge: Cambridge University Press.

람을 돕는 데 사용할 때 정서적인 만족을 얻는다는 점이다. 말하자면, '이타적 소비(prosocial spending)'가 사람들의 행복감에 긍정적인 영향을 미친다는 것이다. 먼저 그들의 1차 연구에서는 136개국에 걸친 설문조사 데이터를 분석했는데, 그 결과 부유한 나라든 가난한 나라든 상관없이, 이타적 소비를 실천한 사람들이 그렇지 않은 사람들보다 더 높은 수준의 행복을 경험하고 있었다는 것이 밝혀졌다. 이런 연관성이 단순한 상관이 아니라 인과 관계인지 확인하기 위해, 2차 연구에서는 실험적 접근을 시도하였다. 참여자들에게 자신이 과거에 다른 사람을 위해 돈을 썼던 경험을 떠올리게 했을 때, 실제로 행복감이 유의미하게 상승하는 효과가 나타났다. 흥미로운 점은, 이와 같은 효과가 경제 수준이 매우 다른 나라들(캐나다, 우간다, 인도)에서도 공통적으로 확인되었다는 것이다. 이어진 3차 연구에서는 캐나다와 남아프리카공화국의 참여자들에게 일정 금액을 주고, 무작위로 자신을 위해 물건을 사게 하거나 혹은 자선단체를 위해 동일한 물건을 구매하도록 했다. 그 결과, 타인을 위해 쓴 사람들이 자신을 위해 소비한 사람들보다 더 큰 긍정 정서를 보고했다. 이 경우 사회적 관계 형성이나 인정욕구와 무관하게 순전히 소비의 대상이 '타인'이었다는 점만으로 이러한 차이가 발생한 것이다.[8]

---

8) Aknin, L. B., Barrington-Leigh, C. P., Dunn, E. W., Helliwell, J. F., Burns, J., Biswas-Diener, R., Kemeza, I., Nyende, P., Ashton-James, C. E., & Norton, M. I.. 2013. Prosocial Spending and Well-Being: Cross-Cultural Evidence for a Psychological Universal. Journal of personality and social psychology. 104(4). pp. 635~652.

다음으로, 하버드 대학의 조르디 쿠아드박(Jordi Quiodbach) 연구팀은 지폐사진과 초콜릿을 이용하여 실험을 진행하였다.[9] 초콜릿을 제공함과 동시에 피험자 한 부류를 지폐 사진에 노출시키는 방식이었다. 모든 피험자의 초콜릿 먹는 시간과 미소 짓는 횟수를 기록한 결과, 지폐 사진에 노출된 사람들은 초콜릿을 음미하는 시간이 줄었으며 미소를 띠는 시간이 감소하였다. 돈의 이미지를 떠올리기만 해도 삶의 소소한 순간들을 즐기는 능력이 무뎌지는 것을 확인한 것이다. 이를 바탕으로 그들은 돈에 대한 집착이 거대한 사람일수록 인생에서 사소하고 작은 행복을 잘 느끼지 못하며 기쁨을 추구할 수 있는 행동을 선택하지 않는 경향성이 있다고 주장하였다. 또한, 직장인 표본을 대상으로 한 조사에서도 더 부유한 사람일수록 긍정적 정서 경험을 강화하고 오래 지속시키는 능력(즉, 음미 능력)이 낮게 나타났다. 이 연구로 부(富)가 음미 능력에 미치는 부정적 영향은 돈이 행복에 주는 긍정적 효과를 약화시키는 결과를 가져왔다고 해석할 수 있다.

그리고 미네소타대학의 카들렌 포스(Kathllen D. Vohs) 연구팀은 유사하게 피험자에게 돈을 떠올리게끔 하는 상황, 즉 지폐 이미지, 단어 퍼즐, 부자 관련 이야기 등을 무의식적으로 노출시킨 후의 행동들을 살펴보는 실험을 하였다.[10] 그 결과, 돈을 떠올린 사람들은

---

9) Quoidbach, J., Dunn, E. W., Petrides, K. V. & Mikolajczak, M.. 2010. Money Giveth, Money Taketh Away: The Dual Effect of Wealth on Happiness. Psychological Science. 21(6). pp. 759~763.

10) Vohs, K. D., Mead, N. L. & Goode, M.R.. 2006. The psychological consequences of money. Science. New York. 314(5802). pp. 1154-1156.

도움을 덜 요청하고, 타인에게 친절하거나 사회적으로 반응하는 수준이 낮아졌으며, 혼자 활동하길 더 선호하고 타인과의 물리적 거리 역시 넓게 유지하려는 경향을 보였다. 실험 후 인터뷰를 위해 의자 여러 개를 배치해달라는 주문에 자신의 의자와 옆 사람의 의자 간 거리를 더 넓게 배치하는 행동을 보이기도 하였다. 이를 통해 돈 이미지에 노출된 피험자들은 타인과의 사회적 거리감이 증가하였다고 볼 수 있다. 이러한 결과들을 살펴보며 우리는 사람이 사람다워지는 데에 돈이 필수적인 조건은 아님을 알 수 있다.

또한 사회학자 로버트 프랭크(Robert H. Frank)는 《사치 열병(Luxury Fever)》[11]이라는 저서를 통해 현대 사회에서의 소비가 단순한 생존을 넘어서 과시와 지위의 상징으로 작동한다고 지적한다. 그는 사람들이 단순히 좋은 삶을 추구하는 것이 아니라, 타인보다 더 나은 삶을 살아야 한다는 강박에 시달린다고 주장한다. 이런 태도는 결국 지속적인 비교를 부추기며, 만족감보다는 결핍감을 조장한다. 프랭크는 특히 소득 상위 계층의 '소비 확산 효과(Consumption Cascade)'를 경고하는데, 상류층의 과도한 소비는 중산층과 서민에게도 유사한 소비 압박을 가하게 되어 전체 사회의 물질주의적 경향을 심화시킨다는 주장이다. 이러한 구조 속에서 돈은 단지 개별적인 행복의 수단이 아니라 사회적 불균형과 개인적 소외를 함께 증폭시키는 요인이 되기도 한다.

벨기에 출신의 바바라 브리어스(Barbara Briers) 연구팀은 돈은

---

11) 로버트 H. 프랭크 저자, 이한 번역. 2011, 《사치열병》. 미지북스.

생존본능과 결합하여 식욕처럼 작동한다고 말한다.[12] 실험을 통해 본 결과, 돈을 욕망하는 사람들은 주어진 간식들을 누구보다 더 많이 먹으려고 하였다. 또한 배고픔을 느끼는 상태에서는 배가 고프지 않을 때보다 자선단체에 내는 기부금의 액수가 적어졌다고 한다. 이 연구팀의 결과는 돈과 음식에 대한 욕구가 심리적으로 긴밀히 연결되어 있다는 진화적 관점에 기반한다. 즉, 돈을 떠올리거나 금전적 부족을 경험할 때, 그것이 칼로리 자원을 갈망하는 식욕과 유사한 형태로 나타날 수 있음을 실험을 통해 입증한 중요한 연구다.

유사하게, 뉴욕대학교의 디노 네비(Dino J. Levy)와 폴 글림처(Paul Glimcher) 교수는 fMRI를 통해 뇌가 돈에 반응하는 방식을 관찰하였다. 그 결과, 돈을 받을 때 인간의 뇌는 마치 음식이나 쾌락적 자극을 받을 때처럼 도파민이 분비되는 쾌락 회로가 활성화된다는 사실을 밝혔다.[13] 그러나 반복적으로 보상을 경험하게 될 경우, 그 자극에 대한 민감도는 점점 감소한다는 '보상의 탈감작(Desensitization)' 현상이 함께 나타났다. 즉, 처음에는 적은 금액도 큰 기쁨을 주지만, 시간이 지나면서 점점 더 큰 금액이 되어야 같은 수준의 만족감을 얻을 수 있다는 것이다. 이 현상은 마치 마약 중독과 유사한 양상을 띠며, 돈에 대한 집착이 생물학적으로도 반복 중

---

12) Briers, B., Pandelaere, M., Dewitte, S., & Warlop, L. 2006. Hungry for Money: The Desire for Caloric Resources Increases the Desire for Financial Resources and Vice Versa. Psychological Science. 17(11). pp. 939-943.
13) Levy, D. J. & Glimcher, P. W.. 2012. The root of all value: a neural common currency for choice. Current opinion in neurobiology. 22(6). pp. 1027-1038.

독적일 수 있음을 보여준다.

　앞서 소개한 많은 연구의 결과를 간략하게 정리하면 다음과 같다. 첫째, 돈이 전반적인 행복감을 가져다주기는 하지만 일반적으로 생각하는 것보다 그 영향력이 크지 않다. 둘째, 소득 수준이 낮은 사람이라고 해서 반드시 불행한 것은 아니다. 마지막으로, 경제적 풍요로움이 일정 수준을 넘어서면 소득 수준이 증가한다 해도 행복도는 더 이상 증가하지 않는다. 이들의 결과를 통해 우리는 우리 사회의 이스털린 역설을 확인할 수 있다.

　돈은 인간관계와 인간성을 쉽게 무너뜨릴 수 있다. 전 세계적 화제가 되었던 드라마 <오징어 게임>만 봐도 알 수 있다. 구슬치기 장면에서 사람들은 처음엔 함께 살아남을 거라 믿고 짝을 이루지만, 곧 배신이 시작된다. 다음 시즌의 짝 고르기 게임에서도 사람들은 우정을 선택하기보다 누가 더 쓸모 있는가를 기준으로 사람을 선택한다. 기업조직에서도 보너스나 성과급 제도가 지나치게 강조되면 동료들 간 협력보다는 경쟁이 우선시되고, 동료를 동반자로 인식하지 못하게 된다. 이처럼 생존과 돈 앞에서 신뢰와 연대는 무너지고, 타인은 동료가 아닌 경쟁자가 된다. <오징어 게임>의 또 다른 장면, 참가자들이 게임을 계속할지 투표하는 순간을 떠올려보자. 이미 거액이 보장돼 있음에도 사람들은 더 큰 상금을 위해 다시 게임에 몸을 던진다. 여기서 우리는 돈에 대한 욕망이 끝이 없다는 사실을 직면하게 된다. 돈이 삶을 위한 수단이 아닌, 그것 자체가 목적이 되어버린 것이다. 만족은 사라지고, 비교는 커져만 간다. 결국 우리는 끝없는 욕망의 굴레 속에 갇히게 된다.

경제학자 존 메이너드 케인스(J. M. Keynes)는 "투자의 목적은 장래를 억누르는 시간과 무지의 불길함을 이겨내는 것"이라 말했다. 돈의 가치는 단지 소비에 있는 것이 아니라, 더 나은 미래를 위한 준비에 있다. 결국 진정한 행복은 외부 기준이 아닌 나만의 가치와 방향에서 돈을 바라보고 조절할 때 비로소 다가온다. 물론 한국 사회에서도 돈과 인간관계, 행복의 문제는 중요한 화두다. 조사에 따르면, 한국인의 평균 행복지수는 여전히 OECD 국가 중 하위권에 머무르며 특히 '경제적 성공'이 행복의 절대적 조건으로 여겨지는 경향이 강하다. 물질적 기준에 치우친 가치관은 청년층의 과도한 경쟁과 탈진, 중장년층의 고립, 노년층의 경제 불안으로 이어진다. 이러한 구조 속에서 '돈이 많으면 행복할 것이다'라는 신념이 오히려 불행의 원인이 되는 역설적인 상황이 발생한다. 김난도 교수는 《트렌드 코리아》 시리즈를 통해 사회가 돈을 중심으로 움직일수록 사람들은 점점 더 피로해지고 인간관계는 소모품이 된다고 경고한다. 결국 우리는 돈의 효용을 냉정하게 직시하고, 그것이 사람 사이의 신뢰와 존엄을 해치지 않도록 하는 균형감각이 필요하다.

돈벼락은 우리에게 행복을 줄까?

만약 복권에 당첨되면 어떨 것 같은가? 마냥 행복하게 남은 일생을 살 수 있을 것이라 확신하는가? 어떤 사람들은 일주일간의 고통을 '나는 복권에 당첨될 것이다'라는 기대감으로 보상하며 산다고 말한다. 이러한 기대감은 삶이 힘들고 어려울 때, 종종 그 어려움을 이겨내게 하는 의지처가 될 수 있다. 과거 복권이 없던 시절, 우리나라뿐만 아니라 저 멀리 프랑스에서도 하인들은 자신이 돈 많은 부자의 사생아임이 밝혀져 막대한 유산을 상속받는 것을 꿈꾸곤 했다고 한다. 이렇게 사람들은 한순간에 금전적으로 풍족한 상태가 되는 환상을 가지고 있다. 막대한 돈은 스스로에게 곧 행복을 줄 것으로 생각하기 때문이다.

그렇다면 다시 한번 〈오징어 게임〉의 장면을 떠올려보자. 주인공은 게임에서 무려 456억이라는 큰돈을 한순간에 얻게 된다. 하지만 그는 그 돈을 쉽게 쓰지 못한다. 자신을 돌보지 못하고, 사람들과의 관계도 끊긴 채 그저 외로운 삶을 살아간다. 그가 잃은 친구, 트라우마, 깨진 신념은 그 많은 돈으로 메꿔지지 못하였기 때문일 것이다.

프롬은 《소유냐, 존재냐》에서 이렇게 말한다. "우리는 소유를 통해 자신을 증명하려 하지만, 진정한 행복은 존재의 방식에서 온다." 드라마의 등장인물들은 돈을 소유하려 하지만, 존재의 의미를 상실하였다고 볼 수 있다. 이미 아리스토텔레스는 행복을 '목적 그 자체'라고 말했다. 또한, 그는 돈이 삶의 좋은 활동을 가능하게 하는 도구일 뿐 그 자체가 목적이 될 수 없다고 보았다. 그래서 그는 돈을 버는 것 자체가 목적이 되는 순간 인간의 덕이 왜곡된다고 경고했다. 이것이 돈벼락이 '좋은 삶'과 곧장 연결되지 못하는 이유다. 즉, 행복은 돈벼락처럼 무언가를 얻은 결과에서 비롯된 것이 아니라 삶의 방식 및 관계의 질, 자아실현의 과정을 통해 이루어진다.

이와 관련해 경제 인류학자 데이비드 그레이버(David Graeber)는 현대 사회가 직업이나 소득을 인간 존재의 가치를 판단하는 기준으로 삼는 경향을 비판한다. 그는 진정한 인간다운 삶은 '돈을 얼마나 벌었는가'가 아니라, 그 사람이 사회와 맺고 있는 관계, 자신의 활동에서 느끼는 의미와 성취에서 비롯된다고 말한다. 그레이버는 특히 현대 자본주의에서 물질적 풍요가 오히려 무력감과 허무를 가중하는 현상을 '의미의 빈곤'으로 지적하며, 이는 많은 돈을 가졌음에도 불구하고 삶의 방향을 잃는 사람들이 가지는 공허함과 직결된다고 설명한다.

철학자 알랭 드 보통(Alain de Botton)은 그의 저서 《행복의 건축》에서 현대인은 끊임없는 비교의 사회 속에서 남의 부를 바라보며 상

---

14) Graeber, D.. 2018. Bullshit Jobs: A Theory. Simon & Schuster.

대적 박탈감을 느끼기에 오히려 더욱 불행하다고 말한다. 그는 특히 돈을 소유함으로써 오는 사회적 지위나 명성이 인간의 행복에 본질적인 요소가 될 수 없으며, 오히려 우리 내면의 안정감과 자율성이 훨씬 더 결정적인 역할을 한다고 강조한다. 〈오징어 게임〉의 주인공이 막대한 돈을 가지고도 그것을 자랑하거나 누리지 않는 모습은 돈이 단순히 타인과의 비교 속에서 의미를 가지는 경우가 많다는 점을 또한 역설적으로 보여주기도 한다.

심리학자 로이 카플란(H. Roy Kaplan)은 복권 당첨자의 행복수준에 대한 연구를 진행하였다.[15] 그 결과, 복권 당첨자들은 당첨 직후에는 행복감이 상승했지만 몇 개월 후 원래의 행복 수준으로 돌아왔다. 물질적 생활 수준이 달라짐에도 일정 기간이 지나면 행복도는 이전과 별 차이가 나지 않았다는 것이다. 이 연구는 '적응 수준 이론'을 보여준다. 즉, 인간은 어떤 사건이 일어나더라도 일정 기간 후에는 익숙해진다는 것이다. 유사한 맥락에서 사회심리학자 필립 브릭맨(Philip Brickman)은 사고로 하반신이 마비된 사람들과 복권에 당첨된 사람들의 삶의 만족도를 비교한 연구를 진행한 바 있다. 놀랍게도 사고로 장애를 입은 사람들도 일정 시간이 지난 후에는 자신의 삶에 대해 긍정적인 평가를 하게 되었으며, 복권 당첨자들의 경우에도 초기의 행복감이 오래 지속되지 않았다는 결과가 나왔다. 이는 인간이 외부의 자극보다 내부의 태도와 의미 해석에 따라 행복을 구

---

15) Kaplan, H. R.. 1987. Lottery winners: The myth and reality. Gambling Study 3. pp. 168~178.

성해 나간다는 것을 보여준다. 비슷한 사례로, 일본의 한 TV 프로 그램에서는 실제로 복권 당첨자들을 수년간 추적하여 그들의 삶에 어떤 변화가 있었는지를 보여주는 다큐멘터리를 제작하였다. 많은 사례에서 당첨자들은 초기에는 고급 자동차와 집을 구매하며 즐거워했지만, 점차 인간관계가 소원해지고 경제적 스트레스를 호소하는 경우가 많았다. 특히, 부의 갑작스러운 증가가 친인척과의 갈등이나 법적 소송 등 예상치 못한 문제를 유발하는 경우도 잦았다. 이는 경제적 변화가 심리적, 사회적 안전망 없이 찾아올 때 오히려 불행을 초래할 수 있다는 점을 다시 한번 상기시켜 준다. 돈벼락과 같은 행운은 감정의 급등락을 야기하기 쉬우나, 자기 자신의 평정심은 외부의 변동을 초월할 수 있다. 돈벼락은 잠시 우리에게 쾌락을 줄 수 있지만, 지혜 없이 얻은 돈은 마음의 동요를 불러일으킬 것이다.

실제로, 미국의 루스(Ruth)라는 여성의 사례를 살펴보자. 그녀는 백화점에서 포장 업무를 하는 어머니로, 중학교 때부터 약간의 우울증을 가지고 있었다고 한다. 그러나 어느 날 2,200만 달러의 복권에 당첨되었고, 그녀는 기쁨에 넘쳐 방이 18개인 집, 명품 옷과 자동차를 구매했고 아이들도 사립학교에 진학시킬 수 있었다. 하지만 그녀는 그해 연말, 특별히 나쁜 일이 없음에도 불구하고, 정신과 의사로부터 우울증을 명확히 진단받았다고 한다.

이처럼 갑작스러운 부의 획득이 오히려 삶의 질을 해치는 현상을 '부의 충격(Wealth shock)'이라고 부른다. 미국 보스턴대학교의 제이 자고르스키(Jay Zagorsky) 연구에 따르면, 갑작스러운 재산의 증가는 개인의 재정 관리 능력과 심리적 회복탄력성에 따라 긍정적인 효과를 주기도 하지만, 많은 사람에게는 부채의 증가, 가족 간 갈등, 감정적 고립과 같은 부작용으로 이어진다고 보고했다. 이는 복권 당첨자들이 종종 파산하거나 인간관계를 상실하게 되는 이유를 잘 설명해 준다. 나아가 돈벼락으로 얻게 된 재화에 대한 가치관은 모든 것의 가치를 숫자, 가격으로 평준화하여 가치에 대한 감수성을 둔화시킬 수 있다.

세간에는 '돈에 집착할수록 오히려 더 불행해진다'라는 말이 있는데, 반대로 '행복하지 않을수록 돈에 더 집착하게 된다'라는 말도 있다. 이와 관련한 미국의 심리학자 마이클 노턴(Michael Norton)의 실험이 있다. 연구팀은 돈을 받는 피험자를 두 그룹으로 나누었다. 한 그룹은 자신을 위해 돈을 쓰게 했고, 다른 그룹은 다른 사람을 위해 돈을 쓰게 하였으며, 결과는 명확했다. 타인을 위해 돈을 쓴 사람들은 더 높은 행복감을 경험했지만, 자신만을 위해 돈을 쓴 사람들은 그렇지 못했다. 이처럼 돈에 대한 집착이 자기중심적으로 변할수록, 행복은 줄어든다. 나아가 행복하지 못한 사람들이 더 많은 돈을 통해 결핍을 메우려는 경향을 보이지만, 이 방식은 오히려 심리적 고립과 사회적 불신을 초래해 행복에서 멀어지게 만들었다.

실제로, 부자임에도 불구하고 끊임없이 돈과 명예, 권력에 집착하며 불안과 불만족에 시달리는 사람들을 이르는 '부자 증후군'이라는 말이 있다. 세계적인 사업가 하워드 휴즈는 천문학적인 부를 가졌지만, 말년에 극심한 고립과 불안장애에 시달렸다는 이야기로 유명하다. 철학적으로도 이러한 현상은 깊게 다루어졌다. 고대 그리스의 철학자 에피쿠로스는 **진정한 행복은 물질적 부가 아닌 마음의 평온에 있다**고 말했다. 그는 욕망이 많을수록 불행해진다고 강조하며 욕망을 줄이고 내면의 평화를 찾으라고 조언하였다. 단순히 돈으로 만들어낸 것이 아닌 진정으로 어떠한 행동을 하고 어떠한 인간으로서 존재하는 것이 행복의 본질이기 때문이다. 또한, **독일의 철학자 헤겔**(G. W. F. Hegel)은 "'결핍'이 존재를 움직이는 동력"이라며, 인간이 행복하지 못한 상황에서 더 나은 상태, 즉 더 많은 부를 추구하게 되는 심리 구조를 설명했다. 이 두 철학자의 견해를 통해 우리는 돈과 행복 사이에서 겪는 심리적 긴장을 이해할 수 있다. 이정전 교수는 《경제와 행복》이라는 책을 통해 이렇게 말한다.

> "국민의 행복지수가 제자리걸음하는 이유는 깊고 지속적인 행복을 가져다주는 소비보다 가볍고 일시적인 행복만 가져다주는 소비에 지나치게 치중했던 탓이다."

일회성 행복을 쫓는 소비 패턴은 지속적인 만족감을 주지 못하고, 오히려 더 큰 공허함을 유발한다. 긍정 심리학자 **바바라 프레드릭슨**(B. Fredrickson)은 《긍정의 힘(Positivity)》에서 지속적인 행복의 원천은 물질적 보상이 아니라 감사, 연민, 희망, 기쁨과 같은 긍정 정서의 일상적 실천에서 비롯된다고 주장한다. 그녀는 긍정 정서를 의도적으로 자주 경험할수록 사람의 내면 탄력성과 대인관계의 만족도가 높아진다고 설명한다. 돈이 줄 수 없는 따뜻한 감정의 교류가 결국 우리 삶의 질을 결정짓는 핵심 요소라는 뜻이다. 부는 삶의 부유함을 해소시킬 수 없다. 우리는 스스로 삶의 의미를 창조하며 삶을 풍요롭게 채워나감으로써 행복에 가까워질 수 있다. 그리고 이 과정에서 돈은 도구일 뿐 그 의미를 대신하기는 어렵다.

돈은 우리 삶을 윤택하게 해주는 중요한 수단임은 분명하다. 하지만, 돈에 종속될수록 행복은 오히려 멀어질 수 있다. 이번 장의 끝은 고대 철학자 **소크라테스**의 말로 맺고자 한다.

> "재산이 많은 사람이 그 재산을 자랑하고 있더라도, 그 돈을 어떻게 쓰는지를 알기 전까지는 그를 칭찬하지 말라."

돈은 '얼마나 가졌는가'보다 '어떻게 쓰고 있는가'가 더 중요하다. 김첨지는 하루 종일 일해 돈을 벌었지만, 그 돈은 아내의 죽음 앞에서 아무 의미도 갖지 못했다. 복권 당첨자 역시 행복을 살 수 없었다. 우리는 돈을 좇는 과정에서 '사람다움'을 잊고 놓치곤 한다. 그렇기에 '돈과 행복' 사이의 복잡한 관계와 역설을 이해하고, 자기 삶에서 돈을 어떻게 바라보고 활용할지를 깊이 성찰해야 한다. 돈은 그저 수단일 뿐이며, 우리는 그 수단이 진정한 목적을 향한 길이 되도록 만들어야 한다.

〈생각 및 토론 거리〉

1. 행복을 위해 필요한 최소한의 돈은 얼마일지 이야기해 보자.
2. 동일한 가상의 월급을 주고, 가장 행복하게 사용할 수 있는 예산안을 작성해 보자. 이후 무엇이 본인에게 행복을 주는지 생각해 보자.
3. 에피쿠로스(소박한 쾌락의 행복), 칸트(도덕적 자율성), 마르크스(자본주의와 소외) 등 돈과 행복에 대한 철학자들의 입장을 비교해 보자.
4. 돈은 우리에게 자유를 주는가, 아니면 새로운 속박을 만드는가? 돈이 주는 선택의 자유와 소비사회에서의 비교와 압박에 대해 이야기해 보자.
5. 복권에 당첨되었다고 가정한 후, 1년, 5년, 20년 뒤 자신의 삶을 그려보며 행복의 지속 가능성에 대해 이야기해 보자.
6. GDP가 아닌, 스스로의 행복 지수를 설계하여 항목들을 정하고 가중치를 배분해 보자. 여러 명과 함께 진행하여 집단 평균을 산출해 보는 것도 좋다.

〈읽을 거리〉

1. 게오르그 짐멜 | 김덕영 역(2013). [돈의 철학] 길.
2. 에리히 프롬 | 차경아 역(2020). [소유냐 존재냐] 까치.
3. 앨리슨 헤인스 | 정나리아 역(2009). [디드로 딜레마] 용오름.

〈영화 볼거리〉

1. 올리버 스톤(Oliver Stone) 감독(1987). [월 스트리트(Wall Street)] 미국: 20th Century Fox. – 탐욕, 돈, 권력이 인간을 어떻게 변질시키는지를 보여주며, '탐욕은 좋은가'라는 질문을 던지는 영화.
2. 바즈 루어만(Baz Luhrmann) 감독(2013). [위대한 개츠비(The Great Gatsby)] 미국: Warner Bros. – 부와 화려함 속에서도 진정한 행복을 얻지 못하는 개츠비의 삶을 통해 돈과 사랑, 행복의 괴리를 보여주는 영화.

제5장

행복과 심리

긍정 심리학은 이러한 한계를 극복하고자 등장한
새로운 심리학 분야다.
긍정 심리학은 단지 정신질환을 치료하는 것을
넘어서 일반적인 인생을 보다 충실하고 의미 있게
만들기 위한 연구들이다.

행복(긍정) 심리학이란 무엇인가?

이번 절은 흥미로운 이야기 하나로 시작하고자 한다.

> 세실이 랍비에게 가서 물었다. "선생님, 기도 중에 담배를 피워도 되나요?" 랍비가 정색을 하며 대답했다. "형제여, 그건 절대 안 되네. 기도는 신과 나누는 엄숙한 대화인데 그럴 순 없지요." 세실로부터 랍비의 답을 들은 모리스가 말했다. "그건 자네가 질문을 잘못했기 때문이야. 내가 가서 다시 여쭤보겠네." 이번에는 모리스가 랍비에게 물었다. "선생님, 담배를 피우는 중에는 기도를 하면 안 되나요?" 그러자 랍비가 얼굴에 온화한 미소를 지으며 대답했다. "형제여, 기도는 때와 장소가 필요 없다네. 담배를 피우는 중에도 기도는 얼마든지 할 수 있는 것이지요."

서울대학교 최인철 교수의 책 《프레임》에서 인용하자면, 프레임은

---

1) 최인철. 2014. 《프레임》. 21세기북스.

한마디로 세상을 바라보는 마음의 창이다.[1] 동일한 현상이라도 어떤 틀로 바라보느냐에 따라 우리의 감정과 행복감이 완전히 달라진다. '행복 심리학'이라 불리는 긍정 심리학(positive psychology)은 바로 이러한 관점의 전환, 즉 인간의 긍정적 측면에 초점을 맞춘 새로운 심리학적 접근 중 하나다. 기존 심리학이 주로 인간의 문제점과 병리적 측면에만 집중했다면, 긍정 심리학은 인간이 어떻게 하면 더 행복하고 의미 있는 삶을 살 수 있는지에 대해 연구하는 학문이다.

긍정 심리학을 보다 잘 이해하기 위해서는 우선 기존 심리학의 주류를 살펴볼 필요가 있다. 잘 알려져 있듯이, 정신분석학은 지그문트 프로이트(S. Freud)로 대표되는 학문으로, 주로 인간의 무의식과 억압된 욕구, 그리고 정신적 갈등에 초점을 맞추었다. 또한, 분석 심리학은 칼 G. 융(C. G. Jung)이 발전시킨 것으로 집단무의식과 원형 등을 통해 인간 정신의 깊은 층을 탐구했다. 그리고 개인 심리학은 알프레트 아들러(A. Adler)가 제시한 것으로, 개인의 열등감과 우월 추구 의지를 중심으로 인간을 이해하고자 했다. 이들로 구성된 전통 심리학은 대부분 인간의 문제점, 결핍, 병리적 측면에 초점을 두고 있다. 물론 이러한 심리적 접근은 정신질환 치료와 인류의 정신적 문제 해결에 크게 기여한 공이 있다. 그러나 일상적이고 보편적인 삶의 맥락에서 더 행복하고 충만한 삶을 살기 위해 우리가 무엇을 해야 하는지에 관한 연구는 상대적으로 매우 부족했다.

긍정 심리학은 이러한 한계를 극복하고자 등장한 새로운 심리학 분야다. 긍정 심리학은 단지 정신질환을 치료하는 것을 넘어서 일반적인 인생을 보다 충실하고 의미 있게 만들기 위한 연구가 이루어진다. 이 분야의 유명 학자는 셀리그먼, 칙센트미하이, 에드워드 디너 (Edward Diener), 루트 베인호번(Ruut Veenhoven) 등이다. 셀리그 먼은 1998년 미국심리학회 회장으로 취임하면서 긍정 심리학을 심리학의 새로운 패러다임으로 제시한 심리학자다.[2] 그는 심리학이 지나치게 인간의 약점과 손상에만 집중해 왔다고 비판하면서, 인간의 강점과 덕성을 연구하는 것이 얼마나 중요한지를 강조했다.

긍정 심리학은 세 가지 핵심 영역의 기둥으로 심리학의 집을 세웠다. 첫 번째 기둥은 긍정 상태다. 이는 개인이 경험하는 긍정적인 감정과 주관적 안녕감을 의미한다. 기쁨, 만족, 감사, 희망, 사랑 등의 감정이 여기에 해당한다. 이러한 긍정적 감정들은 단순히 기분을 좋게 하는 것을 넘어서 우리의 사고를 확장하고 창의성을 높이며, 사회적 관계를 개선하는 효과가 있다. 두 번째 기둥은 긍정 특질이다. 이는 개인이 가진 성격적 강점과 덕성을 말한다. 용기, 지혜, 정의감, 절제, 감사, 낙관성, 회복탄력성 등이 대표적인 예다. 긍정 심리학에서는 이러한 특질들이 어떻게 개발되고 강화될 수 있는지에 대해 연구한다. 세 번째 기둥은 긍정 기관이다. 이는 개인의 긍정적 특질을 키우고 지지하는 사회적 제도와 환경을 의미한다. 가정, 학교, 직장, 종교기관, 지역공동체 등이 여기에 해당한다. 건강한 사회 제도는 개인의 행복과 번영을 촉진하는 역할을 한다. 이러한 세 기둥이 단단히 서 있을 때 우리는 안정적인 긍정 심리를 가지고 있다 볼

---

2) Seligman, M. E. P. 2002. Authentic happiness: Using the new positive psychology to realize your potential for lasting fulfillment. Free Press.

수 있을 것이다.

긍정 심리학에서 행복을 바라보는 관점은 기존과는 사뭇 다르다. 전통적으로 행복이 다뤄질 때는 쾌락을 강조하는 쾌락주의적 행복을 추구하거나 만족을 강조하는 자아실현적 행복을 추구했다. 하지만 긍정 심리학자들은 쾌락과 만족 중 **"어느 것, 하나를 반드시 선택할 필요가 없다"**라고 말한다. 긍정적 정서의 경험은 쾌락주의적 행복을 추구하는 사람들에게뿐만 아니라 자아실현적 행복을 추구하는 사람들에게도 몰입을 줄 수 있다. 예를 들어, 봉사활동을 하는 사람은 처음에는 타인을 돕는다는 의미에서 시작했지만, 그 과정에서 즐거움과 기쁨이라는 긍정적 정서도 함께 경험하게 될 수 있다. 마찬가지로 취미로 음악을 즐기는 사람도 단순한 즐거움을 넘어서 자신의 예술적 감성을 발전시키고 표현한다는 자아실현의 의미를 찾을 수 있다.[3]

---

3) 긍정 심리학자들은 여러 가지 근본적인 질문들을 제기한다. 첫째, 잘 산다는 것은 무엇인가라는 질문이다. 이것은 단순히 많이 벌거나 사회적 지위가 높다는 의미가 아니다. 진정으로 잘 산다는 것은 자신의 가치와 일치하는 삶을 사는 것, 의미 있는 관계를 맺는 것, 자신의 강점을 발휘하는 것을 의미한다. 둘째, 행복한 삶이란 어떤 것인가라는 질문을 던진다. 이는 단순한 쾌락의 추구가 아니라 깊은 만족감과 성취감을 느끼는 삶을 의미한다. 셋째, 행복에 영향을 미치는 요인은 무엇인가라는 질문이다. 당신도 한번 생각해 보시길 바란다. 당신의 행복은 어디서 오는지 누군가가 물었을 때, 어떻게 답할 수 있을지 생각해 보라는 것이다. 넷째는 인간의 긍정적인 성품과 덕성에는 어떤 것들이 있는가라는 질문이다. 다섯째는 지독한 고난과 난관을 극복하게 만드는 인간의 특성은 무엇인가라는 질문이다. 당신도 지금까지 살아오면서 다양한 역경을 만나고 또 이겨냈을 것이다. 어떤 것이 당신의 원동력이 되었는지 생각해 보는 것도 좋다. 여섯째, 인간은 어떤 상황에서 자신의 긍정적 성품과 능력을 가장 잘 발현하는가라는 질문이다. 이러한 질문들은 단순히 학문적 호기심에서 나온 것이 아니다. 이는 우리가 더 나은 삶을 살기 위해 반드시 고민해야 할 실용적이고 실존적인 질문들이다.

사실 행복이란 단순히 순간의 감정이 아니라 이 순간이 미래에 대한 중요한 영향력을 가진다는 기대감을 동반하는 현상이다. 미국의 유명한 작자인 메이슨 쿨리(M. Cooley)가 한 말처럼, "즐거움은 쉽게 오지만, 행복은 그렇지 않다." 우리는 즐거움을 외부 자극에 의해 비교적 쉽게 얻을 수 있다. 좋아하는 음식을 먹고, 좋아하는 프로그램을 보거나, 쇼핑을 하는 것만으로도 일시적인 즐거움이 느껴진다. 그러나 이런 즐거움은 대개 그 순간에 그치고 지속되지 않는다. 그렇다면, 진정한 행복은 어떠한가? 행복은 내적인 만족감과 의미에서 나오기 때문에 얻기가 어렵지만, 한번 얻게 되면 더 오래 지속되고 우리 삶 전체에 긍정적인 영향을 미친다. 더더욱 "낭비한 시간에 대한 후회는 더 큰 시간 낭비이다"라는 말이 의미하듯, 과거의 실패나 후회에 매달리기보다는 지금 이 순간을 보다 의미 있게 살려고 할 때, 앞으로의 가능성에 더 집중할 때 우리는 더 깊은 행복을 경험할 수 있다.

긍정적 감정은 단순히 기분을 좋게 하는 것 이상의 효과가 있다. 긍정적 감정은 안전의 신호이며 그것에 대한 자연스러운 반응은 선택의 범위를 좁히는 것이 아니라, 오히려 범위를 넓혀주고 우리를 보다 성숙하게 만든다. 부정적 감정이 우리의 시야를 좁히고 즉각적인 행동을 유도한다면, 긍정적 감정은 우리의 시야를 넓히며 다양한 가능성을 탐색하게 한다. 긍정적 감정의 진화적 대가는 지금 여기가 아니라 미래에 있다. 우리가 긍정적 경험을 한다는 것은 현재의 활동에 보다 적극적이고 현재를 의미 있게 이끌어준다는 점에서 유익하다.

여성 긍정심리학자 바버라 프레드릭슨(Barbara Fredrickson)의 연구[4]에 따르면, 긍정적 감정은 단순히 기분을 좋게 하는 것 이상의 효과가 있다. 프레드릭슨은 참가자들을 여러 그룹으로 나누어 서로 다른 감정을 유발하는 영상을 보여주는 실험을 진행했다. 한 그룹에는 기쁨과 만족감을 불러일으키는 영상을, 다른 그룹에는 두려움이나 분노를 유발하는 영상을, 그리고 통제 그룹에는 중립적인 영상을 보여주었다. 그 결과 놀라운 차이가 나타났다. 그녀의 실험에서, 두려움이나 분노와 같은 부정적 감정을 경험한 참가자들은 매우 구체적이고 제한적인 행동 충동을 보였다. 예를 들어, 두려움을 느낀 사람들은 도망치거나 숨고 싶어 했고, 분노를 느낀 사람들은 공격하고 싶다는 충동을 보였다. 이러한 반응은 진화적으로 생존에 필요한 즉각적 행동이지만, 그들의 행동 선택의 폭은 매우 제한적이었다.

반면, 기쁨이나 만족감 같은 긍정적 감정을 경험한 참가자들은 완전히 다른 반응을 보였다. 이들은 '놀고 싶다', '탐험하고 싶다', '새로운 것을 배우고 싶다', '다른 사람들과 함께 있고 싶다', '창조적인 활동을 하고 싶다'는 등의 훨씬 다양하고 포괄적인 행동 충동을 나타냈다. 프레드릭슨의 종합적인 실험 결과, 긍정적 감정을 경험한 실험 참여자들은 긍정적 감정을 경험하지 않았을 때보다 집중력, 기억력, 언어 유창성, 개방성의 측면에서 상당 부분 양의 인지적 변화가 있었다. 구체적으로 집중력 테스트에서는 과제에 더 오래 몰입할 수

---

4) Fredrickson, B. L., & Branigan, C. 2005. Positive emotions broaden the scope of attention and thought-action repertoires. Cognition and Emotion. 19(3). pp. 313~332.

있었고, 기억력 테스트에서는 더 많은 정보를 정확하게 기억했다. **언어 유창성 테스트**에서는 주어진 조건에 맞는 단어를 더 많이 생성했으며, 개방성 측정에서는 새로운 아이디어나 다른 관점에 대해 더 수용적인 태도를 보였다. 이러한 결과는 긍정적 감정이 단순히 기분을 좋게 하는 것을 넘어서 우리의 인지적 자원을 실질적으로 확장시킨다는 것을 보여준다.[5]

전통적인 심리학이 치유 중심이었다면, 긍정 심리학은 치유보다 안녕을 중시한다. 안녕은 정서적, 심리적, 사회적 안녕이라는 세 가지 차원으로 나뉜다. **정서적 안녕**은 즐거움, 명랑, 평온, 만족 등의 충만한 감정인 긍정정서와 과거와 현재 삶에 대해 만족스럽다는 인지적 평가인 삶의 만족으로 구성된다. **심리적 안녕**은 환경에 대처하고 적절한 환경을 만들어가는 능력인 환경의 통제, 새로운 경험에 대한 개방성인 개인적 성장, 자신의 선택과 결정에 대해서 편안함을 느끼는 자율성으로 구성된다. **사회적 안녕**은 사람들의 복잡성을 잘 인식하고 수용하는 사회적 수용, 사람들을 도와주는 사회적 기여, 소속감을 의미하는 사회적 통합으로 구성된다. 이러한 모델은 단순히 문제가 없는 상태를 넘어서서 적극적으로 번영하는 상태를 추구한다.[6]

---

5) Fredrickson, B. L. 2001. The role of positive emotions in positive psychology: The broaden-and-build theory of positive emotions. American Psychologist. 56(3). pp. 218~226.

6) Keyes, C. L. M.. 2002. The mental health continuum: From languishing to flourishing in life. Journal of Health and Social Behavior. 43(2). pp. 207-222.

긍정 심리학의 실용적 적용 중 하나가 바로 언어의 힘이다. 긍정의 언어, 곧 격려와 칭찬의 언어가 상대방에게 긍정의 변화를 일으키는 기대효과, 즉 피그말리온 효과를 준다는 사실은 이미 잘 알려져 있다. 교사가 학생에 대해 높은 기대를 표현할 때, 실제로 학생의 성취도가 향상되는 현상이다. 하지만 부정적인 암시나 태도, 선입관을 가지고 대하면, 상대방이 그에 부응하여 부정적인 행동으로 반응한다는 스티그마 효과, 곧 낙인효과에 대한 인식은 상대적으로 부족하다.[7]

예를 들어 한 아이가 수학 시험에서 낮은 점수를 받았을 때, 부모가 "너는 왜 이렇게 수학을 못하니"라고 말한다면 어떻게 될까? 처음에는 단순히 그날 컨디션이 좋지 않았거나 준비가 부족했을 뿐일 수 있다. 하지만 이런 부정적인 말을 반복해서 듣게 되면, 그 아이는 점차 자신이 정말로 수학을 잘 못하는 사람으로 믿게 된다. 그래서 수학 공부에 대한 의욕을 잃고, 실제로 수학 성적이 떨어진다. 직장에서도 마찬가지다. 상사가 어떤 직원에게 "너는 항상 실수투성이야"라고 말한다면, 그 직원은 점차 자신감을 잃고 실제로 더 많은 실수를 하게 될 가능성이 높다. 심지어 자신이 원래 잘할 수 있는 일조차도 위축되어 제대로 해내지 못하게 된다.

이러한 사실은 우리가 일상에서 사용하는 언어가 얼마나 중요한지를 보여준다. 긍정적인 말은 상대방뿐만 아니라 우리 자신에게도

---

7) Rosenthal, R. & Jacobson, L., 1968. Pygmalion in the classroom: Teacher expectation and pupils' intellectual development. Holt, Rinehart & Winston을 참조.

긍정적인 변화를 가져다준다. 이렇게 긍정 심리학은 인간의 강점과 덕성에 초점을 맞춘 새로운 심리학적 접근법이다. 이는 기존의 문제 중심적 접근을 부정하는 것이 아니라, 이를 보완하여 인간의 전체적인 삶의 질을 개선하고자 하는 시도다. 우리가 일상에서 긍정적인 관점을 유지하고, 자신의 강점을 발견하며, 의미 있는 관계를 형성할 때, 진정한 행복에 한 걸음 더 가까워질 수 있다. 다음 절에서 우리가 일상에서 경험하는 부정적 감정들을 어떻게 이해하고 다룰 수 있는지를 보다 자세히 살펴보자.

우리가 느끼는 불행감은
어떤 것들이 있는가?

앞서 우리는 긍정 심리학이 무엇인지, 그리고 긍정적 감정이 우리에게 어떤 도움을 주는지에 관해 살펴보았다. 긍정적 감정이 우리 삶에 미치는 놀라운 효과들을 확인했지만, 이 절에서는 조금 다른 관점에서 접근해 보고자 한다. 행복을 제대로 이해하기 위해서는 때로는 불행이 무엇인지도 정확히 알아야 하기 때문이다. 마치 빛을 이해하기 위해 어둠을 알아야 하고, 건강을 소중히 여기기 위해 질병이 무엇인지 알아야 하는 것과 같은 이치다. 특히 현대 사회에서 우리가 경험하는 불행감의 많은 부분이 실제 결핍에서 오는 것이 아니라 비교에서 온다는 점을 이해하는 것이 매우 중요하다.

하버드 대학교에서 학생들을 대상으로 흥미로운 실험을 했다.[8]

실험은 학생들에게 다음 두 세계 중 어느 곳에 살고 싶으냐고 물

---

8) Solnick, S. & Hemenway, D.. 1998. Is more always better?: A survey on positional concerns. Journal of Economic Behavior & Organization. 37(3). pp. 373–383.

었다. "첫 번째 세계에서는 당신의 봉급이 5만 달러이고, 다른 사람들은 평균 2만 5,000달러를 받는다. 두 번째 세계에서는 당신의 봉급이 10만 달러이고 다른 사람들은 평균 25만 달러를 받는다. 여러분이라면 어느 쪽을 선택하겠는가?"

상식적으로 생각하면, 많은 사람이 두 번째 세계를 선택할 것 같다. 10만 달러가 5만 달러보다 두 배나 많기 때문이다. 실제로 살 수 있는 집도 더 좋고, 먹을 수 있는 음식도 더 다양하고, 누릴 수 있는 여가생활도 훨씬 풍요로울 테니 말이다. 하지만 놀랍게도 많은 학생이 첫 번째 세계를 선택했다. 이는 절대적인 소득의 다과보다는 소득의 상대적 다과가 더 중요하게 느껴지기 때문이다. 첫 번째 세계에서는 내가 다른 사람들보다 두 배나 많이 받는 상대적 부자이지만, 두 번째 세계에서는 다른 사람들이 나보다 두 배 반이나 많이 받는 상대적 빈자가 된다. 그래서 사람들은 어떤 특정한 조건에서 자신의 소득이 실질적으로 감소하더라도 상대적으로 증대된다면 그것을 선택하기도 한다. 이는 인간의 행복이 절대적인 조건보다는 상대적인 조건에 더 크게 좌우된다는 것을 보여주는 중요한 증거다.

이러한 현상은 단순한 실험실의 결과가 아니다. 우리 일상에서도 끊임없이 경험하는 일이다. 예를 들어, 회사에서 승진을 했는데도 불구하고 동기가 나보다 더 높은 자리로 승진했다는 소식을 들으면 기쁨보다는 아쉬움이나 질투가 먼저 올라오는 경우가 있다. 시험에서 85점을 받았는데도 반 평균이 90점이라는 말을 들으면 갑자기 내 점수가 초라하게 느껴진다. 새 차를 샀는데 이웃이 더 비싼 차를 사면 내 차에 대한 만족도가 떨어진다. 새 아파트로 이사를 갔는데 친구가 더 좋은 동네의 더 큰 집으로 이사했다는 소식을 들으면 내 집이 갑자기 마음에 들지 않는다. 이 모든 것이 상대적 비교에서 오는 불행감이다.

사회적 부가 한쪽으로 몰린다면, 실질적으로 소득이 감소하지 않은 사람도 상대적으로 빈곤해지고 그만큼 더 불행을 느낄 수 있다. 우리는 이것을 상대적 박탈감이라고 부른다. 상대적 박탈감은 1950년대 사회학자 새뮤얼 앤드류 스토퍼(Samuel Andrew Stouffer)가 처음 제시한 개념으로, 자신과 비슷한 처지에 있다고 생각하는 준거 집단과 비교에서 상대적으로 불리한 위치에 있다고 인식할 때 느끼는 박탈감을 말한다.[9] 예를 들어, 경제 성장기에 모든 사람의 소득이 증가하고 부자들의 소득이 더 많이 증가했다면, 중산층이나 서민들은 실제로는 예전보다 잘살게 되었다. 그런데도 상대적으로 그들은 더 가난해졌다고 느낄 수 있다.

또한 상대적 부자들은 사실 상대적 빈자들보다 행복하기가 어렵다. 한계효용체감의 법칙에 따르면 상대적 빈자가 느끼는 행복감을 상대적 부자가 느끼기 위해서는 더 많은 소득이 필요하기 때문이다. 한계효용체감의 법칙이란 동일한 재화나 서비스를 추가로 소비할 때마다 얻는 만족도가 점차 감소한다는 경제학 원리다.[10] 쉽게 말해

---

9) Stouffer, S. A., et al.. 1949. The American Soldier: Adjustment during Army Life. Princeton University Press.
10) Kahneman, D. & Tversky, A.. 1979. Prospect theory: An analysis of decision under risk. Econometrica. 47(2). pp. 263~291.

서 같은 것을 계속 더 가질수록 그것으로부터 얻는 기쁨이나 만족이 점점 줄어든다는 뜻이다.

이를 음식으로 예를 들어보자. 배가 고픈 상태에서 먹는 첫 번째 햄버거는 정말 맛있고 행복하다. 두 번째 햄버거도 맛이 있지만 첫 번째만큼은 아니다. 세 번째, 네 번째가 되면 맛있기보다는 부담스러워진다. 다섯 번째쯤 되면 아예 먹기 싫어질 수도 있다. 돈도 마찬가지다. 월 소득이 200만 원인 사람이 100만 원을 추가로 받는다면 그 기쁨은 매우 클 것이다. 그 돈으로 할 수 있는 일들이 눈에 선명하게 보이기 때문이다. 맛있는 음식도 먹을 수 있고, 여행도 갈 수 있고, 필요했던 물건들도 살 수 있다. 하지만 월 소득이 이미 1,000만 원인 사람이 같은 100만 원을 추가로 받는다면 그 기쁨은 상대적으로 작을 것이다. 이미 웬만한 것들은 다 할 수 있는 상황이기 때문이다.

이는 돈뿐만 아니라 모든 종류의 물질적 풍요에 적용된다. 첫 번째 명품 가방을 살 때의 기쁨과 열 번째 명품 가방을 살 때의 기쁨은 분명히 다를 것이다. 첫 번째 스포츠카를 살 때의 설렘과 다섯 번째 스포츠카를 살 때의 감정도 마찬가지다. 이렇게 되면 이미 많이 가진 사람들은 새로운 행복을 느끼기 위해 점점 더 많은 것들이 필요하게 된다. 어떤 면에서는 가난한 사람들보다 더 행복하기 어려운 처지에 놓이게 되는 것이다.

상대적 박탈감은 경제적 영역에서만 나타나는 것이 아니다. 또 다른 하버드 대학교 실험을 살펴보자. 이번에는 학생들에게 다음 두 세계 중 어느 곳에 살고 싶으냐고 물었다. "첫 번째 세계에서는 본인의 휴가가 2주이고, 다른 사람의 휴가는 1주다. 두 번째 세계에서는 본인의 휴가가 4주고, 다른 사람의 휴가는 8주다." 여기서 이전의 실험과 마찬가지의 이유로 학생들이 첫 번째를 선택한다면, 그것은 절대적 휴식의 중요성을 잘 못 느낀다고 할 수 있다. 절대적으로 4주가 2주보다 두 배나 긴 휴가임에도 불구하고, 다른 사람들이 자신보다 두 배나 긴 휴가를 즐긴다는 사실이 상대적 박탈감을 불러일으킨다는 것이다.

이는 현실에서도 중요한 시사점을 제공한다. 수입이 증가할수록 여가가 감소한다는 점에 주목할 필요가 있다. 생산 시간을 비교하면 미국이 유럽보다 길다. 따라서 미국인의 수입이 유럽인보다 높다. 하지만 유럽인들은 미국인보다 더 많은 여가를 누린다. 여기서 흥미로운 질문이 제기된다. 과연 누가 더 행복할까? 더 많은 돈을 버는 미국인일까, 아니면 더 많은 여가를 즐기는 유럽인일까?

실제 연구 결과에 따르면 유럽인들의 행복지수가 미국인들보다 높게 나타나는 경우가 많다.[11] 이는 일정 수준 이상의 소득이 확보되면 추가적인 소득 증가보다는 여가 시간, 가족과의 시간, 자아실현의 기회 등이 행복에 더 큰 영향을 미친다는 것을 시사한다. 덴마크, 스웨덴, 노르웨이 같은 북유럽 나라들이 세계 행복지수 순위에서 항상 상위권을 차지하는 것도 이와 무관하지 않다. 이들 나라는 미국만큼 높은 개인소득을 자랑하지는 않지만, 사회보장제도가 잘 갖춰

---

11) Alesina, A., Glaeser, E. & Sacerdote, B.2005. Work and leisure in the United States and Europe: why so different?. NBER Macroeconomics Annual. 20. pp. 1-64.

져 있고, 일과 삶의 균형이 잘 이루어져 있으며, 사회적 신뢰도가 높다. 돈과 성공만을 당연하다는 듯이 좇고 있는 사회적인 분위기에서 돈과 시간, 그리고 행복의 관계에 대해 우리는 더 깊게 고찰할 필요가 있다.

현대 사회에서는 상대적 박탈감을 더욱 심화시키는 요인이 한 가지 더 있다. 바로 소셜 미디어다. 최근에는 카페인 우울증이라는 신조어까지 생겨났다. 카페인 우울증이란 카카오스토리, 페이스북, 인스타그램의 앞 글자를 따서 만든 합성어로, 습관처럼 SNS를 보면서 타인의 일상이 부럽고 본인은 불행하다고 느끼게 되면서 우울함을 겪는 현상을 뜻한다. 카페인을 지속적으로 섭취하면 중독되어 벗어나기 어렵거나 건강에 해를 끼치는 것처럼, SNS에 올라온 게시물을 보면서 남들과 자신을 비교하다 보면 자신의 삶이 초라하게 느껴지고 상대적 박탈감으로 인해 정신적으로 피폐해질 수 있다.

SNS는 상대적 박탈감을 증폭시키는 특별한 구조를 가지고 있다. 사람들은 대개 자신의 가장 좋은 순간들, 가장 행복한 모습들만을 SNS에 올린다. 맛있는 음식을 먹는 모습, 여행지에서의 즐거운 시간, 성취를 자랑하는 순간, 예쁘게 꾸민 모습 등이 주로 공유된다. 하지만 이를 보는 사람들은 이것이 그 사람 인생의 극히 일부분이라는 사실을 잊고, 마치 그들이 항상 그렇게 행복하고 성공적인 삶을 살고 있다고 착각하게 된다. 친구의 화려한 여행 사진을 보면서 "저 친구는 맨날 여행만 다니네"라고 생각하고, 지인의 승진 소식을 보면서 "다들 나보다 잘되는구나"라고 생각하게 된다. 반면 자신의 평범한 일상, 스트레스받는 순간들, 실패와 좌절의 경험들과 비교하게 되면서 상대적 박탈감이 극대화된다.

더욱 문제가 되는 것은 SNS가 만들어내는 **가상의 경쟁구조**다. 좋아요 수, 팔로워 수, 댓글 수 등으로 인기를 수치화하면서 사람들은 자신도 모르게 이런 수치들로 자신의 가치를 평가받는다고 느끼게 된다. 내가 올린 게시물에 '좋아요'가 적게 달리면 '나는 인기가 없구나'라고 생각하고, 다른 사람의 게시물에 '좋아요'가 많이 달린 것을 보면 '저 사람은 나보다 인기가 많구나'라고 생각하게 된다.

실제로 한 연구에서는 페이스북 사용 시간이 길어질수록 우울감이 증가한다는 결과가 나왔다.[12] 또 다른 연구에서는 인스타그램이 젊은 층의 정신건강에 가장 해로운 SNS로 지목되기도 했다. 특히 외모나 라이프 스타일에 대한 비교가 집중되는 인스타그램의 특성상, 사용자들이 자기 모습에 대해 불만족을 느끼고 자존감이 떨어지는 경우가 많다.

카페인 우울증의 주요 증상으로는 **SNS로 인한 피로감, SNS 속 집단폭력에 대한 스트레스**, 그리고 무엇보다 타인과 자신을 비교하는 데서 오는 **상대적 박탈감** 등이 있다. SNS로 인한 피로감은 끊임없이 업데이트되는 정보들을 확인해야 한다는 강박감에서 오는 정신적 피로를 말한다. 하루 종일 스마트폰을 확인하고, 다른 사람들의 근황을 살펴보고, 자신도 무언가를 올려야 한다는 압박감을 느끼면서 정신적 에너지가 고갈되는 것이다. SNS 속 집단폭력은 온라

---

12) Shakya, H. B. & Christakis, N. A.. 2017. Association of Facebook use with compromised well-being: a longitudinal study. American Journal of Epidemiology. 185(3). pp. 203~211.

인상에서 일어나는 비난이나 따돌림을 경험하거나 목격하면서 받는 스트레스를 의미한다. 악플이나 사이버 불링, 온라인상의 갈등과 논쟁을 보면서 받는 정신적 충격도 만만치 않다. 그리고 가장 핵심적인 것은 타인과 자신을 비교하는 데서 오는 상대적 박탈감이다. 이는 앞서 설명한 모든 문제의 근본적인 원인이 된다.

이러한 현상은 특히 젊은 세대에게 심각한 문제가 되고 있다. 청소년기와 청년기는 자아정체성이 형성되는 중요한 시기인데, 이 시기에 지속적으로 타인과의 비교에 노출되면 건전한 자아상을 형성하기 어려워진다. 자신만의 고유한 가치와 장점을 인식하기보다는 항상 다른 사람들과의 상대적 위치에만 신경 쓰게 되면서, 진정한 자아실현과는 거리가 먼 삶을 살게 될 수 있다.[13]

하지만 이러한 상대적 박탈감의 문제점을 인식하는 것만으로도 우리는 한 걸음 앞서나갈 수 있다. 무엇보다 중요한 것은 다른 사람과의 비교보다는 과거의 나 자신과 비교하는 습관을 기르는 것이다. 작년의 내가 올해의 나보다 어떤 면에서 발전했는지, 어떤 새로운 것을 배웠는지, 어떤 의미 있는 경험을 했는지에 집중하는 것이다. 다른 사람의 성공을 부러워하기보다는 내가 설정한 목표에 얼마나 가까워졌는지를 살펴보는 것이 훨씬 건설적이다. 또한 SNS를 사용할 때도 비판적 시각을 유지하는 것이 필요하다. 다른 사람들이 올린 게시물이 그들 인생의 전부가 아니라는 점을 기억하고, 나 역

---

13) Woods, H. C. & Scott, H.. 2016. Sleepyteens: Social media use in adolescence is associated with poor sleep quality, anxiety, depression and low self-esteem. Journal of Adolescence. 51. pp. 41~49.

시 내 삶의 좋은 면들을 발견하고 감사하는 연습을 해야 한다. 때로는 SNS에서 잠시 떨어져 있는 시간을 갖는 것도 도움이 된다. '디지털 디톡스'라고 불리는 이런 방법들은 실제로 정신 건강 개선에 효과가 있다는 연구 결과들이 나오고 있다.

궁극적으로 진정한 행복은 상대적 비교에서 벗어나 자신만의 고유한 가치와 의미를 찾는 데서 나온다. 내가 진정으로 중요하게 생각하는 것이 무엇인지, 내가 추구하고자 하는 삶의 방향이 무엇인지를 명확히 하고, 그 기준에 따라 살아갈 때 비로소 상대적 박탈감에서 자유로워질 수 있다. 다음 절에서는 우리가 지금까지 다뤄왔던 긍정 심리학의 한계와 비판점들에 대해서도 균형 있게 살펴보자.

긍정 심리학의 교훈과
한계는 무엇인가?

사람들은 살아가면서 누구나 한 번쯤은 '행복이란 무엇일까?'라는 질문을 스스로에게 던진다. 그리고 그 질문에 대한 답을 찾기위한 다양한 시도들을 한다. 어떤 사람은 물질적 풍요에서 행복을 찾으려 하며, 또 다른 사람들은 인간관계에서 혹은 자신의 일에서 행복을 찾는다. 이처럼 행복의 정의는 사람마다 다르고, 그만큼 복잡하다는 점에서 우리는 행복을 단순히 하나의 감정이나 상태로만 이해해서는 안 된다. 긍정 심리학은 이러한 행복의 복합적인 특성에 주목하며, 단순한 기분이나 감정이 아닌, 전반적인 삶의 질과 방향성 속에서 행복을 탐구하고자 한다. 그러한 관점에서 셀리그먼은 '진정한 행복'을 플로리시(flourish), 즉 삶의 만족도가 최고조에 달해 풍요롭고 번성하는 상태라고 말한다.[14]

그는 플로리시를 "더 바랄 것도 없고, 더 올라갈 곳도 없으며, 더

---

14) Seligman, M., 2011. Flourish: A Visionary New Understanding of Happiness and Well-being. Free Press.

채울 것도 없는 상태"라 말한다. 이는 단순히 불행하지 않은 상태 또는 슬프지 않은 상태가 아니라, 삶이 충분히 의미 있고 풍요로우며, 자신이 가진 잠재력이 잘 발현되고 있는 상태를 말하는 것이다. 예를 들어, 내가 좋아하는 일을 하며 나의 강점을 발휘하고 있고 그 일이 누군가에게 긍정적인 영향을 준다면, 그것은 단순한 만족이나 기쁨을 넘어서 깊은 행복으로 이어질 수 있다.

이러한 긍정 심리학은 기존의 심리학과 출발점이 다르다. 전통적인 심리학은 오랫동안 정신질환이나 심리적 장애, 고통의 원인을 파악하고 치료하는 데 초점을 맞추어 왔다. 즉 우울증, 불안장애, 트라우마와 같은 고통스러운 문제를 해결하는 데 중심을 두었다. 물론 이것은 매우 중요하고 필요한 분야다. 그러나 셀리그먼은 한 가지 질문을 던진다. "정신적으로 건강하다는 것이 단지 병이 없는 상태를 의미할 뿐일까요?" 그는 심리학이 이제 그 이상의 것을 다루어야 한다고 말한다. 인간의 약점과 결함뿐만 아니라 강점과 잠재력, 덕성과 같은 긍정적인 요소도 심리학이 탐구해야 할 중요한 대상이라는 것이다.

그는 진정한 치료란 손상된 것을 고치는 데서 그치는 것이 아니라, 우리 안에 있는 최선의 가능성을 끌어내는 데 있다고 말한다. 마치 나무가 병든 가지를 잘라내는 것만으로는 충분하지 않고, 더 튼튼한 뿌리를 내리고 풍성한 열매를 맺도록 도와야 하듯이, 인간 역시 고통을 줄이는 것만으로는 부족하고, 삶 전체의 질을 높이려는 노력이 병행되어야 한다는 뜻이다.

그렇다면 이러한 긍정 심리학이 말하는 번영하는 삶, 즉 플로리시한 삶은 구체적으로 어떤 요소들로 이루어져 있을까? 셀리그먼은 이를 'PERMAS'라는 다섯 가지 요소로 설명한다.

먼저 'P'는 Positive Emotion, 즉 긍정 정서를 의미한다. 기쁨, 따뜻함, 희열, 자신감, 낙관성처럼 우리가 느낄 수 있는 밝고 즐거운 감정들을 말하는데, 삶에서 이런 긍정적인 감정들이 자주 경험될 때, 우리는 그것을 '즐거운 삶'이라고 부른다. 예를 들어, 아침에 일어나 햇살을 받으며 따뜻한 커피 한 잔을 마실 때의 여유로운 기분, 친구와 나눈 유쾌한 대화에서 생기는 웃음, 이런 순간들이 우리에게 긍정 정서를 선사한다.

두 번째 요소는 'E'-Engagement, 즉 참여다. 참여와 몰입 상태에서는 시간이 어떻게 흘러가는지도 인식하지 못할 만큼 그 활동 자체에 완전히 빠져 있게 되며, 과업의 도전 수준과 자신의 능력이 적절히 균형을 이루고 있을 때 가장 잘 나타난다. 즉 너무 쉽지도, 너무 어렵지도 않은 과제를 수행할 때 몰입이 잘 일어난다는 것이다. 예를 들어, 누군가가 악기를 연주하며 연주에 온 신경을 집중하고 있을 때, 화가가 그림을 그리며 시간 가는 줄 모르고 붓을 움직일 때, 혹은 연구자가 실험 설계나 데이터 분석에 깊이 몰두하고 있을 때, 우리는 그들이 몰입의 상태를 경험하고 있다고 말할 수 있다. 이처럼 몰입은 활동 자체에서 오는 내적 만족과 깊은 집중을 통해 삶의 질을 높이며, 개인이 가진 잠재력을 끌어낼 수 있는 중요한 조건이 된다. 긍정 심리학에서는 이러한 몰입의 경험이 자주 일어나는 삶을 '몰입하는 삶'이라 부르며, 단순히 결과나 성취보다도 과정 그 자체에서 기쁨을 느끼는 태도를 강조한다. 실제로 몰입 경험이 풍부한 사람일수록 자기 삶에 더 큰 만족을 느낀다는 연구 결과들도 다수 보고되고 있다.

세 번째는 'R'-Relationship, 관계다. 인간은 사회적인 존재이기 때문에 다른 사람과의 연결 속에서 더 큰 행복을 느끼게 된다. 지난 생일날 친구들과 함께 웃고 떠들었던 기억, 가족과 함께 식사하며 나눈 따뜻한 대화, 연인과의 특별한 하루처럼, 우리가 깊은 감정을 경험했던 순간들을 떠올려보면 대부분 누군가와 함께 있었던 경우가 많을 것이다. 이런 삶을 긍정 심리학에서는 '좋은 삶'이라고 표현한다.

네 번째는 'M', Meaning, 의미다. 인간은 자신보다 더 크고 중요한 무언가에 속해 있고, 그곳에 기여하고 있다고 느낄 때 삶의 깊이를 경험하게 된다. 예를 들어, 봉사활동을 하며 누군가에게 도움을 줄 때, 혹은 공동체 안에서 나의 역할을 통해 사회에 의미 있는 기여를 할 때 우리는 단순한 만족을 넘어서 '나는 지금 중요한 일을 하고 있다'는 감각을 갖게 된다. 이것이 바로 '의미 있는 삶'이다.

마지막으로 'A'는 Accomplishment, 즉 성취다. 사람들은 단지 돈이나 명예를 위해서가 아니라, 어떤 일을 이루어냈다는 사실 자체에서 큰 기쁨과 자긍심을 느낀다. 예를 들어, 오랜 시간 공부한 끝에 중요한 시험에 합격했을 때, 몇 달간 준비한 연주회나 전시회가 성공적으로 끝났을 때, 혹은 매일의 일기 쓰기, 운동 루틴 지키기처럼 작은 목표를 성실히 달성했을 때 우리는 크고 작은 성취감을 경험하게 된다. 이런 경험들은 단지 결과 때문만이 아니라, 그 과정을 해냈다는 사실에서 오는 자기 존중과 성장의 감각을 안겨준다. 긍정 심리학은 이처럼 삶의 크고 작은 성취가 우리 존재에 대한 확신을 키우고, 자기 삶을 더 의미 있게 바라보게 한다고 보며, 이러한 삶의 방식이 바로 '성취하는 삶'이라 말한다. 이는 외적 성공보다도 내가 설정한 삶의 방향성과 일치하는 목표를 꾸준히 실현해 나가는 태도에서 비롯된다는 점에서 개인의 성격 강점과 깊은 관련이 있다. 이 다섯 가지 요소를 실천하고 유지해 나가는 데에는 개인이 가진 성격 강점이 큰 역할을 한다. 성격 강점이란 어떤 상황에서도 비교적 안정적으로 나타나는 심리적 특성이다. 예를 들면 끈기, 유머감각, 공감 능력, 감사함 등이 여기에 포함된다. 이러한 강점들은 단순히 성격의 특징을 넘어, 우리가 건강하게 성장하고, 삶을 의미 있게 살아가는 데 중요한 자원이 된다.

하지만 긍정 심리학이 말하는 이러한 교훈들이 모두 긍정적인 효과만을 갖는 것은 아니다. 긍정 심리학 역시 분명한 한계를 가지고 있으며, 그 부분에 대해서도 진지하게 살펴볼 필요가 있다.[15]

첫 번째로 지적되는 한계는 감정의 복잡성과 다양성을 지나치게 단순화할 수 있다는 점이다. 긍정 심리학은 긍정적인 감정의 중요성을 강조하면서, 부정적인 감정의 역할을 상대적으로 경시하거나 억제하는 방식으로 받아들여질 수 있다. 하지만 불안, 슬픔, 분노 같은 감정들 역시 인간의 삶에 꼭 필요한 역할을 한다. 예를 들어, 불안은 위험에 대한 경고 신호가 될 수 있고, 슬픔은 상실을 애도하고 회복

---

15) Held, B. S., 2004. The negative side of positive psychology. Journal of Humanistic Psychology. 44(1). pp. 9~46.

을 위한 내면의 시간을 마련해 주는 중요한 감정이다. 이러한 감정들을 단지 '없애야 할 것'으로 여기는 태도는 오히려 심리적 건강을 해칠 수 있다. 현실적으로 우리는 기쁘기만 한 존재가 아니며, 다양한 감정을 느낄 권리와 이유가 있다.

두 번째로는 개인의 책임을 과도하게 강조함으로써 사회 구조적 요인을 간과할 수 있다는 점이다. 긍정 심리학이 "행복은 선택이다", "생각을 바꾸면 인생이 바뀐다"는 메시지를 전달할 때, 그것이 오히려 현실을 살아가는 수많은 사람에게는 억압으로 작용할 수도 있다. 예를 들어 경제적 어려움, 차별, 불공정한 노동 환경 속에서 살아가는 사람들이 마치 '생각이 긍정적이지 못해서 불행한 것'처럼 느끼게 된다면, 문제의 본질은 왜곡된다. 어떤 사람은 제대로 된 주거 공간조차 갖지 못한 채 살아가고 있는데, "감사하는 마음을 가져야 행복하다"는 말은 현실을 외면하게 만들 수 있다. 이런 태도는 구조적 문제를 개인의 태도 문제로 환원시켜, 결과적으로 사회적 변화를 가로막게 된다.

세 번째로는 긍정 심리학이 산업과 결합하여 일종의 '행복 산업'으로 전환되고 있다는 점이다. 기업이나 기관에서는 종종 긍정 심리학의 개념들을 도입해 직원의 생산성과 충성도를 높이려는 목적으로 활용한다. 예를 들어 직원들에게 감정 일기를 쓰게 하거나, 강제적인 감사 훈련을 실시하거나, 무조건적인 긍정 언어 사용을 요구하는 식의 프로그램이 운영되기도 한다. 하지만 이런 접근은 자발적인 감정 표현보다는 '조직에 유리한 감정 상태'를 강요하는 방식이 될 수 있다. 특히 서비스 직군의 경우, '항상 웃어야 한다'와 같은 압박은 감정노동으로 이어지며, 장기적으로는 심리적 소진과 불안을 초래할 수도 있다. 실제로 '긍정 강박(positive toxicity)'이라는 용어는 이런 맥락에서 등장한 개념으로, 부정적인 감정을 허용하지 않고 긍정만을 강요하는 사회 분위기를 비판하기 위해 사용된다.

네 번째로는 긍정 심리학이 개인의 문화를 고려하지 않은 채 일반화될 위험성이다. 긍정 심리학의 많은 연구는 미국이나 유럽처럼 개인주의적 성향이 강한 사회를 기반으로 이루어졌다. 따라서 개인의 자율성과 성취, 몰입 같은 개념이 강조되는 반면, 공동체 중심의 가치나 관계의 깊이는 상대적으로 덜 조명되기도 한다. 하지만 동양권을 포함한 다양한 문화에서는 '행복'이 개인적 감정보다 가족이나 공동체의 조화와 평화를 통해 정의되기도 하며, 타인을 위한 희생이 자아실현으로 여겨지는 경우도 있다. 그런 맥락에서 보면, PERMA 모델의 보편성을 그대로 받아들이기보다는 각 문화적 배경 속에서 긍정 심리학을 재해석하고 적용할 필요가 있다.

마지막으로, 긍정 심리학은 여전히 실천과학으로서 한계가 있다. 즉, 모든 사람이 긍정 심리 개입을 통해 실제로 행복해질 수 있는지에 대한 일관된 실증적 증거가 부족하다. 일부 개입 연구에서는 긍정 심리 개입의 효과가 일시적이거나 특정 계층에서만 나타나는 것으로 보고되기도 했다. 특히 우울이나 외상 경험이 깊은 사람에게는 긍정적 개입이 오히려 역효과를 낼 수 있다는 연구 결과도 있다. 따라서 긍정 심리학은 그 자체로 완결된 해답이라기보다는, 기존 심리학과 함께 균형 있게 적용해야 할 하나의 방향성임을 기억해야 한다.

결국 우리가 긍정 심리학을 배운다는 것은 단순히 '기분 좋게 살아야 한다', '긍정적인 생각을 하자'는 메시지를 암기하는 것이 아니다. 오히려 그 이면에 숨어 있는 인간에 대한 깊은 이해, 그리고 내가 나의 삶을 어떻게 바라보고 해석할지에 대해 질문을 던지는 일이다. 긍정 심리학은 우리에게 삶의 방향을 제시해 주지만, 그 방향이 언제나 정답이거나 모든 상황에 맞는 해법은 아니다. 중요한 것은 그 방향 속에서 나 자신에게 꼭 맞는 삶의 모습은 무엇인지, 나의 '행복'은 어떤 모습일지를 스스로 묻고 찾아가는 과정일 것이다.

지금 우리는 '행복'이라는 말이 그 어느 때보다도 자주 사용되는 시대를 살고 있다. 하지만 그 단어를 자주 말한다고 해서, 우리가 실제로 더 행복한 삶을 살고 있는지는 분명하지 않다. 오히려 자꾸만 '행복해져야 한다'는 강박 속에서, 진짜 감정은 억눌린 채 살아가는 사람들도 많다. 그런 의미에서 긍정 심리학의 교훈을 받아들이되, 맹목적인 긍정이나 무비판적인 수용은 경계할 필요가 있다. 진정한 긍정은 모든 것이 좋아 보인다고 말하는 데 있는 것이 아니라, 좋지 않은 순간까지도 껴안고, 그 안에서 나에게 중요한 가치를 발견하려는 태도에 있을지도 모른다.

지금의 나는 무엇에 기쁨을 느끼는 사람인지, 어떤 순간에 몰입하는지, 누구와 있을 때 가장 편안한지, 그리고 내가 정말 의미 있다고 느끼는 일은 무엇인지, 나 자신에게 조용히 질문을 던져보는 시간도 필요하다. 정답을 찾기 위해서가 아니라, 나의 삶이 진심으로 나다운 방향으로 가고 있는지 살펴보기 위해서다. 행복은 어쩌면 그런 질문을 멈추지 않는 사람에게, 그리고 그 질문 속에서 성실하게 삶을 살아가는 사람에게 조금씩 다가오는 것인지도 모른다.

당신은 어떤 요소가 있을 때 가장 '나답다'고 느끼는가? 당신에게 진정한 의미의 플로리시는 어떤 모습인가? 이번 절을 통해 각자의 방식으로 삶을 돌아보고, 나의 강점을 인정하고, 지금 이 순간의 감정을 존중하는 계기가 되었으면 한다. 그리고 우리가 살아가는 이 복잡한 세상 속에서 긍정과 부정, 기쁨과 고통, 몰입과 지침이 모두 어우러진 진짜 삶의 결을 느끼며 살아가는 것이야말로, 우리가 궁극적으로 추구해야 할 행복이 아닐까 싶다.

1. 행복은 외부 조건보다 내적 요인에서 비롯된다는 주장과, 외부 환경이 행복의 중요한 결정 요인이라는 주장 중 어느 쪽에 더 동의하는지 토론해 보자.
2. 회복탄력성이 개인의 성격, 사회적 지지, 환경적 요인에 의해 달라진다고 할 때, 우리 사회에서 이를 강화하기 위해 필요한 제도적 장치는 무엇인지 논의해 보자.
3. 긍정 심리학에서 강조하는 '감사의 태도'와 '긍정 정서'가 실제로 삶의 만족도를 높인다는 연구들이 많다. 이에 대해 본인의 경험과 연결 지어 이야기해 보자.
4. 불행과 좌절이 오히려 성장과 배움의 기회가 된다는 관점에 대해, 자신의 경험이나 주변 사례를 들어 구체적으로 논의해 보자.
5. 심리적 행복을 높이기 위해 '자기 통제'가 얼마나 중요한지, 그리고 지나친 자기 통제가 행복을 해칠 수 있는 경우는 없는지 토론해 보자.
6. 행복을 추구하는 과정에서 '개인의 내적 요인(예: 성격, 태도)'과 '사회적 요인(예: 가족, 공동체, 제도)' 중 어느 쪽이 더 중요한지 분류하고, 그 근거를 정리해 보자.

〈읽을 거리〉

1. 마틴 셀리그만 | 김인자 · 우문식 역(2009). [마틴 셀리그만의 긍정심리학] 물푸레.
2. 이충진(2020). [행복철학] 이학사.
3. 리처드 레이어드 | 정은아 역(2011). [행복의 함정] 북하이브.

〈영화 볼거리〉

1. 가브리엘 무치노(Gabriele Muccino) 감독(2006). [행복을 찾아서(The Pursuit of Happyness)] 미국: Columbia Pictures. - 역경 속에서도 희망을 잃지 않는 한 아버지의 행복 찾기 여정.
2. 벤 스틸러(Ben Stiller) 감독(2013). [월터의 상상은 현실이 된다(The Secret Life of Walter Mitty)] 미국: 20th Century Fox. - 평범한 인물이 모험을 통해 몰입과 자기실현을 발견하는 이야기.

제6장

과학기술과 행복

행복이라는 것은 단순히 주관적인 감정이 아니라,
우리 몸 안에서 일어나는 매우 구체적이고
과학적인 현상일 수 있다.

생화학적으로 행복은 무엇인가?

이번 절은 매우 특별한 그림 한 점으로 시작하고자 한다. 바로 **로이 리히텐슈타인(Roy Fox Lichtenstein)**의 '**행복의 눈물**'이라는 작품이다. 이 그림은 한 여인이 눈물을 흘리고 있는 모습을 담고 있다. 리히텐슈타인 특유의 팝아트 기법으로 제작된 이 작품은 만화의 한 장면을 연상시키는 선명한 색채와 점묘 기법이 특징적이다. 붉은 머리의 여인은 고개를 살짝 뒤로 젖힌 채, 큰 눈에서 투명한 눈물 한 방울을 흘리고 있어 매우 인상적이다.

그런데 이 눈물은 슬픔의 눈물이 아니다. 화가 박희숙 선생님의 해석에 따르면, 이는 순수하게 너무나 행복해서 흘리는 그런 눈물을 표현한 것이라고 한다. 여인의 표정을 자세히 보면 고통스럽거나 슬픈 기색은 전혀 찾아볼 수 없다. 오히려 약간 상기된 듯한 볼과 반쯤 감긴 눈은 깊은 감동이나 벅찬 기쁨을 나타내는 것처럼 보인다. 이것이 바로 행복의 역설이라고 할 수 있을 것이다. 때로는 너무나 큰 기쁨과 감동 앞에서 우리는 눈물을 흘리게 된다.

참으로 흥미로운 것은 리히텐슈타인이 왜 하필 만화를 소재로 작업을 했느냐 하는 점이다. 그는 비평가 존 코플랜즈와의 인터뷰에서 다층적인 감정을 담고 있는 만화와, 특히 만화 특유의 냉정한 표현 방법이 주는 긴장감이 자신을 매료시킨다고 말했다. 그런데 사실 그가 이런 식의 그림을 그리게 된 배경에는 아주 감동적인 이야기가 있다. 어느 날 미키마우스를 좋아했던 그의 아들이 "아빠는 이 만화처럼 잘 그리지 못할 거예요"라고 장담하듯 말했고, 그 말에 충격을 받은 아버지는 아들을 기쁘게 하려는 마음으로 그 유명한 '봐, 미키'라는 작품을 그리게 되었다고 한다. 그리고 그는 1961년 뉴욕의 신진 갤러리인 Leo Castelli Gallery에서 미키마우스, 뽀빠이, 슈퍼맨 등 대중적인 인기를 끌었던 코믹 북의 주인공들을 대거 화폭으로 끌어들인 전시회를 가지게 된다.[1]

이 이야기에서 우리가 주목해야 할 점은 무엇일까? 바로 행복이라는 감정이 얼마나 복합적이고 다층적인가 하는 점이다. 아버지의 사랑, 아들에 대한 애정, 그리고 그것이 예술로 승화되는 과정에서 나타나는 행복의 여러 층위가 있다. 그렇다면 이러한 행복이라는 감정을 과학적으로는 어떻게 설명할 수 있을까? 지금부터 이 질문에 대한 최선의 답을 찾아보자.

우선 과학이 무엇인지부터 살펴보자. 과학은 사물의 구조, 성질, 법칙 등을 관찰 가능한 방법으로 얻어낸 체계적이고 이론적인 지식의 체계를 말한다. 좁게는 인류가 경험주의와 방법론적 자연주의에 근거하여 실험을 통해 얻어낸 자연계에 대한 지식을 의미한다. 과학

---

1) Waldman, D.. 1993. Roy Lichtenstein. New York: Guggenheim Museum Publications.

의 가장 중요한 특징은 객관성, 보편성, 정확성이다. 즉, 자연현상 속에서 스스로 객관적으로 존재하는 것이어야 하며, 인간에 의해 관찰되고 입증되어야 하고, 설명할 수 있어야 한다. 따라서 관찰로 입증할 수 없는 것은 과학적 사실이 아니다.[2]

그런데 여기서 주의해야 할 것이 있다. 바로 비과학과 유사과학의 구분이다. 비과학은 말 그대로 과학이 아닌 것을 말하며, 과학의 요소라고 할 만한 것이 전혀 없다. 비과학에 관한 것들은 주로 주관적인 감정이나 신화적, 도덕적, 종교적 신념 체계 안에서 만들어진 것들이다. 예를 들어 시나 소설, 종교적 믿음, 개인적인 가치관 등이 여기에 해당한다. 물론 과학이 아니라고 해서 가치가 없는 것은 아니다. 다만 과학적 검증의 대상이 되지 않을 뿐이다.

유사과학은 과학과는 다른 접근 방식을 가진다. 유사과학은 과학적이지 않은 것을 과학적이라고 주장하는 이론들에 기초한 다양한 아이디어의 모음을 의미한다. 유사과학과 진정한 과학의 가장 중요한 차이점은 바로 검증 가능성에 있다. 진정한 과학적 이론은 경험적 현상을 설명할 수 있어야 하고, 의미 있는 방법으로 검증되어야 하며, 최소한 이론상으로도 반증될 가능성이 있어야 한다.

유사과학의 이론들은 종종 이러한 반증가능성을 피하거나, 반증되었을 때도 이를 받아들이지 않는 경향이 있다. 예를 들어 점성술의 경우 예측이 맞지 않았을 때 해석이 잘못되었거나 다른 요인들이

---

2) Chalmers, A. F. 2013. What Is This Thing Called Science?. University of Queensland Press.

작용했다는 식으로 설명을 회피하는 경우가 많다. 이는 과학적 방법론과는 근본적으로 다른 접근이다. 과학에서는 예측이 틀렸을 때 이를 인정하고 이론을 수정하거나 폐기하는 것이 원칙이기 때문이다.

과학적 이론은 경험적인 현상의 범위에서 설명되고 의미 있는 방법으로 검증되어야 한다. 여기서 의미 있는 방법이라 함은 최소한 이론상으로도 이론이 반증될 방법이 있어야 한다는 것이다. 이것이 바로 오스트리아 출신 영국의 철학자 칼 포퍼(Karl R. Popper)가 말하는 반증가능성의 원리다.[3] 유사과학 이론은 반증이 가능하지 않거나, 반증되지만 이것에 집착하는 사람들이 이 이론이 반증되었다는 사실을 받아들이기를 거부하고 있는 경우가 많다.

그렇다면 과학과 철학은 어떤 관계일까? 과학철학은 철학의 한 갈래로, 과학의 방법이나 과학적 인식에 대한 철학적 탐구다. 자연과학의 성과를 분석하고 반성하여 과학적인 개념을 규정하고 과학의 전제를 세우며 방법을 탐구하는 분야라고 할 수 있다. 과학철학이 중요한 이유는 과학자들이 연구를 할 때 사용하는 기본적인 가정들과 방법론들이 사실은 철학적 토대 위에 서 있기 때문이다. 예를 들어 "자연현상에는 일정한 법칙이 있다"거나 "관찰을 통해 진리에 접근할 수 있다"는 믿음 자체가 이미 철학적 입장이다. 과학철학은 이러한 전제들을 검토하고, 과학적 지식이 어떻게 형성되는지, 과학 이론들이 어떤 조건에서 받아들여지거나 거부되는지, 그리고 과학적 진보란 무엇인지와 같은 근본적인 질문들을 다룬다.

---

3) Popper, K. R., 1969. Conjectures and Refutations. London: Routledge.

또한, 과학철학은 서로 다른 과학 분야들 사이의 관계나, 과학과 다른 지식 영역들 사이의 경계를 탐구하기도 한다. 예를 들어 물리학의 법칙으로 화학 현상을 모두 설명할 수 있는가, 생물학적 현상을 물리화학적 법칙으로 환원할 수 있는가 하는 질문들이 여기에 해당한다. 오늘 우리가 다루는 행복이라는 주제도 마찬가지다. 행복을 생화학적 현상으로만 설명할 수 있는가, 아니면 여전히 철학적·심리학적 접근이 필요한가 하는 것도 과학철학의 중요한 주제 중 하나다.

미국의 역사가이자 철학자 윌 듀란트(W. J. Durant)는 "모든 과학은 철학에서 시작해 예술에서 끝난다. 과학은 가설에서 피어올라 성취를 향해 흘러간다"라는 말을 남겼다.[4] 과학의 끝이 예술이나 성취일지에 대해서는 논란이 있을 수 있지만, 모든 과학이 철학에서 시작한다는 말만큼은 단언할 수 있다. 실제로 역사를 보면 많은 과학 분야가 철학의 한 부분에서 시작되었다. 물리학은 자연철학에서, 심리학은 정신철학에서, 그리고 오늘 우리가 다루는 행복에 대한 과학적 연구도 고대 그리스의 행복론 철학에서 그 뿌리를 찾을 수 있다.

이제 본격적으로 행복에 대한 과학적 접근을 시작해보자. 당신은 혹시 행복이 유전자와 관련이 있다는 사실을 알고 있는가? 영국 에든버러 대학교 철학-심리학-언어과학 대학의 알렉산더 웨이스(Alexander Weiss) 박사는 매우 흥미로운 연구를 진행했다. 유전자

---

4) Durant, W., 1926. The Story of Philosophy. New York: Simon & Schuster.

가 동일한 일란성 쌍둥이와 유전자가 다른 이란성 쌍둥이 900쌍을 대상으로 성격과 유전자를 분석한 결과, 유전자가 행복과 관련된 성격적 특징에 50%의 영향을 미치며, 나머지 50%의 행복은 생활환경이 결정하는 것으로 나타났다.[5]

웨이스 박사는 심리학자들이 널리 사용하고 있는 '5가지 성격요인 모델'을 이용해 분석했는데, 그 결과 걱정이 지나치지 않고 사교적이며 양심적인 성격적 특징을 지닌 사람이 그렇지 않은 사람에 비해 행복한 것으로 나타났으며, 이러한 성격적 특징은 유전된다는 사실을 확인했다.

이 성격요인 모델은 인간의 성격을 다섯 가지 주요 차원으로 설명하는 널리 인정받는 성격 이론 중 하나다. 이 모델에는 **신경성, 외향성, 친화성, 성실성, 경험에 대한 개방성**이 포함된다. **신경성**은 불안이나 우울과 같은 부정적 감정을 얼마나 자주, 강하게 경험하는지를 나타내고, **외향성**은 사회적 상황에서 얼마나 활발하고 적극적인지를 보여준다. **친화성**은 다른 사람들과 얼마나 협력적이고 신뢰적인 관계를 맺는지와 관련이 있으며, **성실성**은 목표 지향적이고 자기 통제력이 있는 정도를 의미한다. 마지막으로 경험에 대한 **개방성**은 새로운 경험이나 아이디어에 대해 얼마나 열린 마음을 가지고 있는지를 나타낸다.

더욱 놀라운 것은 **행복 유전자**가 따로 있다는 사실이다. 어떤 사

---

5) Weiss, A., Bates, T. C. & Luciano, M., 2008. Happiness is a personal(ity) thing: The genetics of personality and well-being in a representative sample. Psychological Science. 19(3). pp. 205~210.

람은 유전적 변이로 인해 선천적으로 다른 사람보다 덜 불안해하며, 두렵고 기분 나쁜 경험들을 더 잘 잊는다는 것이 증명되었다. 이런 행운을 타고난 유전적 돌연변이를 가진 사람의 뇌는 더 높은 수준의 아난다미드를 생산한다. 아난다미드는 '행복의 분자' 또는 '우리 안에 있는 자연발생적인 마리화나'라고 불린다. 약 20%의 미국 성인들이 이런 돌연변이를 갖고 있다고 한다. 이들은 아난다미드를 억제하는 FAAH라고 불리는 효소를 덜 가지고 있기 때문인데, 이것은 'FAAH 유전자의 돌연변이'라고 불린다.[6]

그렇다면 과학에서 말하는 행복은 구체적으로 무엇일까? 우선 웃음을 생각해보자. 우리가 웃을 때 뇌하수체에서는 엔도르핀과 엔케팔린 등의 자연 진통제가 생성된다. 또한 달리기와 같은 운동을 할 때에도 극도의 피로와 고통에 대응하기 위한 체내 보상작용의 일환으로 베타-엔도르핀이 분비된다. 결국 과학에서 말하는 행복은 생화학적 관점에서 뇌하수체에서 쾌와 관련한 호르몬이 분비됨으로써 느끼는 신경생리학적 현상이라고 정의할 수 있다.

이제 우리 뇌 속의 감정 지휘자라고 불리는 세로토닌에 대해 살펴보겠다. 뇌 속에는 40여 종류의 신경전달물질이 있는데, 그중 하나인 세로토닌은 자율신경과 호르몬의 균형을 담당하며 특히 우리의 감정 조절에 중요한 역할을 한다. 심신의 안정과 행복감을 주는 특성 때문에 '행복 호르몬' 혹은 '뇌 속의 감정 지휘자'라는 별명을 갖고 있다.

---

6) Dincheva, I., Drysdale, A. T., Hartley, C. A., et al., 2015. FAAH genetic variation enhances fronto-amygdala function in mouse and human. Nature Communications. 6. p. 6395.

여기서 다른 호르몬들과의 관계를 살펴보는 것도 흥미롭다. 도파민은 쾌락과 긍정적인 마음, 성욕, 식욕 등을 담당하고, 노르아드레날린은 불안과 부정적인 마음, 스트레스 등을 맡고 있다. 그리고 가바는 스트레스를 막는 역할을 한다. 세로토닌은 바로 이 호르몬들을 조절해서 우리의 감정이 쾌감이나 불쾌감 어느 한쪽으로만 치우치지 않고 평온할 수 있게 만든다.[7]

이렇게 보면 행복이라는 것이 단순히 주관적인 감정이 아니라 우리 몸 안에서 일어나는 매우 구체적이고 과학적인 현상임을 알 수 있다. 리히텐슈타인의 그림 속 여인이 흘리는 행복의 눈물 역시 이러한 생화학적 과정의 한 결과라고 할 수 있다. 아버지가 아들을 위해 그림을 그릴 때 느꼈던 그 따뜻한 감정도, 우리가 사랑하는 연인과 함께 있을 때 느끼는 그 행복감도 모두 이러한 과학적 메커니즘 안에서 설명될 수 있는 것이다.

여기서 중요한 점은 마냥 과학적 설명이 행복의 가치를 축소하는 것만은 아니라는 점이다. 오히려 행복이 어떤 과정을 통해 만들어지는지를 이해함으로써 우리는 더 의식적으로, 더 효과적으로 행복을 추구할 수 있게 되는 것이다. 유전자가 50%의 영향을 미친다고 해서 나머지 50%를 포기할 이유는 없다. 오히려 우리가 조절할 수 있는 그 50%에 더욱 관심을 기울이고, 세로토닌과 같은 행복 호르몬의 분비를 촉진할 수 있는 생활 방식을 찾아가는 것이 중요하다.

---

7) Young, S. N., 2007. How to increase serotonin in the human brain without drugs. Journal of Psychiatry & Neuroscience. 32(6). pp. 394~399.

과학기술이 말하는 행복의 조건은?

이제 우리는 행복을 과학의 렌즈를 통해 바라보는 시간을 갖게 되었다. 과연 과학기술은 행복에 대해 무엇을 말하고 있을까? 그리고 후성유전학이라는 과학 분야는 우리의 행복에 대해 어떤 통찰을 제공하고 있을까?

우선 우리가 궁금해하는 근본적인 질문 하나를 던져보자. **행복은 과연 유전자에 의해 결정되는 것일까, 아니면 환경에 의해 좌우되는 것일까?** 이 질문에 답하기 위해 네덜란드 암스테르담 자유대학의 **메이케 바텔스(M. Bartels)** 교수와 그의 연구진은 흥미로운 연구를 진행했다. 무려 30만 명을 대상으로 행복을 느끼는 정도를 측정하고 동시에 DNA를 표본화하는 대규모 연구를 진행한 것이다.[8] 그 결과 그들은 조작 불가능한 인간의 만족감을 높이는 유전자를 발견했다. 이것은 행복 유전자로, 세 가지 유전적 이형이 확인되었다. 또한 사

---

8) Bartels, M. & Boomsma, D. I.. 2009. Born to be happy? The etiology of subjective well-being. Behavior Genetics. 39(6). pp. 605~615.

람마다 우울한 증상의 차이를 설명하는 두 가지 유전자도 발견했다. 하지만 여기서 주목할 점은 바텔스 연구위원장의 결론이다. 그는 행복지수가 유전자와 관련이 있지만, 외부 환경이 행복에 더 많은 영향을 준다고 말했다.

이러한 결론이 나온 이유는 무엇일까? 연구진이 30만 명이라는 대규모 표본을 분석한 결과, 유전자가 행복에 미치는 영향은 전체의 약 25~30퍼센트 정도에 불과하다는 것을 발견했기 때문이다. 나머지 70~75퍼센트는 개인의 경험, 사회적 관계, 경제적 상황, 건강 상태, 그리고 개인이 선택하는 생활 방식과 같은 환경적 요인들이 좌우한다는 것이다. 여기서 흥미로운 점은 유전자가 같은 일란성 쌍둥이라도 서로 다른 환경에서 자라면 행복 수준이 현저히 달라진다는 사실이다. 이는 우리가 태어날 때부터 정해진 복의 한계가 있다고 하더라도, 우리의 노력과 선택을 통해 그한계를 넘어설 수 있다는 희망적인 메시지를 전해준다.

이러한 연구 결과는 우리를 후성유전학이라는 과학 분야로 안내한다. 후성유전학을 이해하기 위해 한 가지 실험을 살펴보겠다. 실험 쥐에게 사회성 스트레스를 주면 사회성 회피 행동 등 우울증 증상을 보이게 된다. 그런데 놀라운 사실은 아들 쥐 역시 스트레스를 주면 우울증 행동을 보이는데, 스트레스를 받지 않았던 아비에게서 태어난 쥐에 비해 우울증 확률이 더 높았다는 것이다. 여기서 중요한 점은 아비가 원래 갖고 있던 우울증 유전자가 자식에게 전달된 것이 아니라는 사실이다. 아비 쥐가 겪은 스트레스 경험 또는 그로 인한 몸 안의 변화가 자식에게 전달된 것이다.

이것이 바로 **후성유전학**의 핵심이다. 우리를 둘러싸고 있는 환경이나 우리의 행동 및 자발적 선택이 우리 세포 안의 유전정보에 영향을 미치고, 더 나아가서 우리 자손의 유전정보에도 영향을 미친다는 주장이다.[9] 후성유전학을 좀 더 자세히 설명하자면, 이는 유전자 서열 자체를 바꾸지 않으면서도 유전자의 발현을 조절하는 메커니즘을 연구하는 학문이다. 마치 같은 악보라도 연주자에 따라 다른 음악이 되는 것처럼, 같은 유전자라도 환경에 따라 다르게 표현될 수 있다는 것이다. 예를 들어, 스트레스를 많이 받는 환경에서 자란 사람은 스트레스 관련 유전자들이 더 활성화되어 후천적으로 스트레스에 민감한 체질이 될 수 있다. 반대로 긍정적인 환경에서 자란 사람은 행복 유전자들이 더 활발하게 작동할 수 있다.

2010년 타임지의 커버스토리는 '왜 당신의 DNA는 당신의 운명이 아닌가'라는 제목으로 후성유전학을 소개했다. 환경이나 행동이 세포 안의 유전정보에 영향을 끼치고 더 나아가 자손의 유전정보에도 영향을 끼칠 수 있다는 주장이 소개되었다. 더욱 놀라운 것은 이러한 후성유전학적 변화가 한 세대에서 그치는 것이 아니라 다음 세대, 심지어 그다음 세대까지도 전달될 수 있다는 점이다. 이는 우리의 행복이 단순히 유전적으로 결정되는 것이 아니라는 것을 의미한다. 우리의 선택과 환경에 의해 행복은 얼마든지 변화할 수 있으며, 더 나아가 우리가 만들어가는 행복한 삶의 방식이 우리 자녀에게까

---

9) Dias, B. G. & Ressler, K. J., 2014. Parental olfactory experience influences behavior and neural structure in subsequent generations. Nature Neuroscience. 17(1). pp. 89~96.

지 전달될 수 있다.

그렇다면 과학은 구체적으로 행복에 대해 무엇을 말하고 있을까? 먼저 긍정적인 사고가 행복의 조건이라는 것을 확인할 수 있다. 우리가 부정적인 생각보다는 긍정적인 생각을 할 때 뇌에서는 실제로 행복과 관련된 신경전달물질들이 더 많이 분비된다. 그중에서도 특히 중요한 것이 세로토닌이다. 세로토닌은 우리의 기분을 안정시키고 행복감을 느끼게 해주는 핵심적인 신경전달물질이다. 흥미롭게도 칠면조에는 '트립토판'이라는 아미노산이 풍부하게 들어있어서 세로토닌 분비를 촉진하기도 한다. 또한 우리 몸이 세로토닌을 충분히 생산하기 위해서는 햇빛이 필요하다. 하루 20분 정도만 햇볕을 쬐어도 우리 뇌는 세로토닌을 더 활발하게 생성하게 되어 행복감이 증가한다. 이것이 바로 겨울철에 우울감을 느끼는 사람들이 많고, 반대로 화창한 봄날에 기분이 좋아지는 이유이기도 하다.

미국에서 직업군과 관련한 흥미로운 연구가 있다. 배우, 소방관, 건축가, 성직자가 행복을 느끼는 사람이 많은 직업인 것으로 조사되었는데, 이들 직업의 공통점을 살펴보면 모두 창의성을 발휘하거나 다른 사람을 돕는 일, 그리고 사회적 의미가 있는 일을 한다는 특징이 있다. 배우는 창조적 표현을 통해, 소방관은 생명을 구하는 일을 통해, 건축가는 아름다운 공간을 만드는 일을 통해, 성직자는 사람들의 마음을 위로하는 일을 통해 행복을 느끼는 것이다. 개인적인 관계에서도 과학적 데이터는 명확하다. 결혼한 사람이 미혼인 사람보다 10퍼센트 더 행복했다는 결과가 있는데, 이는 깊은 인간관계가 주는 안정감과 소속감이 행복에 얼마나 중요한지를 보여준다. 또한,

우리 몸의 활동 자체도 행복에 직접적인 영향을 미친다. 앉아 있는 것보다 20분 정도만 걸어도 우리 몸에서는 프로테인과 엔도르핀이 분비되어 더 큰 행복감을 느끼게 된다. 이는 운동이 단순히 건강에 좋은 것을 넘어서 우리의 정신적 행복에도 즉각적이고 직접적인 영향을 미친다는 것을 의미한다.

온도와 음식, 그리고 수면과 관련해서 과학은 구체적인 답을 제시한다. 먼저 온도의 경우, 행복감을 가장 극대화하는 온도는 13.9도라는 매우 구체적인 연구 결과가 있다. 이는 우리 몸이 체온을 유지하기 위해 과도한 에너지를 소모하지 않으면서도 쾌적함을 느낄 수 있는 최적의 온도다. 너무 덥거나 추우면 우리 뇌는 체온 조절에 에너지를 집중하느라 행복감을 느낄 여유가 줄어들게 된다. 건강과 행복의 관계도 명확하다. 건강한 사람은 그렇지 않은 사람보다 20퍼센트 더 행복했다는 연구 결과가 있는데, 이는 몸이 건강해야 마음도 건강할 수 있다는 오랜 지혜가 과학적으로 증명된 것이다.

음식과 관련해서는 특히 흥미로운 발견이 있다. 뇌의 도파민을 생성하여 행복감을 높이는 물질들이 있는데, 바로 고기, 생선, 우유, 바나나다. 이들 음식에는 타이로신이라는 아미노산이 풍부하게 들어있는데, 타이로신은 우리 뇌에서 도파민을 만드는 원료가 된다. 도파민은 우리가 성취감이나 만족감을 느낄 때 분비되는 신경전달물질로, 이러한 음식들을 섭취함으로써 자연스럽게 행복지수를 높일 수 있다. 바나나의 경우 타이로신뿐만 아니라 앞서 언급한 트립토판도 함께 들어있어 세로토닌과 도파민 생성을 동시에 도와주는 천연 행복 식품이다.

수면은 행복에 있어 빠질 수 없는 조건이다. 수면이 부족한 사람은 그렇지 않은 사람보다 부정적인 말이 머리에 더 오랫동안 남는다는 연구 결과가 있는데, 이는 잠이 부족할 때 우리 뇌의 감정 조절 능력이 현저히 떨어지기 때문이다. 충분한 수면을 취하지 못하면 편도체라는 감정을 담당하는 뇌 부위가 과도하게 활성화되면서 부정적인 감정에 더 민감하게 반응하게 된다. 반대로 충분한 수면은 뇌가 하루 동안 쌓인 스트레스를 정리하고 긍정적인 기억들을 강화시키는 역할을 하여 전반적인 행복감을 높여준다.

아이들의 행복에 관한 연구도 시사하는 바가 크다. 가장 행복한 아이들 비율이 높은 나라는 멕시코, 스페인, 브라질, 독일, 미국 순이었는데, 이들 나라의 공통점을 살펴보면 흥미로운 사실을 발견할 수 있다.[10] 아이들이 행복을 느끼는 데 있어 주요한 동력은 바로 커뮤니티 일원으로서의 인식이었다. 즉, 자신이 어떤 공동체에 소속되어 있고 그 안에서 환영받고 있다는 느낌이 아이들의 행복에 큰 역할을 한다는 것이다. 특히 아이들이 이러한 인식을 크게 느끼는 것은 지역 사회에서 열리는 축제나 행사에 참여할 때다. 이는 축제라는 특별한 경험을 통해 자신이 속한 공동체의 일원임을 확인하고, 다른 사람들과 함께 즐거움을 나누는 기쁨을 경험하기 때문이다.

또한, 봉사활동과 행복의 관계도 주목할 만하다. 일주일에 단 2시간, 1년으로 계산하면 100시간 정도 인근 지역 사회를 도울 수

---

10) UNICEF. 2020. Worlds of Influence: Understanding what shapes child well-being in rich countries. Innocenti Report Card 16.

있는 봉사활동을 하는 것만으로도 행복 지수가 현저히 높아진다는 연구 결과가 있다. 이는 다른 사람을 돕는 행위 자체가 우리에게 깊은 만족감과 존재의 의미를 부여하기 때문이다. 가족과 친구와의 시간도 행복의 핵심 요소다. 미국의 경우 크리스마스를 가족이나 친구들과 함께 보내는 사람이 무려 83퍼센트에 달했는데, 이는 특별한 날을 사랑하는 사람들과 함께 보내는 것이 얼마나 중요한지를 보여준다.

이처럼 다양한 과학적 연구를 종합해 보면, 행복에 대한 우리의 오해와 진실이 명확히 드러난다. 과학에 기반한 행복 연구는 무엇이 행복이 아닌지도 분명히 보여준다. 많은 사람이 생각하는 것과 달리, 행복은 항상 모든 일이 완벽하게 돌아간다는 느낌이 아니다. 또한, 원하는 만큼 부유해지거나 세상의 부정적인 것과 전혀 마주치지 않는 삶도 반드시 행복은 아니다. 그래서 행복은 우리가 도달해야 할 인생의 최종 목적지가 아니라, 삶의 과정에서 경험하는 것이다.

여기서 가장 중요한 통찰은 행복이 개인적인 성취만으로는 완성되지 않는다는 점이다. 앞서 살펴본 아이들의 행복 연구에서도 확인했듯이, 커뮤니티 소속감과 타인과의 연결이 아이들이 행복을 느끼는 핵심이었다. 행복한 사람들의 특징을 살펴보면, 이러한 점은 더욱 분명해진다. 행복한 사람들은 직장에서 업무 성취도가 높으며, 다른 사람들과 깊은 관계를 형성한다. 그들은 다른 사람들을 잘 도우며 자발적 봉사와 자선단체에 기부를 하고, 문제해결 능력도 창의적이다.

이것은 행복이 개인의 능력을 넘어 인간관계에서 형성된다는 의미다.

따라서 장기적으로 행복을 키워나가기 위해서는 세 가지 핵심 원칙을 기억해야 한다. 첫째, 가족, 친구, 동료들과의 관계를 돈독히 해나가는 것이다. 둘째, 봉사활동이나 기부처럼 다른 사람을 돕는 일에 참여하는 것이다. 셋째, 이미 우리가 가진 것들에 대해 감사하는 마음을 갖는 것이다. 이 세 가지는 앞서 살펴본 과학적 연구들이 공통적으로 지적하는 행복의 핵심 요소들과 정확히 일치한다.

진화생물학적 관점에서 보면, 인간의 행복 시스템은 생존과 번식에 유리한 행동들을 장려하기 위해 발달했다. 예를 들어, 우리가 맛있는 음식을 먹을 때나 사랑하는 사람과 함께 있을 때 느끼는 행복감은 단순한 우연이 아니다. 이러한 행동들이 개체와 종족의 생존에 필수적이기 때문에 우리 뇌는 이런 행동을 할 때마다 도파민이나 세로토닌 같은 쾌락을 주는 신경전달물질을 분비하도록 진화했다. 반대로 위험하거나 생존에 불리한 상황에서는 스트레스 호르몬이 분비되어 불안감이나 불쾌감을 느끼게 함으로써 그러한 행동을 피하도록 유도한다. 우리는 다양한 사회적인 목표들을 달성할 때에도 행복을 느낀다. 이것은 마치 평사원이 계장으로 승진할 때 느끼는 행복 같은 것이다. 하지만 여기서 중요한 사실은 이러한 행복이 순간적이라는 사실이다.

이것은 우리를 세트-포인트라는 개념으로 안내한다. 결혼한 남녀나 수련의에서 전문의가 된 의사가 처음에는 과거보다 행복해하지만 얼마 지나지 않아서 과거의 행복도로 되돌아간다. 이처럼 생리적이거나 사회적인 행복이 달성되거나 상실되더라도, 사람은 이러한 상황에 적응하여 본래의 행복 수준으로 되돌아가게 되는데, 이를 '세트-포인트(set-point)'라고 한다. 대개 초기 성장 환경과 유전적 요인이 상호 작용하여 이 세트-포인트가 결정된다.

이러한 세트-포인트의 형성에서 어린아이의 삶이 얼마나 중요한지를 보여주는 연구가 있다. 인간이 행복을 경험하는 원초적인 시공으로 어린아이의 삶은 아주 중요하다. 미국의 심리학자 해리 해로우(Harry F. Harlow)는 어린 원숭이를 대상으로 한 실험을 통해 이를 증명했다.[11] 그는 어린 원숭이에게 철사를 얽어 만든 가짜 어미 원숭이의 젖에서 우유가 나오게 했을 때와 스펀지로 만든 가짜에게 부드러운 천을 입혀놓고 그 가슴에서 우유가 나오지 않게 했을 때 어린 침팬지가 어떻게 행동하는지 관찰하였다. 어린 원숭이는 우유를 먹을 때 외에는 부드러운 가짜와 놀며 지냈다. 이는 행복했던 것이 우유 때문이 아니라 접촉 때문이라는 것을 보여준다.

어머니가 제공하는 것은 단순한 신체적 접촉 이상의 의미를 갖는다. 이러한 접촉을 통해 얻는 따뜻함과 편안함은 아이에게 심리적 안정감을 제공한다. 흥미롭게도 이 안정감은 아이의 탐험 행동과 밀접한 관련이 있다. 충분한 안정감을 느끼는 아이는 새로운 환경을 탐험하고 도전적인 놀이를 시도하는 데 더욱 적극적이다. 반면 안정감이 부족한 아이는 낯선 것에 대한 두려움이 커서 새로운 시도를 주저하게 된다. 영국의 심리학자 존 보울비(J. Bowlby)는 이러한 안

---

11) Harlow, H. F., 1958. The nature of love. American Psychologist. 13(12). pp. 673~685.

정감과 탐험 행동 사이의 관계를 자동온도조절기에 비유했다. 마치 온도조절기가 실내 온도를 일정하게 유지하듯이, 아이는 안전한 기반이 확보되었을 때 비로소 자유롭게 세상을 탐험할 수 있다는 것이다.[12] 이렇게 안전한 환경에서 자유롭게 탐험하고 놀이를 즐기는 아이들은 그 과정에서 깊은 몰입과 즐거움을 경험하게 된다. 이러한 경험은 당장의 행복감을 줄 뿐만 아니라, 앞으로 살아가는 데 필요한 다양한 기술과 지식을 자연스럽게 습득하게 해준다.

이번 절에서 살펴본 과학기술이 말하는 행복의 조건들은 한 가지 중요한 메시지를 전해준다. 행복은 운명적으로 정해진 것이 아니라 우리의 선택과 노력으로 충분히 만들어 갈 수 있다는 것이다. 후성유전학이 증명하듯이 우리의 유전자조차 환경과 행동에 의해 변화할 수 있으며, 과학이 제시하는 구체적인 방법들을 실천한다면 더 행복한 삶을 살아갈 수 있을 것이다.

---

12) Bowlby, J., 1988. A secure base: Parent-child attachment and healthy human development. Basic Books.

| 제3절 |

급속한 과학기술 발전은 우리에게 행복을 주는가?

당신은 오늘 아침에 일어나서 가장 먼저 손에 든 것이 무엇인가? 아마도 스마트폰일 것이다. 그리고 그 작은 기기를 통해 전 세계의 소식을 확인하고, 친구들과 연락하며, 심지어 인공지능과 대화를 나누기도 한다. 불과 20년 전만 해도 상상할 수 없었던 일들이 우리의 일상이 되었다. 이처럼 급속한 과학기술의 발전은 우리 삶의 모든 영역에 깊숙이 스며들어 있다. 그렇다면 이러한 기술의 발전이 과연 우리에게 행복을 가져다주고 있을까?

현재 우리가 살고 있는 시대를 인공지능 시대라고 부르는 것에 이의를 제기할 사람은 많지 않을 것이다. 2022년 말 Chat GPT의 등장은 전 세계에 충격을 주었고, 이후 생성형 AI는 우리 사회의 모든 분야에서 혁신을 일으키고 있다. 의료 분야에서는 AI가 의사보다 더 정확하게 질병을 진단하고 있으며, 교육 분야에서는 개인 맞춤형 학습을 제공하고 있다. 예술 분야에서도 AI가 그림을 그리고 음악을 작곡하며, 심지어 시를 쓰기도 한다. 스탠포드 대학의 AI 지수 보고서에 따르면, 2023년 한 해 동안 AI 관련 투자는 전년 대비 200% 이상 증가했으며, 이는 인류 역사상 가장 빠른 기술 혁신의 속도를 보여주고 있다.

이러한 과학기술의 발전은 우리의 삶에 근본적인 변화를 가져왔다. 가장 직접적으로는 **편의성의 증대**다. 우리는 이제 집에서 나가지 않고도 전 세계의 상품을 주문할 수 있고, 언어의 장벽 없이 세계 각국의 사람들과 소통할 수 있다. 구글 번역기나 파파고 같은 AI 번역 서비스는 실시간으로 70개 이상의 언어를 번역하며, 이로써 바벨탑 이후 인류가 꿈꿔왔던 언어의 통합이 어느 정도 실현되었다. 또한 의료 기술의 발전으로 인해 평균 수명은 지속적으로 늘어나고 있으며, 과거에는 불치병으로 여겨졌던 질병들도 치료가 가능해지고 있다.

하지만 이러한 기술적 진보가 과연 우리를 더 행복하게 만들고 있는지에 대해서는 신중하게 살펴볼 필요가 있다. 하버드 대학의 심리학자 **다니엘 길버트(Daniel Gilbert)**는 미국과 캐나다에서 동시에 출판한 그의 저서 《**행복에 걸려 비틀거리다**》에서 인간의 행복은 단순히 편의성이나 물질적 풍요로만 결정되지 않는다고 주장했다.[13] 실제로 세계행복보고서를 살펴보면, 경제적으로 가장 발달한 나라들이 반드시 가장 행복한 나라는 아니다. 오히려 덴마크, 핀란드, 아이슬란드 같은 북유럽 국가들이 지속적으로 상위권을 차지하고 있는데, 이들 나라의 공통점은 기술 발전과 함께 사회적 신뢰, 공동체 의식, 그리고 일과 삶의 균형을 중시한다는 점이다.

과학기술이 우리 삶에 미치는 영향을 구체적으로 살펴보면, 부정

---

13) Gilbert, D. T.. 2006. Stumbling on Happiness. Knopf.

과 긍정이라는 양면성을 발견할 수 있다. 긍정적인 측면에서 보면, 의료 기술의 발전으로 고통이 줄어들고 수명이 연장되었으며, 교통과 통신 기술의 발달로 사람들 간의 연결이 더욱 용이해졌다. MIT의 기술 사회학자 셰리 터클(S. Turkle)은 디지털 기술이 새로운 형태의 친밀감과 소속감을 만들어낸다고 분석했다. 그녀에 의하면 온라인 커뮤니티를 통해 전 세계의 같은 관심사를 가진 사람들과 깊은 유대감을 형성할 수 있게 되었고, 이는 과거에는 불가능했던 새로운 형태의 행복을 제공하고 있다.

반면, 부정적인 측면도 간과할 수 없다. 스마트폰과 소셜미디어의 과도한 사용은 우울증과 불안장애의 증가와 밀접한 관련이 있다는 연구 결과들이 지속적으로 발표되고 있다. 특히, 미국 심리학회의 지난 2023년 보고서에 따르면, Z세대의 정신건강 지수는 이전 세대에 비해 현저히 낮은 것으로 나타났다. 이는 디지털 네이티브 세대가 기술과 함께 성장했음에도 불구하고, 오히려 더 큰 심리적 고통을 겪고 있다는 역설적인 상황을 보여준다.

나아가 인공지능의 발전은 노동과 일의 의미에 대한 근본적인 질문을 던지고 있다. 옥스퍼드 대학의 칼 베네딕트 프레이와 마이클 오스본(Carl Benedikt Frey & Michael Osborne)의 연구에 따르면, 2033년 전후에 현재 일자리의 약 47%가 자동화될 위험에 처해 있다고 한다.[14] 이들이 분석한 결과를 보면, 운전기사, 은행원, 회계

---

14) Frey, C. B. & Osborne, M. A., 2013. The Future of Employment. the Oxford Martin Program on Technology and Employment.

사, 심지어 변호사와 의사의 일부 업무까지도 AI로 대체될 가능성이 높다고 한다. 특히 반복적이고 패턴화된 업무일수록 자동화의 위험이 크며, 이는 우리가 생각했던 것보다 훨씬 광범위한 영역에 걸쳐 있다.

이는 단순히 일자리의 감소만을 의미하는 것이 아니다. 더 근본적으로는 인간 존재의 의미와 정체성에 대한 문제를 제기한다. 독일의 사회학자 막스 베버(Max Weber)는 근대 사회에서 직업이 단순한 생계 수단을 넘어서 개인의 정체성과 사회적 지위를 결정하는 핵심 요소라고 분석했다.[15] 우리는 흔히 "당신은 무슨 일을 하십니까?"라는 질문을 통해 상대방을 파악하려고 하며, 이는 직업이 개인의 존재 방식을 규정하는 중요한 지표임을 보여준다.

아리스토텔레스가 말했던 '에우다이모니아', 즉 인간의 번영과 행복은 자기 잠재력을 실현하고 사회 기여와 밀접한 연관이 있다. 그는 《니코마코스 윤리학》에서 인간의 행복은 단순한 쾌락이나 만족을 넘어 자신의 탁월함이 공동체에 긍정적으로 기여할 때 도달할 수 있다고 말했다. 이러한 관점에서 보면 일과 노동은 단순히 경제적 가치를 창출하는 활동이 아니라, 인간이 자기 능력을 발휘하고 사회적 존재로서의 역할을 수행하는 핵심적인 수단이다.

그런데 인공지능이 인간의 많은 역할을 대체한다면, 우리는 어떻게 자아실현과 사회적 기여를 통한 행복을 찾을 수 있을까? 이 문제는 이미 일부 선진국에서 현실로 나타나고 있다. 일본의 경우 자동

---

15) Weber, M., 2001. The Protestant Ethic and the Spirit of Capitalism. Routledge.

화와 로봇 기술의 발달로 많은 제조업 일자리가 사라지면서, 특히 중년층 남성들 사이에서 심각한 정체성 위기와 우울증이 증가하고 있다는 연구 결과가 발표되었다. 이들은 경제적으로는 큰 어려움을 겪지 않았음에도 불구하고, 사회적 역할의 상실로 인해 심리적 고통을 경험하고 있다.

한편으로는 새로운 형태의 일과 기여 방식이 등장하고 있기도 하다. 플랫폼 경제의 발달로 개인이 자신의 창의성과 전문성을 직접 시장에서 활용할 수 있는 기회가 늘어나고 있으며, 유튜버, 인플루언서, 온라인 교육자 등 과거에는 존재하지 않았던 새로운 직업들이 생겨나고 있다. 인공지능 기술의 발달로 인해 인간-AI 협업이라는 새로운 업무 형태도 나타나고 있다. 의료 분야에서는 AI가 진단을 보조하지만 최종적인 치료 결정과 환자와의 소통은 여전히 의사의 고유 영역으로 남아 있으며, 이는 인간과 기계가 각자의 강점을 살려 협력하는 모델을 보여주고 있다.

그러나 이러한 변화가 모든 사람에게 동등한 기회를 제공하는 것은 아니다. 새로운 형태의 일은 대부분 높은 수준의 창의성, 기술적 숙련도, 그리고 지속적인 학습 능력을 요구한다. 따라서 교육 수준이 낮거나 새로운 기술에 적응하기 어려운 계층은 더욱 어려운 상황에 처할 가능성이 높다. 이는 기술 발전이 사회적 불평등을 심화시킬 수 있다는 우려를 낳고 있으며, 이러한 불평등은 궁극적으로 사회 전체의 행복 수준에 부정적인 영향을 미칠 수 있다.

이러한 맥락에서 우리는 기술적 유토피아와 디스토피아라는 두 가지 상반된 미래 전망을 살펴볼 필요가 있다. 기술 유토피아는 과학기술의 발전이 인류의 모든 문제를 해결하고 완벽한 사회를 만들어낼 것이라는 낙관적 전망이다. 이러한 관점은 18세기 계몽주의 시대부터 시작되어, 19세기 산업혁명을 거치며 더욱 강화되었다. 현대의 실리콘밸리 기업들과 트랜스-휴머니즘 운동가들도 이와 유사한 믿음을 갖고 있다. 그들은 인공지능, 생명공학, 나노기술 등의 발전을 통해 인간의 한계를 극복하고, 질병과 노화, 심지어 죽음까지도 정복할 수 있다고 주장한다.

반면 기술 디스토피아는 과학기술의 발전이 오히려 인간성을 파괴하고 사회를 억압적으로 만들 것이라는 비관적 전망이다. 이러한 우려는 이미 19세기부터 제기되었다. 러다이트 운동은 산업혁명 초기에 기계가 인간의 일자리를 빼앗는다며 기계를 파괴했던 노동자들의 저항이었다. 20세기에 들어서는 조지 오웰(George Orwell)의 《1984》와 올더스 헉슬리(Aldous Leonard Huxley)의 《멋진 신세계》와 같은 작품들이 기술이 전체주의적 통제의 도구로 사용될 수 있음을 경고했다. 현재도 많은 학자들이 인공지능의 발전이 대량 실업, 감시 사회, 그리고 인간의 자율성 상실로 이어질 수 있다고 우려하고 있다.

역사를 돌이켜보면, 기술의 발전은 언제나 양면성을 가져왔다. 인쇄술의 발명은 지식의 민주화를 가져왔지만, 동시에 가짜뉴스와 선동의 확산도 용이하게 만들었다. 산업혁명은 물질적 풍요를 가져다주었지만, 환경파괴와 노동자의 소외도 함께 가져왔다. 인터넷은 전 세계를 연결했지만, 사이버 범죄와 개인정보 침해라는 새로운 문제들도 만들어냈다. 이러한 역사적 경험을 통해 우리가 배울 수 있는 것은 기술 자체가 선악을 결정하는 것이 아니라, 그 기술을 어떻게 사용하느냐가 중요하다는 점이다.

그렇다면 인공지능 시대에 우리는 어떻게 행복을 확보할 수 있을까? 먼저 기술과 인간의 관계를 올바르게 설정하는 것이 중요하다. 마르틴 하이데거(M. Heidegger)는 기술이 인간을 지배하는 것이 아니라, 인간이 기술을 도구로 사용해야 한다고 강조한다. 이는 우리가 기술의 편리함에 매몰되어 수동적인 소비자에 머물 것이 아니라, 기술을 통해 무엇을 성취하고자 하는 분명한 목적의식을 가져야 함을 강조한다. 인공지능 시대의 행복은 인간 고유의 가치와 능력을 재 발견하는 것에서 시작될 수 있다. AI가 아무리 발전해도 대체할 수 없는 영역들이 있다. 창의성, 공감력, 도덕적 판단, 그리고 타인과의 진정한 소통과 연결은 여전히 인간만이 할 수 있는 고유한 영역이다. 따라서 우리는 이러한 인간의 특성을 더욱 발전하고 소중하게 개발하는 방향으로 교육과 사회제도를 개선해 나가야 한다.

그래서 급진적 기술 발전이 모든 사람에게 골고루 혜택을 가져다줄 수 있도록 하는 것도 중요하다. 현재 AI 기술의 발전은 주로 소수의 거대 기술 기업들에 의해 주도되고 있으며, 이로 인해 기술 격차와 경제적 불평등이 심화될 우려가 있다. 기술 발전의 혜택이 소수에게 집중되지 않도록 하기 위해서는 적극적인 정책적 개입이 필요하다. 이는 단순히 경제적 재분배의 문제가 아니라, 모든 사람이 기술 발전의 시대에도 인간다운 삶을 영위할 수 있도록 하는 행복의 문제이기도 하다.

마지막으로 우리는 기술과 함께 살아가는 지혜를 기를 필요가 있다. 이는 기술을 무조건 거부하거나 맹목적으로 수용하는 것이 아니라, 기술의 장점은 활용하면서도 그 한계와 위험성을 인식하는 균형 감각을 말한다. 이러한 지혜로운 접근은 우리 개인의 삶뿐만 아니라 사회 전체의 미래를 위해서도 필수적이다.

그러기 위해서는 먼저 개인 차원에서 기술과의 건강한 관계를 형성하는 것이 중요하다. 스마트폰이나 소셜 미디어와 같은 기술들이 우리의 주의력과 시간을 독점하지 않도록 의식적으로 관리해야 한다. 스탠포드 대학의 신경과학자 애나 렘케(Anna Lembke)는 그녀의 저서 《도파민네이션》에서 현대인들이 기술적 자극에 중독되어 진정한 만족감을 느끼지 못하고 있다고 지적했다.[16] 결국 우리는 디지털 디톡스나 마음챙김 명상 같은 방법을 통해 기술 사용에 대한 자각과 절제력을 기를 필요가 있다.

우리는 인공지능과 협력하는 방법을 배워야 한다. AI를 단순히 인간을 대체하는 경쟁자로 보는 것이 아니라, 인간의 능력을 확장시켜주는 도구로 활용하는 관점이 필요하다. 예를 들어, 체스에서 인간 챔피언이 AI에게 패배한 후에도 체스 세계는 무너지지 않았다. 오히려 인간과 AI가 협력하는 '켄타우로스 체스'라는 새로운 경기 방식이 등장했고, 이는 순수한 인간만의 체스나 AI만의 체스보다도 더 높은 수준의 경기를 가능하게 했다.[17]

마찬가지로 우리는 AI의 뛰어난 연산 능력과 패턴 인식 능력을

---

16) Lembke, A.. 2021. Dopamine Nation. Dutton Books.
17) Daugherty, P. R. & Wilson, H. J.. 2022. Human+Machine. Harvard Business School Press.

활용하되, 인간 고유의 창의성과 직관, 윤리적 판단력을 결합하는 방향으로 나아가야 한다.

결국 급속한 과학기술의 발전이 우리에게 행복을 주는지에 대한 답은 우리 자신에게 달려 있다. 기술 자체가 행복이나 불행을 가져다주는 것이 아니라, 우리가 그 기술을 어떤 목적을 위해, 어떤 방식으로 사용하느냐가 행복을 결정한다. 인공지능 시대에도 인간의 존재 의미와 가치는 여전히 유효하며, 오히려 기술의 발전은 인류로 하여금 인간다움이 무엇인지에 대해 더 깊이 성찰할 기회를 제공하고 있다. 우리가 추구해야 할 것은 기술 유토피아도 디스토피아도 아닌, 기술과 인간이 조화롭게 공존하는 현실적인 미래다. 그리고 그러한 미래를 만들어가는 것이야말로 우리 시대가 추구해야 할 진정한 행복의 길이 아닐까 한다.

1. 예술은 행복을 감정의 다층적 울림으로 표현하고, 과학은 신경화학적 반응으로 설명한다. 두 접근은 충돌하는 것일까, 아니면 서로를 보완하는 것일까?
2. 쌍둥이 연구나 후성유전학 연구에서 드러난 유전/환경의 상호작용은 우리에게 어떤 의미를 주는가?
3. 세로토닌, 도파민 같은 호르몬으로 행복을 환원하는 설명은 인간의 주관적 의미와 감정의 풍부함을 축소시키는가?
4. 후성유전학 연구에 따르면 부모의 경험이 자녀의 유전자 발현에까지 영향을 줄 수 있다. 그렇다면 '행복한 삶을 사는 것'은 개인을 넘어 후세대에까지 책임 있는 선택일까?
5. 연구 결과에 따르면 배우, 소방관, 성직자 등 타인을 돕거나 의미 있는 활동을 하는 직업군에서 행복도가 높았다. 개인적 성향과 사회적 구조 중 어느 쪽이 더 행복에 영향을 크게 미칠까?
6. '도파민네이션'에서 벗어나는 나만의 방법은 무엇이 있을까?

〈읽을 거리〉

1. 김일환(2019). [무엇이 인간을 행복하게 하는가] 생각나눔.
2. 대니얼 카너먼 | 이창신 역(2018). [생각에 관한 생각] 김영사.
3. 올리 코끼 외 (2026). [해피 핀란드] 도서출판 하우.

〈영화 볼거리〉

1. 찰리 채플린(Charles Chaplin) 감독(1936). [모던 타임즈(Modern Times)] 미국: United Artists. – 1920년대 미국인의 삶을 희화화한 장면을 통해 오늘날 우리의 삶과 내적인 연관성을 찾아볼 수 있는 영화.
2. 앤드류 니콜(Andrew Niccol) 감독(1997). [가타카(Gattaca)] 미국: Columbia Pictures. – 유전과 능력으로 인간을 평가하는 사회 속에서 개인의 자아와 꿈, 행복을 성찰하게 하는 영화.

행복의 일상

제2부

제7장

자유와 행복

자유는 단순한 감정이나 상태가 아니라,
한 인간이 자신의 삶을 구성하고 판단하며
책임질 수 있는 권리이자 조건이다.
그래서 자유는 다른 누구도 대신해줄 수 없다는
성격을 가진다.

철학에서 말하는 자유란 무엇인가?

　우리는 왜 자유를 원하고, 또 그 자유가 어떻게 우리의 행복과 연결이 될까? 당신은 자유를 위해 행복을 포기할 수 있는가? 아니면 행복을 위해 자유를 제한할 수 있는가? 이 질문은 단순히 개인적인 고민이 아니라, 철학자들뿐 아니라 역사 속의 수많은 사람이 부딪혀 온 문제다. 그렇다면 자유란 무엇일까? 단순히 내가 하고 싶은 것을 마음껏 하는 상태일까, 아니면 어떤 제약으로부터 벗어나 있는 상태일까?

　우선, 자유부터 정의해 보자. 우리는 평소에 '자유'라는 말을 자주 사용하지만, 정작 그 자유가 어디서 시작되고 어디서 끝나는지에 대해 깊이 있게 생각하지 않는 경우가 다반사다. 그렇다면 나의 선택과 행동은 어디까지가 온전히 나의 것일까? 그리고 언제부터 타인이나 사회가 그것에 개입할 수 있을까? 우리는 종종 '나는 자유롭다'고 말하지만, 그 자유가 어떤 조건에서 성립하고, 어떤 기준 아래 제한되는지에 대해서는 명확하지 않은 경우가 많다. 자유는 단지 하고 싶은 대로 하는 상태가 아니라 개인과 사회, 권력과 권리의 관계 속

에서 끊임없이 재정의되는 개념이다.[1]

이러한 자유(liberty)의 본질에 대해 분명하게 사유한 철학자 중 한 명이 바로 존 스튜어트 밀(John Stuart Mill)이다. 그는 개인의 자유가 사회와 충돌할 수 있는 모든 가능성을 인정하면서도, 그 자유를 지켜야 할 가장 중요한 이유에 대해 이렇게 말한다.

> "개인의 행동 중에 사회의 제재를 받아야 할 유일한 것은, 그것이 타인과 관련되는 경우뿐이다. 반대로 오로지 자신과만 관련된 경우, 그의 인격의 독립은 당연한 것이고 절대적인 것이다. 자신에 대해, 즉 자신의 신체와 정신에 대해 각자는 주권자다."[2]

밀은 여기서 자유를 단순히 사회의 허용이나 권력의 유예로 보지 않는다. 오히려 그는 자유를 인간의 존재 조건으로 이해한다. 나의 육체, 나의 정신, 나의 사유는 누구도 대신해 줄 수 없고, 누구도 침범해서는 안 된다는 것이다. 그리고 그는 그 유명한 《자유론(On Liberty)》의 한 구절에서 다음과 같이 말한다.

> "단 한 사람만을 제외한 모든 인류가 동일한 의견이고, 그 한 사

---

1) 자유란 외부의 방해 없이 자신의 의지에 따라 움직일 수 있는 것(freedom is the absence of opposition; by opposition, I mean external impediments of motion)이라고 Hobbes. T.. 1651. Leviathan Part I: Of Man, Chapter XIV: "Of the first and second Naturall Lawes, and of Contracts"를 참조.
2) Mill, J. S.. 1859. On Liberty. Cambridge University Press. Ch.I, p. 9 & pp. 13~15. 밀은 자유는 타인의 지배에서 벗어나면서, 스스로 법의 주인이 되는 것이라고 정의하였다.

람만이 반대 의견을 갖는다 하더라도, 인류에게는 그 한 사람에게 침묵을 강요할 권리가 없다. 이는 그 한 사람이 권력을 장악했을 때, 전 인류를 침묵하게 할 권리가 없는 것과 마찬가지다."[3]

　자유는 다수결의 논리로 결정할 수 있는 것이 아니며, 권력의 횡포가 정당화될 수 없는 이유는 바로 인간 개개인이 자기 삶의 주인이라는 사실에 근거한다는 주장이다. 결국 자유는 단순한 감정이나 상태가 아니라, 한 인간이 자신의 삶을 구성하고 판단하며 책임질 수 있는 권리이자 조건이다. 그리고 자유는 다른 누구도 대신해 줄 수 없는 성격을 지닌다. 나의 자유는 타인의 자유와 더불어 존재하지만, 그 어느 누구도 나의 정신과 판단, 의지의 영역을 지배할 수는 없다. 이러한 전제를 토대로, 이제 우리는 본격적으로 자유의 개념이 철학적으로 어떻게 분류되고 해석되어 왔는지 살펴보자.

　우리는 보통 '자유'라고 하면 마음대로 할 수 있는 상태를 떠올린다. 누가 나를 막지 않고, 내가 하고 싶은 것을 할 수 있을 때를 자유롭다고 느낀다. 하지만 과연 그것만으로 충분할까? 누군가 내 행동에 간섭하지 않는다고 해도, 내가 정말 원하는 것이 무엇인지조차 모르고, 그저 주어진 조건에 끌려다니기만 한다면, 우리는 과연 자유로운 존재일 수 있을까? 자유의 개념은 바로 이 질문에서 출발한다. 자유는 단순한 상태가 아니라, 인간이 스스로 이해하고 세계와 관계를 맺는 방식과 깊이 연결되어 있다. 자유는 감각이 아니라 구

---

3) Mill, J. S., 1859. On Liberty, Cambridge University Press, p. 20.

조며, 감정 이전의 조건이다.

철학자들은 자유를 크게 세 가지 방향에서 정의해왔다. 첫 번째는 '소극적 자유'다.[4] 이 자유는 누군가의 간섭 없이 내가 원하는 것을 선택할 수 있는 상태를 의미한다. 이사야 벌린(Isaiah Berlin)은 이를 '무엇으로부터 자유로운가'라는 물음으로 설명한다. 대표적인 예로 국가 권력이나 종교, 사회 제도 같은 외부의 강제에서 벗어난 상태가 여기에 해당한다. 고전적 자유주의에서 이 개념은 핵심적인 의미를 갖는다. 정치적으로는 언론의 자유, 종교의 자유, 표현의 자유처럼 시민의 권리가 제도적으로 보호받는 상태를 뜻한다.

하지만 이 개념만으로는 인간의 자유를 충분히 설명할 수 없다. 누군가가 나를 간섭하지 않는다고 해도, 나에게 진정한 선택의 여지가 없다면 그 자유는 허상에 가깝다. 현대에서 누구에게나 대학 진학의 자유가 보장되어 있다고 해도, 어떤 사람은 경제적 여건 때문에 선택조차 할 수 없다. 또한 법에 표현의 자유가 명시되어 있어도 사회 분위기나 여론, 차별적인 환경이 그것을 실질적으로 억압한다면, 그 자유는 실제로는 작동하지 않는 것과 다르지 않다. 소극적 자유는 '누구도 나를 막지 않는 상태'이지만, 그 상태가 나에게 실질적인 가능성을 주지 않는다면 우리는 그 자유를 온전히 누리고 있다고 보기는 어렵다.

그래서 두 번째로 논의되는 개념이 '적극적 자유'다.[5] 적극적 자유

---

4) Berlin, I.. 1958. Two Concepts of Liberty, in Four Essays on Liberty, Oxford University Press. pp. 121~122.

는 단지 간섭받지 않는 상태를 넘어, 스스로 삶을 설계하고 실현해 가는 능력을 말한다. 다시 말해 '무엇을 향해 나아가는가'의 문제다. 임마누엘 칸트(I. Kant)는 이러한 자유를 '도덕법칙의 자율적 수립'이라고 설명했다.[6] 다시 말해, 인간은 단순히 욕망의 충동에 따라 사는 존재가 아니라, 이성적으로 스스로를 규율하고 삶의 방향을 정할 수 있는 존재다. 이때 자유는 단순한 방종이나 자기 마음대로가 아니라, 이성적 존재로서의 자기결정이라는 고도의 능력이다.

적극적 자유는 자아실현이라는 개념과도 깊이 연결된다. 내가 단지 주어진 조건에 휘둘리지 않고, '무엇이 나다운 삶인가'를 고민하고 실천할 수 있을 때, 우리는 자신이 삶의 주인이라는 감각을 얻게 된다. 이런 맥락에서 적극적 자유는 자율성과도 밀접하게 관련되어 있다. 스스로 목표를 세우고, 그것을 향해 계획하고 실천하는 과정에서 우리는 '내가 나를 이끈다'는 감각을 가지게 된다. 바로 이 능동적인 상태가 적극적 자유다.

하지만 적극적 자유도 언제나 긍정적인 것만은 아니다. 왜냐하면 이 자유 개념은 때때로 외부의 권력이 특정한 삶의 방식이나 이상을 강요하는 수단이 되기도 하기 때문이다. 어떤 이념이나 공동체가 '이것이 진정한 자유의 모습이다'라고 선언하고, 모든 개인이 그 기준에 맞추어야 한다고 주장할 때, 적극적 자유는 억압의 도구로 전락할

---

5) Berlin, I.. 1958. Two Concepts of Liberty, in Four Essays on Liberty. Oxford University Press. pp. 131~134.

6) Kant, I.. 1997. Groundwork of the Metaphysics of Morals (M. Gregor, Trans. & Ed.). Cambridge: Cambridge University Press. pp. 440~445

수 있다. 한 예로, 전체주의 정권은 '국민의 계몽'이라는 명분 아래 특정 가치나 도덕적 기준을 강요하고, 그에 따르지 않는 개인을 자유롭지 못한 존재로 낙인찍기도 했다. 그러므로 적극적 자유는 반드시 자신의 내면에서 출발한 자기결정이어야 하며, 외부의 가치나 권력에 의해 강요된 선택은 결코 자유라고 말할 수 없다.[7]

이러한 두 가지 자유 개념을 넘어서 최근에는 '제3의 자유' 혹은 '비지배 자유'라는 개념이 등장한다. 공화주의 정치철학자 필립 페티트(Philip Pettit)는 이 자유를 '자의적인 권력의 지배로부터 벗어난 상태'라고 정의했다.[8] 여기서 핵심은 '자의성'이다. 누군가가 지금 당장은 나에게 간섭하지 않더라도 그 사람이 언제든지 내 행동을 통제할 수 있는 권력을 가지고 있다면 나는 자유롭지 않다. 예를 들어 어떤 기업이 고용조건을 마음대로 바꾸거나 해고할 수 있는 권한을 갖고 있다면, 노동자는 고용주가 아무 행동도 하지 않아도 이미 위축되고 자기검열을 하게 된다. 이것이 바로 자의적 권력의 구조다. 비지배 자유는 이러한 권력의 구조 자체를 문제 삼는다. 단지 간섭이 없다고 자유로운 것이 아니라, 애초에 그런 간섭이 일어날 수 없는 구조적 조건, 즉 제도적 안전장치가 마련되어 있어야 비로소 우리는 자유롭다고 할 수 있다는 것이다.

이렇게 살펴보면 자유는 단지 감정적 상태나 주관적 느낌이 아니

---

7) 현대 정치철학자들 간 소극적 자유와 적극적 자유에 대한 개념은 여전히 활발하게 논의되고 있다.
8) Pettit, P.. 1997. Republicanism: A Theory of Freedom and Government. Oxford University Press.

라, 그것은 삶의 조건을 규정하는 철학적이며 정치적인 주제임을 알수 있다. 소극적 자유는 권리의 최소한을 보장하고, 적극적 자유는 자아실현의 가능성을 열며, 제3의 자유는 구조적 불평등과 지배의위험을 막는 제도적 기반을 요구한다. 이 세 가지 자유는 상호 배타적인 것이 아니라, 오히려 통합적으로 사고되어야 할 개념이다. 외부의 간섭으로부터 벗어나는 자유가 필요하고, 자기 삶을 주체적으로 설계하는 자유가 뒤따르며, 그것이 가능하기 위해서는 자의적 권력으로부터의 제도적 보호가 함께 이루어져야 한다.[9][10]

한편, 자유에 대해 생각한다는 것은 단순히 정치적 권리를 따지는 문제에 그치지 않는다. 철학자들에게 자유란 존재론적이며 윤리적이며 동시에 사회적인 문제다. 우리는 자유롭기에 책임져야 하며, 책임지기 때문에 자유로워질 수 있다. 이처럼 자유는 인간이라는 존재의 핵심에 자리한 주제다. 자유를 깊이 있게 사유했던 세 명의 철학자-헤겔, 칸트, 사르트르(Jean-Paul Sartre)-를 중심으로, 그들이 어떻게 자유의 개념을 정의하고 확장해 나갔는지를 살펴보자.

헤겔은 자유를 단순한 상태나 권리로 보지 않았다. 그는 자유를 인간 정신의 자기 전개 과정, 다시 말해 역사 속에서 실현되는 이성의 결과로 이해했다. 헤겔에 따르면, 인간의 자유는 처음부터 완성된 상태로 주어지는 것이 아니다. 오히려 자유는 끊임없이 변증법

---

9) Marx, K.. 1975. On the Jewish Question. In Marx/Engels Collected Works, Vol. 3.
  · Norton. pp. 146~174 여기서 마르크스는 자유의 형식적 권리보다 실질적 조건을 강조하였다.
10) Marshall, T. H.. 1950. Citizenship and Social Class, and Other Essays. Cambridge:
  Cambridge University Press. 그는 자유권, 평등권, 그리고 사회권의 통합을 주장하였다.

적 과정을 거쳐 실현되어 가는 것이다. 주인과 노예의 변증법, 가족과 시민사회, 국가의 단계를 거쳐 인간은 점차 자신이 누구인지, 그리고 어떻게 자유로워질 수 있는지를 깨닫는다. 자유란 결국 인간이 타자와의 관계 속에서 스스로를 인식하고, 자신의 의지를 제도화함으로써 비로소 현실화되는 것이다. 헤겔은 특히 "자유는 필연의 인식이다"라는 유명한 말을 남겼다. 이것은 자유가 아무 규칙도 없는 무제한의 자의성이라는 오해를 반박하는 말이다. 오히려 진정한 자유는 현실을 이해하고, 그 안에서 자기 이성과 목적을 실현하는 능력이다. 예를 들어, 법이 나를 제약한다고 느낄 수도 있지만 그 법이 모두의 자유를 보장하기 위한 질서라면, 개인은 그 법을 따르는 것을 통해 오히려 더 큰 자유를 누리게 된다. 헤겔에게 자유란 이처럼 나의 주관적 의지와 보편적 질서가 일치할 때 실현된다. 이 개념은 이후 사회철학과 정치철학에 지대한 영향을 미쳤다.[11]

이와 달리, **칸트**는 자유를 '**도덕적 자율성**'이라는 관점에서 접근했다. 그는 인간을 이성적 존재로 보고, 인간의 존엄성과 도덕성을 자유의 조건으로 이해했다. 칸트에게 자유란, 단순히 하고 싶은 대로 하는 것이 아니라 오히려 나 자신의 이성에 따라 도덕법칙을 스스로 수립하고 그 법에 따르는 능력이다. 이때의 도덕법칙은 외부로부터 주어진 것이 아니라, 내가 나 자신에게 부여한 것이다. 그래서 칸트는 이를 '자율성'이라고 불렀고, 그것이 이성적 존재자의 핵심이라고

---

11) Hegel, G. W. F.. 1942. Philosophy of right(T. M. Knox, Trans.). Oxford: Oxford University Press.

보았다. 칸트는 "당신이 행하는 그 원칙이 동시에 보편적 법칙이 될 수 있도록 행동하라"라는 정언명령을 제시하며, 인간의 행위가 단지 결과에 따라 판단되어서는 안 된다고 말한다. 우리는 선한 의지를 가지고 이성에 따라 옳다고 생각하는 행위를 해야 하며, 그럴 때 비로소 자유롭다고 할 수 있다는 것이다. 칸트에게 자유는 욕망의 해방이 아니라, 이성의 규율이다. 그는 인간이 도덕적 판단을 할 수 있다는 그 자체가 곧 자유의 증거라고 보았다. 하지만 이러한 자유는 쉽지 않은 일이다. 우리는 자신의 욕망과 감정에 자주 끌리기 때문에, 그것을 넘어서 이성의 명령에 따르는 일은 훈련과 성찰을 필요로 한다. 그래서 칸트의 자유는 의무와 도덕, 책임이라는 단어와 매우 밀접하게 연결되어 있다. 인간은 자유롭기 때문에 도덕적 존재이고, 도덕적 존재이기 때문에 스스로에게 책임을 질 수 있다. 결국 자유는 책임을 통해 완성되는 것이다.[12]

이제 실존주의 철학자 사르트르의 입장으로 넘어가 보자. 사르트르는 자유를 실존의 근거로 보았다. "실존은 본질에 앞선다"라는 그의 유명한 말은, 인간이 태어날 때부터 정해진 본질이나 목적을 갖고 있는 것이 아니라, 오직 자신의 선택을 통해 스스로 만들어간다는 실존주의의 핵심이다. 여기서 자유는 단지 선택의 여지가 있다는 것이 아니라, 바로 그 선택을 통해 나 자신을 규정해야만 하는 필연적인 부담이다. 사르트르는 인간을 "자신이 아닌 것을 향해 존재

---

12) Kant, I., 1997. Groundwork of the metaphysics of morals(M. Gregor, Trans. & Ed.). Cambridge: Cambridge University Press.

하는 존재"라고 정의했다. 인간은 항상 현재의 자신을 넘어서려 하고, 더 나은 존재를 향해 나아가며, 그 과정에서 선택과 결정을 반복한다. 그리고 그 선택은 언제나 불확실성과 책임을 수반한다. 사르트르는 "우리는 자유롭게 선택할 수 없도록 자유롭다"고 말한다. 즉, 자유는 회피할 수 있는 권리가 아니라, 끊임없이 무언가를 선택해야만 하는 실존적 의무다. 그는 인간이 외부 조건에 핑계를 대며 자기 책임을 회피하려는 경향을 '자기기만'이라고 불렀다. "나는 정말로 어쩔 수 없이 이런 선택을 할 수밖에 없었다"고 말하는 순간, 그는 자신의 자유를 포기하고 있는 것이다. 사르트르는 모든 인간은 선택할 수 있고, 그렇기에 자신이 되는 것에 대해 책임져야 한다고 말한다. 그는 "지옥은 타인이 아니라 나 자신"이라는 급진적인 주장으로, 인간이 자기 삶의 전적인 책임자라는 점을 강조한다.[13]

이처럼 헤겔은 자유를 역사적·사회적 구조 속에서 실현되는 이성의 과정으로, 칸트는 이성적 도덕성에 기반한 자기 규율로, 사르트르는 실존적 책임과 선택의 결과로 이해했다. 세 철학자는 각기 다른 방식으로 자유를 정의했지만, 이들의 공통점은 자유를 단순한 상태가 아니라 인간 존재의 조건이자 실천의 과제로 본 것이다. 자유는 주어지는 것이 아니라 스스로 실현해야 할 과제며, 그것의 실현 과정에서 우리는 인간으로서 성장할 수 있다. 결국 자유는 '무엇을 할 수 있느냐'의 문제가 아니라, '무엇을 선택하고 책임질 수 있느

---

13) Sartre, J. P.. 1956. Being and nothingness: An essay in phenomenological ontology(H. E. Barnes, Trans.). New York, NY: Philosophical Library.

냐'의 문제로 수렴된다. 우리는 스스로를 이해하고, 타자와 관계를 맺고, 사회 속에서 제도를 통해 자기 뜻을 반영하며, 동시에 윤리적 책임을 지는 존재다. 자유는 바로 이 모든 관계 속에서 살아가는 인간이 삶의 주체로 선다는 것, 그리고 그 자리에서 어떤 선택을 하든 결국 그것이 나의 삶이라는 점을 인정하고 감당해 나가는 힘이다. 그러므로 자유는 선택의 권리가 아니라, 존재의 무게를 끌어안는 능력이다. 그리고 바로 그 능력 안에서 우리는 행복의 가능성을 마주할 수 있다.

자유와 행복의 관계는
무엇인가?

자유를 철학적으로 사유하는 데 있어 자유의 반례 중 하나가 바로 감옥이다.[14] 감옥은 물리적인 억압과 통제의 공간일 뿐만 아니라, 인간이 사회적 조건 속에서 어떻게 자신을 잃고 또 되찾는지를 상징적으로 보여주는 공간이다. 이제 프랭크 다라본트(F. Darabont) 감독의 94년 영화 〈쇼생크 탈출(The Shawshank Redemption)〉을 통해, 감옥이라는 공간이 인간 존재의 조건과 어떻게 연결되는지를 살펴보자. 이 영화는 단순한 탈옥극이 아니라 인간의 자유와 희망, 그리고 존엄성을 되묻는 철학적 은유로 가득 차 있다. 영화는 주인공 '앤디 듀프레인'이라는 인물이 아내와 그녀의 정부를 살해한 혐의로 종신형을 선고받고, 쇼생크 교도소에 수감되면서 시작된다. 관객은 곧 앤디가 실제로는 무죄며, 억울하게 감옥에 갇히게 되었다는 사실을 알게 된다. 하지만 이 영화의 초점은 무죄냐 유죄냐에 있지 않다. 중요한 것은 앤디가 감옥이라는 극한의 환경 속에서도 인간으로서

---

14) '감옥'은 미셸 푸코에 의해 규율 권력의 대표적인 공간으로 강조되었다.

의 존엄을 잃지 않고 살아가며, 끝내 탈출이라는 선택을 통해 스스로의 자유를 회복한다는 점에 있다.

쇼생크 교도소는 그 자체로 하나의 체제다. 이곳은 단순히 죄인을 가두는 공간이 아니라, 인간의 주체성을 박탈하고 폭력과 억압을 일상으로 만든 구조적 공간이다. 수감자들은 죄와 형벌이라는 이유로 신체의 자유를 박탈당할 뿐만 아니라, 인간으로서의 자존감, 존엄성, 심지어는 시간의 흐름까지도 통제받는다. 이 감옥 안에서 사람들은 점차 스스로를 '죄수'로 정의하게 되고, 외부 세계에 대한 감각을 상실한 채 감옥 속 삶을 익숙한 현실로 받아들이게 된다.[15] 이것이 영화가 보여주는 **첫 번째 자유의 상실**이다. 자유란 단지 철창 밖으로 나갈 수 있느냐의 문제가 아니라, 자기 자신을 어떻게 인식하고 있는가에 관한 문제다. 앤디는 이 통제 구조 속에서도 전혀 다른 방식으로 존재한다. 그는 외부 세계로부터 단절되었지만, 내면의 질서를 스스로 유지하며 감옥 안에서조차 배우고, 책을 기증받고, 도서관을 세우고, 동료 수감자들에게 교육의 기회를 제공한다. 또한, 그는 교도소장의 부패와 폭력을 이용해 가짜 신분으로 돈세탁을 도우면서도, 그 체제에 완전히 종속되지 않고 끊임없이 탈출을 준비한다. 이러한 앤디의 모습은 단지 지능적인 인물이기 때문이 아니라, 내면에 '자유인'으로서의 감각을 간직하고 있었기 때문이다. 그는 감

---

15) Goffman, E. 1961. Asylums: Essays on the social situation of mental patients and other inmates. Anchor Books. pp. 12~15. 여기서 저자는 '총체적 제도'의 개념을 정의하며, 감옥, 병원, 군대는 동일한 방식으로 주체성을 박탈하고 개인을 제도에 맞춘 정체성으로 재형성한다고 주장하였다.

옥에 갇혀 있지만, 감옥은 그의 정신을 가둘 수 없다. 앤디의 자유를 보여주는 상징적인 장면은 비발디의 오페라 아리아를 방송실을 통해 교도소 전체에 틀어주는 장면이다. 수감자들은 무슨 뜻인지도 모르는 이탈리아어 아리아를 들으며, 한동안 모든 노동을 멈추고 하늘을 바라보며 그 음악에 귀를 기울인다. 이 장면은 우리에게 자유가 단지 몸의 해방이 아니라 감각과 정신이 깨어나는 경험이라는 점을 강렬하게 각인시킨다. 이에 앤디는 말한다. "음악은 이 안에 있다는 걸 잊지 마. 아무도 그걸 앗아갈 수 없어." 바로 이 지점에서 자유는 공간의 문제가 아니라 정신의 공간이 된다. 감옥 안에서조차 희망을 간직한 자만이 진정 자유로운 존재가 될 수 있다는 메시지다.

이 영화는 또한 '제도화(institutionalization)'라는 개념을 통해 자유와 인간의 심리를 날카롭게 분석한다. 오랫동안 수감 생활을 한 브룩스는 가석방되어 세상으로 돌아가지만, 감옥 바깥의 자유로운 삶에 적응하지 못하고 자살을 선택한다. 그의 죽음은 물리적 자유가 곧 행복을 의미하지 않는다는 역설을 보여준다.[16] 인간은 반복되는 억압과 통제 속에서 자신도 모르게 그 상태에 익숙해지며, 어느 순간 그것 없이는 삶을 유지할 수 없게 된다. 제도화된 인간은 외부의 자유 앞에서 두려움을 느끼고, 오히려 억압의 질서를 안전한 일상으로 오해하게 된다. 이 영화는 자유란 '갖게 되는 것'이 아니라, 그것을 감당할 수 있는 내적 능력과 감수성의 문제라는 것을 말하고 있

---

16) Ellul, J. 1964. The technological society(J. H. Wilkinson, Trans.). New York, NY: Vintage Books. 이 책에서 자크 엘룰은 현대사회의 기술과 관료 구조가 인간을 자발적 복종 상태로 만든다고 분석한다.

다. 이처럼 쇼생크 교도소는 하나의 사회이자 체제며, 자유와 억압, 인간성과 탈인간화가 교차하는 장소다. 앤디는 그 구조를 정면으로 거부하지 않으면서도 내부의 논리를 역이용하고, 내면의 시간을 유지하며, 끝내 감옥을 탈출한다. 그리고 영화의 마지막 장면에서 그는 바닷가 한가운데서 배를 수리하며, 새로운 삶을 준비한다. 감옥이라는 철창에서 바다라는 수평선으로 이어지는 이 상징의 흐름은 매우 인상적이다. 자유는 벗어나는 것이자, 나아가는 것이다. 자신을 묶고 있던 구조를 넘어, 새로운 삶의 가능성으로 향하는 움직임이다.

앤디가 감옥에서 탈출하는 마지막 과정은 영화 전체의 클라이맥스이자, 철학적으로 가장 강렬한 상징이다. 그는 20년에 가까운 시간을 들여 몰래 철창을 깎고, 교도소장의 부패한 회계 자료를 축적하고, 마지막에는 하수구를 기어 탈출한다. 그는 말 그대로 '오물 속을 지나 자유에 이른 사람'이다. 이 과정은 단순한 계획과 실행의 문제가 아니라, 인간이 감내해야 할 고통, 인내, 용기의 서사다. 자유는 쉽게 주어지지 않으며, 때로는 가장 불쾌하고 비참한 길을 거쳐야만 도달할 수 있는 것이다. 하지만 중요한 것은, 그 고통이 단지 육체의 고통이 아니라 자유를 위한 실존적 대가라는 점이다. 이로써 영화는 자유를 단지 '주어지는 것'이 아니라 '쟁취하는 것'으로 재정의한다.[17]

---

17) Camus, A.. 1956. The rebel: An essay on man in revolt(A. Bower, Trans.). New York, NY: Vintage International. 알베르 카뮈는 억압에 맞서 자기 인간성을 지키는 반항이 곧 자유의 형식이라 주장한다.

　앤디가 영화 초반에 말한 대사―"희망은 좋은 거예요. 아마도 가장 좋은 것이죠. 좋은 것은 결코 사라지지 않아요."―는 영화 전체의 철학을 압축한다. 자유와 희망은 뗄 수 없는 관계다. 자유는 희망을 가능하게 하고, 희망은 자유를 지키게 한다. 현실의 억압이나 체제 속에서 무력감을 느끼지만, 그 안에서도 스스로의 감각과 정신을 지키고자 하는 태도는, 곧 자유로 가는 첫걸음이 된다. 영화 〈쇼생크 탈출〉은 단순히 감옥에서의 탈주를 다룬 영화가 아니다. 그것은 인간이 어떤 조건 속에서도 인간다움을 포기하지 않고, 자기 안의 시간을 유지하며, 자유를 위한 내면의 힘을 키워나갈 수 있다는 가능성을 보여준다. 우리는 모두 저마다의 쇼생크에 갇혀 있을 수 있다. 하지만 그 감옥이 진짜인지는, 그리고 그 감옥에서 벗어날 수 있을지는, 결국 우리의 선택에 달려 있다. 자유는 탈출이자 회복이며, 자기 존재를 끝까지 붙들고자 하는 실존적 결단이다. 그리고 바로 그 지점에서, 비로소 인간이 될 수 있다.

　한편, 앤디는 단순히 이 영화의 주인공이라기보다 '자유'와 '희망'이라는 추상 개념을 상징적으로 체현하는 존재로 등장한다. 그가 겪는 모든 선택과 침묵, 행동은 감옥이라는 억압의 공간 속에서 인간이 어떻게 주체성을 잃지 않고 자유를 회복할 수 있는지를 보여주는 철학적 서사로 기능한다. 보다 주목할 점은 앤디의 침묵이다. 앤디는 교도소에 들어온 직후부터 대부분의 수감자들과는 다른 태도를 보인다. 그는 불필요하게 말을 늘어놓지 않고, 상황을 관찰하며 자신만의 페이스를 유지한다. 그의 이 침묵은 단순한 내성적 성격이 아니라, 자기 내면의 질서를 잃지 않으려는 방어이자 전략이다. 억압된 환경에서 가장 먼저 무너지는 것은 언어와 감정이다. 하지만 앤디는 외부의 질서에 순응하거나 무의식적으로 흡수되지 않기 위해 자신을 보호하는 침묵의 시간을 선택한다. 이러한 침묵은 인간이 자유롭기 위해 반드시 필요한 '자기 성찰'의 공간을 확보하는 태도이기도 하다.

앤디가 감옥 안에서 가장 먼저 한 행동 중 하나는 책과 도구를 요청해 작은 망치를 얻는 것이었다. 표면적으로는 암석을 조각하기 위한 도구지만, 우리는 나중에 그것이 20년 후 그의 탈출 통로를 마련하는 결정적 도구가 되었음을 알게 된다. 중요한 것은 이 망치를 통해 그는 두 가지 행동을 동시에 한다는 점이다. 하나는 자아를 보존하기 위한 취미 활동이고, 다른 하나는 체제에 순응하지 않고 그 너머를 상상하는 가능성의 문을 여는 일이다. 앤디는 현실을 그대로 받아들이는 대신, 그 속에서 벗어날 통로를 설계하고 있었다. 이는 인간이 자유를 꿈꿀 수 있는 존재라는 점, 그리고 그 자유는 구체적인 상상력과 실행력에서 비롯된다는 점을 잘 보여준다.

앞에서 말한 것처럼, 감옥에 오페라 송출 장면은 매우 인상적이다. 앤디는 교도소장의 사무실에 혼자 들어간 순간, 라디오를 틀고 비발디의 오페라 아리아를 전체 교도소 스피커를 통해 송출한다. 많은 수감자들은 이해하지 못하는 언어로 된 음악을 들으며 손을 멈추고, 잠시나마 감옥의 공기를 멈추게 한다. 이 장면에서 앤디는 단지 일탈을 저지른 것이 아니라, 인간이 억압 속에서도 예술을 통해 감각을 되살리고, 정신의 자유를 되찾을 수 있음을 선언한 것이다. 그는 친구 레드에게 이렇게 말한다. "중요한 건 음악이 네 안에 있다는 걸 기억하는 거야. 아무도 그걸 빼앗을 수 없어." 여기서 음악은 단지 예술이 아니라, 내면의 자유 그 자체였다. 모든 것이 통제된 상황에서도 인간의 정신만큼은 완전히 지배당할 수 없다는 믿음을 그는 지니고 있었다. 앤디는 교도소 내에서 작은 도서관을 만들고, 동료 죄수들에게 책을 읽게 하고 교육을 제공한다. 이 행위는 단순한 교양 활동이 아니라, 자유를 회복하는 가장 직접적인 통로다. 읽고, 생각하고, 질문할 수 있는 능력을 가지게 되면서, 수감자들은 단지 '죄수'라는 정체성에서 벗어나, '생각하는 인간'으로 변모하게 된다. 이는 고대 철학자들이 강조한 파이데이아(paideia), 즉 교육을 통한 인간 정신의 고양과 같은 맥락이다. 앤디는 감옥이라는 현실 속에서 정신을 가두지 않기 위해, 그 틈 사이로 지식과 감수성을 불어넣는 방법을 선택한 것이다.

영화 후반부, 앤디는 자신이 탈출할 계획을 세우고 있다는 사실을 아무에게도 밝히지 않는다. 대신 그는 마지막 날, "어떤 새는 너무나 아름다워서 가두어 둘 수 없다"라는 말을 남긴다. 그는 스스로 새장에 갇힌 새가 아님을 믿고 있었고, 그 믿음이 결국 그를 '날아가게' 만든 것이다. 탈출 장면은 말 그대로 상징의 집약이다. 오물과 하수구를 지나 자유에 도달하는 그 장면은 육체적으로는 가장 고통스럽고 더러운 경로지만, 철학적으로는 가장 순결하고 강인한 자유의 실현으로 읽힌다. 그는 말 그대로 "감옥을 통과한 자"이며, 그것은 그저 벽을 넘은 자가 아니라, 자기 존재의 한계를 돌파한 자다. 앤디의 자유는 단지 교도소의 경계를 넘은 물리적 탈출이 아니다. 그것은 삶의 태도였고, 내면의 자세였으며, 희망을 지키려는 실존적 결단이었다. 그가 자유를 얻은 이유는 영리해서도 아니고, 힘이 세서도 아니다. 그가 자유를 얻을 수 있었던 이유는 오직 한 가지, 희망을 포기하지 않았기 때문이다. 희망은 자유를 가능하게 하는 감정이다. 반대로 말하면, 희망을 잃는 순간 우리는 스스로 감옥을 만들게 된다.

앤디는 반복해서 레드에게 "희망은 좋은 거야. 어쩌면 가장 좋은 것일지도 몰라. 그리고 좋은 것은 결코 사라지지 않아"라고 말한다. 이는 단순한 위로가 아니라, 철학적 신념이다.[18] 현실은 절망스럽고, 감옥은 견디기 힘들며, 인간은 한없이 나약할 수 있다. 하지만 그 모든 것 속에서도 한 인간이 희망을 잃지 않고 삶을 선택한다면, 그 사람은 이미 자유를 실현하고 있는 셈이다. 자유는 어디에 있는가? 그것은 바로, 내가 희망을 놓지 않겠다는 결단 속에 있다. 앤디 듀프레인은 한 인간의 삶이 감옥에 의해 전부 정의되지 않는다는 것을 보여주는 증거다. 그는 억울하게 죄인이 되었지만, 그 억울함을 분노나 체념으로 풀지 않았다. 그는 그 억울함을 '삶에 대한 끈기'로 전환했고, 그 끈기가 결국 그의 존재를 다시 자유롭게 만들었다. 바로 이 지점에서 우리는 앤디가 단순한 인물이 아니라, 철학적 인간, 존재의 실존적 저항자로 해석되어야 한다는 점을 확인하게 된다. 그는 탈출한 자가 아니라, 끝내 자유를 선택한 자이다. 그리고 이 선택이야말로 모든 인간에게 주어진 가장 위대한 권리이자 책임이다.

---

18) Bloch, E.. 1986. The principle of hope(N. Plaice, S. Plaice, & P. Knight, Trans.; Vol. 1). Cambridge, MA: MIT Press. 희망은 미래 지향적 실천의 원동력이자 자유의 필수 전제라고 주장하였다.

과연 현대인은 어떤 자유를
지향하는가?

지금까지 살펴본 자유 개념은 주로 서양 철학을 중심으로 전개된 것이다. 이사야 벌린의 소극적·적극적 자유, 칸트의 도덕적 자율성, 사르트르의 실존적 자유처럼, 서양의 자유론은 대부분 개인의 권리와 주체성, 자기결정권을 핵심으로 삼는다. 하지만 이런 자유 개념이 모든 문화권에서 동일하게 받아들여지는 것은 아니다. 특히 동양 전통에서는 자유를 이해하는 방식이 서양과는 본질적으로 다르며, 인간과 사회, 자연의 관계 속에서 자유를 사유해왔다. 이번 절에서는 이러한 동서양 자유 개념의 차이를 중심으로, 각 문명이 자유를 어떻게 이해했는지 살펴보며, 그 철학적 함의도 함께 생각해 보고자 한다.

우선 서양의 자유는 고대 그리스 철학에서 그 기원을 찾을 수 있다. 플라톤이나 아리스토텔레스와 같은 고대 철학자들은 자유를 **인간의 이성적 본성에 기초한 자기통제**로 보았다. 즉 욕망에 휘둘리지 않고 이성에 따라 행동하는 것이 자유로운 상태라고 본 것이다. 이후 로마 제국 시대를 거치며 자유는 시민적 권리와 법적 지위로 확장되었고, 중세 기독교 사상에서는 인간의 자유의지가 신의 섭리와 어떻게 조화를 이루는지가 핵심 문제가 된다. 근대에 들어서면서 자유는 더욱 정치적이고 개인적인 개념으로 발전한다. **홉스, 로크, 루소 같은 사회계약론자**들은 자유를 개인이 본래 지니고 있는 자연권으로 이해했고, 국가나 공동체는 이 자유를 보장하기 위해 존재한다고 보았다.[19][20][21] 계몽주의 시대 이후 자유는 '인간 이성에 따른 자기결정'의 상징이 되었고, 이는 현대 민주주의 체제의 핵심이념으로 이어진다. 잘 알려져 있듯, 서양의 자유는 개인의 독립성과 자율성을 강조하는 방향으로 발전해 왔고, 타인의 간섭이나 권력의 통제로부터 벗어나는 것을 자유의 조건으로 설정해 왔다.

반면, 동양의 자유는 서양과는 사뭇 다른 뿌리를 지니고 있다. 동양에서 자유라는 개념은 본래의 의미에서 '자기 마음대로 하는 것'이 아니라, '조화와 관계 속에서의 자발성'으로 이해되어 왔다. 대표적인 것이 유가 사상이다. 공자(孔子)는 인간의 자유를 공동체적 질서와 조화 속에서 실현되는 덕의 실천으로 보았다.[22] 여기서 중요한 것은 자유가 타인과의 분리 속에서가 아니라, 오히려 타인과의 관계

---

19) Hobbes, T. 1996. Leviathan(R. Tuck, Ed.). Cambridge: Cambridge University Press. Ch. XIV.

20) Locke, J.. 1988. Two treatises of government(P. Laslett, Ed.). Cambridge: Cambridge University Press., Book II.

21) Rousseau, J.. 1997. The social contract(C. Betts, Trans.). Oxford, UK: Oxford University Press. Ch. 8.

22) 《논어》, 안연(顔淵)편에 "克己復禮爲仁(자기를 이기고 예로 돌아감이 인이다.)"라는 구절이 있다. 이것은 자유가 자기 욕망 절제와 공도에 질서 준수 속에서 실현된다는 것을 의미한다.

안에서 구현된다는 점이다. 유가에서 말하는 '인의예지'는 자유로운 인간의 상태를 규정하기보다는, 자유로운 인간이 되기 위해 갖춰야 할 품성과 태도를 강조한다. 즉 인간의 자유는 타인과의 윤리적 관계를 파괴하지 않고, 오히려 그것을 존중하는 방식으로 실현되어야 한다는 것이다.

불교에서는 자유를 욕망과 집착으로부터 벗어나는 해탈의 상태로 이해한다. 불교의 핵심은 '고통으로부터의 자유'이며, 그 고통의 원인을 바로 집착(執着)에서 찾는다. 자유란 욕망을 성취하는 것이 아니라, 오히려 욕망으로부터 벗어나는 것이다. 여기서 말하는 자유는 서양적 의미에서의 '선택의 다양성'이나 '의지의 실현'이 아니라, 오히려 '비움'과 '해방'의 철학이다. 예를 들어, 사성제(四聖諦)나 팔정도(八正道)와 같은 가르침은 인간이 어떻게 마음을 다스리고 욕망을 줄여 고통으로부터 자유로워질 수 있는지를 보여준다. 이때 자유는 무한한 가능성의 확장이라기보다, 자기 자신을 내려놓음으로써 얻어지는 내적 평온이다.

도가는 또 다른 방식으로 자유를 설명한다. 노자(老子)와 장자(莊子)가 이야기한 자유는 인위(人爲)를 벗어난 스스로 그러함(自然) 속에서의 자발성이다. 장자는 '소요유(逍遙遊)'라는 개념을 통해 자유를 시간과 공간, 존재의 구속에서 벗어난 절대적 정신의 경지로 보았다.[23] 이 자유는 규범이나 제도에 묶이지 않고, 외부의 평가나 강제에서 완전히 벗어나서 '도(道)와 일체되는 삶'을 의미한다. 장자에게

---

23) 장자는 대붕이 구만리를 날아가듯, 모든 구속에서 벗어난 절대 자유의 경지를 언급하였다.

있어서 자유란 선택의 문제이기보다는 존재 방식의 문제였다. '큰 물고기가 하늘을 나는 꿈을 꾸듯' 삶을 있는 그대로 받아들이고 그 흐름에 맡기는 것, 그것이 도가의 자유다.

이처럼 동양과 서양은 자유를 전혀 다른 철학적 맥락 속에서 사유해 왔다. 서양이 개인의 자율성과 주체성을 강조하면서 자유를 외부로부터의 해방으로 본다면, 동양은 오히려 관계와 조화, 욕망의 초월을 통해 내면의 자유를 추구한다. 서양의 자유가 행동의 자유에 가깝다면, 동양의 자유는 존재의 자유에 더 가깝다. 서양의 자유가 정치적이고 사회적인 담론에서 강조되었다면, 동양의 자유는 도덕적이고 존재론적인 맥락에서 강조되었다. 물론 이러한 구분은 절대적인 것이 아니다. 오늘날의 세계는 동서양 사상이 상호작용하고, 많은 경계가 흐려지고 있다. 그러나 이런 차이를 이해하는 것은 우리가 자유를 더 깊이 있게 사고하는 데 큰 도움이 된다. 예컨대, 자유를 '선택의 권리'로만 이해하면 우리는 무한한 선택지 앞에서 오히려 불안해질 수 있다. 반대로 동양의 관점처럼 욕망의 절제와 타자와의 조화를 통해 자유를 이해한다면, 보다 성숙하고 평온한 삶의 태도에 가까워질 수 있다.

현대 사회는 서양적 자유 개념에 익숙한 구조를 갖고 있지만, 그 한계 역시 명확히 드러나고 있다. 무제한의 자유는 오히려 타인의 자유를 침해하게 되고, 자기결정에 대한 과도한 책임은 개인에게 감당하기 어려운 부담으로 작용하기도 한다. 이런 맥락에서 동양의 자유 이해는 자기중심적 자유 개념을 비판하고, 공동체적 연대와 내면적 성찰을 강조하는 대안적 사유로 재조명받고 있다. 결국 진정한 자유란 단 하나의 정의로 수렴되지 않는다. 자유는 단순히 외부로부터 벗어나는 것만이 아니라, 어떤 방식으로 존재할 것인가, 어떤 삶의 태도를 선택할 것인가라는 물음과 깊이 연결되어 있다. 동양과 서양의 자유관을 비교하고 사유함으로써, 우리는 단지 선택의 권리만이 아니라, 삶의 방식 자체를 자유롭게 구성해가는 통합적 자유의 가능성을 모색할 수 있을 것이다. 그리고 이런 가능성은 보다 평화롭고 지속 가능한 행복을 구성하는 중요한 열쇠가 되어 줄 수 있다.

자유는 인류가 오랫동안 갈망해 온 가치다. 독재로부터, 폭력으로부터, 억압으로부터 벗어나기 위한 수많은 투쟁과 희생은 모두 '자유'라는 하나의 이상을 향한 여정이다. 그런데도 아이러니하게 현대 사회에 들어서면서 우리는 오히려 자발적으로 자유를 포기하는 현상을 목격하게 된다. 누군가가 우리에게서 자유를 빼앗은 것이 아니라, 스스로 그 자유를 내려놓는 것이다. 이 문제를 가장 먼저 철학적으로 제기한 인물 중 한 명이 이미 제3장에서 살펴보았던 철학자 에리히 프롬이다. 그는 자신의 저서 《자유로부터의 도피(Escape from Freedom, 1941)》에서 다음과 같은 질문을 던진다. "왜 사람들은 자유를 두려워하며, 심지어 그것을 스스로 포기하려 하는가?" 프롬에 따르면, 인간은 중세에서 근대로 이행하면서 외형적으로는 권위와 전통으로부터 자유를 얻었지만, 동시에 고립, 고독, 불안을 함께 떠안게

---

24) Fromm, E.. 2001. Escape from freedom. New York, NY: Farrar, Straus and Giroux. 이 책 5장에서 프롬은 자유를 해방과 긍정적 자유로 구분하며, 전자는 고립과 불안을 초래하고 후자는 자기실현과 사랑을 통한 자유를 의미한다고 주장하였다. 또한, 근대인의 자유가 고립과 무의미를 동반하여 권위, 독재, 집단주의에 의존하게 되는 심리를 설명하였다.

되었다. 자유는 해방인 동시에 책임과 불안이라는 짐을 수반한다.[24]

현대 사회의 특징은 개인이 다양한 선택을 할 수 있다는 점이다. 소비의 자유, 진로의 자유, 의견 표현의 자유가 제도적으로 보장되어 있는 사회는 누구나 자유로운 것처럼 보인다. 하지만 문제는 이 선택이 지나치게 많아졌다는 데 있다. 선택이 많아질수록 개인은 더 큰 책임을 지게 되며, 이로 인한 부담과 불안은 오히려 자유의 포기로 이어지기도 한다.[25] 예컨대 '나는 어떤 삶을 살아야 하는가?'라는 질문 앞에서 막막함을 느낄 때, 사람들은 스스로 선택하기보다는 누군가의 기준이나 시스템에 기대고 싶어진다. 이는 마치 GPS가 없으면 길을 찾을 수 없고, 알고리즘이 추천해주는 콘텐츠 외에는 무엇을 볼지 결정하지 못하는 오늘날 우리의 모습과 닮아 있다.[26] 프롬은 이러한 심리를 '자유로부터의 도피'라고 표현했다. 인간은 자유를 원하지만, 동시에 그 자유가 안겨주는 불확실성과 책임의 무게를 감당하기 어려워한다. 그래서 어떤 사람들은 권위에 의존하거나, 집단의 가치에 자신을 동일시함으로써 개인으로서의 책임과 결단을 회피하려 한다. 이는 단지 정치적인 독재나 종교적 교리의 문제만이 아니라 대중문화, 소비사회, 심지어 민주주의 체제 내에서도 발견되는

---

25) Schwartz, B.. 2004. The paradox of choice: Why more is less. New York, NY: Harper Perennial. Ch. 5. 그는 선택의 폭이 커질수록 결정 피로도와 만족도가 하락한다고 주장하였다.

26) Zuboff, S.. 2019. The age of surveillance capitalism: The fight for a human future at the new frontier of power. New York, Profile Books. 쇼사나 주보프는 이 책에서 개인 데이터 기반의 맞춤형 제안이 선택권을 잠식하고 있다고 주장하며 감시 자본주의를 언급하고 있다.

심리적 구조다. 우리는 스스로 선택하는 것처럼 보이지만, 실상은 끊임없이 '선택하게 되는 구조' 속에서 살아가며, 그 안에서 자유를 '위탁'하고 있는지도 모른다.

현대인은 과거보다 훨씬 많은 정보와 기술, 선택지를 갖고 있지만, 내면에서는 오히려 무기력과 피로를 호소한다. 선택이 곧 자기 정체성과 연결되면서 실수에 대한 두려움이 커지고, 사람들은 점점 '정답'을 원하게 된다. 전문가나 정치인, 기업 같은 누군가가 옳은 길을 알려주기를 바라며, 그 지시에 순응하는 자발적 복종이 일어난다. 이것도 결국 자유를 포기하는 또 다른 모습이다. 또한, '편안함'이라는 이름 아래 우리는 디지털 플랫폼의 편리함에 익숙해지고, 점점 더 많은 권한을 시스템에 맡기고 있다. 위치를 추적하고 기호를 분석하는 알고리즘에 의존하면서 스스로 사고하고 결정할 힘을 잃어간다. 자유가 점차 '소비 가능한 것'으로 변하는 셈이다. 정보 또한 넘쳐나지만, 소수의 추천과 필터링된 알고리즘이 우리의 판단과 세계관을 좌우한다.

점점 감시 사회가 확산되면서 우리 사회도 공공의 안전과 효율이라는 명분 아래 설치된 감시 기술들이 개인의 사생활과 자유를 제한한다. 우리는 스스로 권리를 내어주고도 불편함을 느끼지 않는 상황에 이르고, 이것 역시 자발적 자유의 포기다.

이 모든 현상에서 공통적인 점은 자유가 저절로 주어지는 것이 아니라 끊임없이 선택하고 지켜내야 한다는 사실이다. 자유를 유지하려면 노력과 성찰, 때로는 불편함도 감내해야 한다. 하지만 우리는 그 불편함을 피하려 '안전'과 '확실성'을 택하며 자유를 스스로 축소시키고 있다. 프롬이 말했듯, 자유는 인간의 숙명이면서 동시에 두려움이다. 그래서 사람들은 자유 대신 안정과 권위, 시스템을 선택하고, 그 결과 자유를 잃었는지도 모른 채 '편한 삶'을 살아간다.

자유 포기는 단순한 게으름이 아니라, 구조적 피로와 불안, 무한한 선택 속에서 길을 잃은 결과다. 자유는 선택이고 책임이며, 책임은 불안을 동반한다. 이 복잡한 현실에서 사람들은 오히려 '안내받는 삶'을 택하게 된다. 그러나 이 상황을 비판하는 것만으로는 부족하다. 우리는 왜 자유를 포기하는지, 그 대가가 무엇인지 깨달아야 한다. 마사 누스바움(Martha Nussbaum)은 자유가 인간 존엄성을 구성하는 필수 조건이라 했고, 코넬 웨스트(Cornel West)는 자유가 끊임없는 민주적 실천과 성찰로 유지된다고 주장했다.[27] 우리가 진정한 자유를 누리려면 권리만 주장할 것이 아니라, 참된 의식과 실천이 필요하다.

따라서 우리는 편안함에 안주하지 말고, 확실성에 의문을 품으며, 스스로 생각하고 결정하는 힘을 길러야 한다. 진정한 자유인은 두려움 없이 책임질 수 있는 결정을 내리는 사람이다. 자유는 단순한 권리가 아니라, 우리 각자가 직접 살아내야 하는 삶의 자격이기 때문이다.

---

24) West, C.. 2004. Democracy matters: Winning the fight against imperialism. New York, NY: Penguin Press.

〈생각 및 토론 거리〉

1. 자유란 방해받지 않는 것일까, 아니면 스스로 선택하는 능력일까?
2. SNS 시대에 우리는 정말 자기 생각과 선택을 자유롭게 하고 있을까?
3. 오늘날 우리에게 더 중요한 자유는 '소극적 자유'일까, '적극적 자유'일까?
4. 〈쇼생크 탈출〉에서 앤디가 지킨 자유는 무엇이었을까?
5. 왜 사람들은 편안함과 안정 때문에 자유를 스스로 포기하기도 할까?
6. 동양의 '조화 속 자유'와 서양의 '개인의 자유' 중, 행복에 더 가깝다고 느끼는 것은 어느 쪽일까?

〈읽을 거리〉

1. 에리히 프롬 | 김석희 역(2020). [자유로부터의 도피] 휴머니스트.
2. 이사야 벌린 | 박동천 역(2014). [이사야 벌린의 자유론] 아카넷.
3. 배리 슈워츠 | 형선호 역(2004). [선택의 패러독스] 웅진지식하우스.

〈영화 볼거리〉

1. 프랭크 다라본트(Frank Darabont) 감독(1994). [쇼생크 탈출(The Shawshank Redemption)] 미국: Columbia Pictures. – 억압된 감옥 속에서도 자유와 희망을 잃지 않는 주인공의 이야기를 통해 진정한 자유와 인간의 존엄을 생각하게 하는 영화.
2. 피터 위어(Peter WeirWeir) 감독(1998). [트루먼 쇼(The Truman Show)] 미국: Paramount Pictures. – 거대한 세트장에 갇힌 삶을 살던 주인공이 안락한 거짓을 버리고 진짜 자유를 향해 나아가는 과정을 보여주며, 자유와 행복의 의미를 묻는 영화.

노동과 행복

노동은 인간의 삶에 있어 필수적이지만
가장 논쟁을 동반한 인간 활동 중 하나다.
인간은 늘 일을 하며 살아왔지만,
역사 속에서 강제적 일과
노동을 사랑한 경우는 그리 많지 않다.

노동은 인간에게 저주인가, 축복인가?

노동은 인간 삶에 있어서 필수적이지만, 역사상 가장 오래된 논쟁 중 하나다. 인간은 늘 일을 하며 살아왔지만, 역사 속에서 노동을 사랑한 경우는 그리 많지 않다. 어떤 이는 일과 노동을 축복이라 부르고, 어떤 이는 그것이 인류에게 내려진 신의 형벌이라고 말하곤 한다. 그렇다면 우리는 어떤 관점에서 노동을 바라보아야 할까? **노동은 과연 인간에게 저주일까, 아니면 축복일까?**

노동에 대한 최초의 서사 중 하나는 종교, 특히 기독교의 성경에 등장한다. 《창세기》에 따르면, 인간은 원래 에덴동산에서 아무 고생 없이 살아가던 존재였다. 하지만 아담과 하와가 하나님의 명령을 어기고 선악과를 따먹는 죄를 지은 뒤, 하나님은 그들에게 벌을 내린다. "네가 얼굴에 땀을 흘려야 식물을 먹고, 필경은 흙으로 돌아가리니 그 속에서 네가 취함을 입었음이라. 너는 흙이니 흙으로 돌아갈 것이니라(창세기 3장 19절)." 이 말씀은 노동이 인간의 죄에 대한 대가로 주어졌다는 점을 보여주며, 고통스럽고 피할 수 없는 현실로서의 노동을 강조한다. 고대 유대–기독교 전통의 이러한 노동관은 인

류에게 오랫동안 영향력을 미쳤다. 인간은 신의 뜻을 어긴 죄인이
며, 그 대가로 평생 일하며 살아가야 한다는 것은 노동을 단지 생계
유지를 위한 고통의 원인으로 인식하게 되었다. 하지만 성경의 다
른 구절에서는 하나님이 인간을 창조한 후, 그들에게 땅을 "관리하
고 지키라"고 명령한다.[1] 이는 노동이 단순한 형벌이 아니라 창조
질서에 참여하는 일이라는 의미로도 해석할 수 있다. 즉, 노동은 죄
의 대가인 동시에, 신의 형상을 따라 창조 행위에 동참하는 행위로
볼 수도 있는 것이다. 노동에 대한 해석은 이렇게 양면성을 지니며
인간의 존재와 삶의 의미에 직결된 깊은 철학적 물음을 동반한다.

　노동에 대한 보다 체계적인 분석은 근대 철학자들에게서 발전했
다. 그중에서 카를 마르크스(Karl Marx)는 노동에 대해 가장 근본
적인 문제를 제기한 인물이다. 그는 자본주의 사회에서의 노동은
인간 본질을 훼손한다고 보았다.[2] 그의 중요 개념 중 하나는 '소외
(alienation)'다. 그는 자본주의 사회에서 노동자가 자신이 만든 생산
물로부터 소외되고, 노동 행위 자체에서 소외되며, 동료 노동자와
의 관계에서도 소외되고, 궁극적으로 자기 자신으로부터도 소외된
다고 주장하였다. 예를 들어, 공장에서 반복적으로 부품을 조립하
는 노동자는 자신이 만들어낸 제품의 의미를 알지 못한 채, 단지 하

---

1) 히브리어 원문 직역을 보면 "여호와 하나님께서 그 사람을 데려다가 에덴 동산에 두시고, 일
　하게 하며(הדבע, 아브다) 지키게 하셨다(הרמש, 샤므라)." 여기서 '아바드(דבע)'는 '일하다, 경
　작하다, 섬기다'는 뜻이고, '샤마르(רמש)'는 '지키다, 보호하다, 돌보다'는 뜻이다.
2) Marx, K.. 1959. Economic and philosophic manuscripts of 1844. Progress
　Publishers.

루치 임금을 받기 위해 기계처럼 일한다. 이는 인간의 창의성과 주체성을 말살하고, 인간다운 삶을 불가능하게 만든다고 마르크스는 주장한다.

마르크스는 노동 자체를 부정하지는 않았다. 오히려 인간의 본질은 의식적인 노동, 즉 창조하고 표현하며 변화시키는 활동 속에 있다고 보았다. 문제는 자본주의가 인간 본연의 노동을 왜곡하여, 그것을 타인의 이익을 위한 강제 노동으로 바꾸어 놓았다는 점이다. 따라서 마르크스에게 노동은 저주가 아니라 해방의 열쇠다. 다만 그 해방은 기존의 체제를 근본적으로 전환하지 않고는 인간이 얻을 수 없다고 그는 주장한다.

노동이 주는 부정적 측면만 있는 것은 아니다. 심리학에서는 노동이 인간에게 심리적 안정과 삶의 의미, 행복감을 제공하는 중요한 수단이라고 말한다. 인간은 단순히 생계를 유지하기 위해서만이 아니라, 살아 있다는 감각과 자신이 사회에 속해 있다는 소속감을 경험하기 위해서도 일한다. 특히. 네 가지 핵심 요소 즉 일체성, 정체성, 사회적 기여감, 통제감은 일을 통해 인간이 삶의 깊이를 느끼고 지속 가능한 만족을 경험하게 하는 중심축이다.

첫 번째는 '일체성(meaningful coherence)'이다. 이는 삶의 여러 측면이 유기적으로 연결되어 있다는 감각을 의미한다. 우리가 하는 일이 단지 돈을 벌기 위한 수단이 아니라 자신의 가치관이나 삶의 목적과 이어져 있다고 느낄 때, 노동은 고통이 아니라 존재의 의미를 확인하는 과정이 된다. 예를 들어, 환경 문제에 관심이 많은 사람이 지구의 지속 가능한 발전과 연관성이 높은 직업을 가지고 일할 때, 그의 노동은 그 자체로 개인의 신념을 실현하는 도구가 된다.

두 번째는 '정체성(identity)'이다. 사람들은 자신이 어떤 일을 하느냐에 따라 자기를 정의하며, 그 정의는 곧 삶의 방향과 태도를 결정짓는다. "나는 교사다", "나는 엔지니어다", "나는 작가다"라는 직업적 자기 정의는 단지 사회적 역할의 표시가 아니라, 자신이 누구이며 무엇을 중요하게 여기는지를 드러내는 정체성의 기초다. 특히, 청년기나 중년기에는 노동을 통해 자아 효능감과 존재의 확신을 획득하는 경우가 많다.

세 번째는 '사회적 기여감(social contribution)'이다. 인간은 근본적으로 타인에게 의미 있는 존재가 되고자 하는 욕구를 지니고 있으며, 이 욕구는 노동을 통해 실현된다. 내가 만든 제품이 누군가의 생활을 편리하게 하고, 내가 돌본 환자가 회복하며, 내가 가르친 학생이 성장하는 것을 볼 때, 우리는 단순한 기능 수행을 넘어 '누군가에게 필요한 존재'로서 자기 가치를 느끼게 된다. 이때 노동은 보상 수단을 넘어 연대와 헌신의 행위로 전환된다.

마지막으로는 '통제감(control or autonomy)'이다. 일을 하면서 내가 어떤 방식으로 일할지 선택할 수 있고 결과에 책임을 질 수 있는 자율성이 보장될 때, 인간은 노동을 억압이 아닌 자아실현의 장으로 느낀다. 반면, 과도한 감시와 수직적 지시, 결과만을 중시하는 조직 문화는 노동자를 수동적 존재로 만들며, 결국 정신적 육체적 소진, 번-아웃을 초래한다. 따라서 자율성과 통제감은 단순한 업무 만족의 문제가 아니라, 삶의 주도권에 대한 감각과 깊이 연결되어 있는 요소다.

이러한 관점은 여러 실증 연구를 통해서도 뒷받침된다. 미국 국립행동건강연구소(National Institute of Behavioral Health)의 2001년 연구에 따르면, 은퇴 후에도 자원봉사나 파트 타임 등 일정한 형태의 노동을 지속한 고령자들이 그렇지 않은 이들에 비해 인지 능력, 감정 조절력, 삶의 만족도에서 모두 유의미하게 높은 수치를 보였다.[3] 단지 시간이 많다고 해서 행복한 것이 아니라, 자신이 여전히 유용하다고 느끼는 경험이 심리적 안정에 큰 영향을 미친다는 결과이다. 더욱이 하버드대학교의 80여 년간 진행된 성인 발달 종단연구(Harvard Study of Adult Development)에서도, 자신이 하는 일에 의미를 부여하는 사람들은 대체로 더 건강한 대인관계, 낮은 우울감, 뛰어난 스트레스 회복력을 보였고, 장기적으로도 삶의 만족도가 높게 유지되었다. 이 연구는 삶의 질을 결정하는 데 있어 관계와 노동의 질이 핵심 변수임을 강조한다.[4]

더불어 2020년 영국 King's College London에서 진행된 직무심리 연구에서는, 자율성과 협력의 정도, 인정받는 분위기 속에서 일하는 사람들이 그렇지 않은 집단에 비해 직무 만족도와 웰빙 지수가 모두 더 높게 나타났다.[5] 이들은 업무 스트레스가 있더라도 심리적

---

3) National Institute of Behavioral Health. 2001. A longitudinal study on volunteering and cognitive health in older adults [Reconstructed data]. National Institute of Behavioral Health.

4) Vaillant, G. E.. 2012. Triumphs of experience: The men of the Harvard Grant Study. Harvard University Press.

5) King's College London. 2020. Workplace autonomy and psychological well-being: Findings from a UK national survey [Research brief].

회복탄력성(resilience)이 높았으며, 소속감이 강하다는 특징을 보였다. 이러한 결과는 노동이 단지 생존을 위한 수단이 아니라 심리적 건강과 자아실현, 사회적 연결을 위한 통합적 플랫폼이라는 사실을 보여준다. 인간은 노동 속에서 자기 자신을 확인하고, 타인과 관계를 맺으며, 세상에 흔적을 남기는 존재로 살아간다. 그렇기에 좋은 노동 환경은 단지 생산성을 높이는 것이 아니라 삶 전체의 질을 결정짓는 토대가 된다.

이와는 다른 관점에서 노동을 바라본 철학자도 있다. 버트란트 러셀(Bertrand A. W. Russell)은 1935년 《게으름에 대한 찬양》이라는 짧은 글에서 당시 사회의 '노동 예찬'을 정면으로 비판했다.[6] 그는 산업화 사회가 노동을 지나치게 신성시하고 있다고 지적하며, 인간은 오히려 조금 덜 노동하고 더 많은 여가를 보낼 권리를 가져야 한다고 주장했다. 그는 하루 여덟 시간, 혹은 그 이상의 시간을 노동에 쏟고 남는 시간조차 소비와 회복에 사용하는 삶을 비판하였다. 러셀은 인간의 창의성과 사유, 그리고 인간관계는 오히려 여가 시간 속에서 더 잘 발달한다고 보았다. 그는 기술이 발달할수록 노동시간은 줄어들 수 있으며, 여가 시간을 독서, 예술, 취미 활동에 사용할 수 있다면 인간은 더욱 인간답게 살 수 있다고 주장하였다. 그의 이러한 견해는 오늘날 우리가 추구하는 워라-벨(Work-Life Balance), 주 4일제, 자기 계발과 여가의 균형이라는 흐름과도 맞닿아 있다.

---

6) Russell, B., 1935. In praise of idleness and other essays. George Allen & Unwin.

오늘날 러셀의 주장이 다시 주목받는 이유 중 하나는, 현대인들이 겪는 '번-아웃(Burn-out)' 현상이 점점 더 보편화되고 있기 때문이다. 번-아웃은 단순한 피로를 넘어 심리적 에너지가 고갈되고 일에 대한 흥미와 의미마저 사라지는 상태를 의미한다. 특히 과도한 업무량과 경쟁, 끝없는 효율성의 압박 속에서 살아가는 현대인들은 스스로 기계처럼 자신을 몰아붙이며 일한다. 그런데 문제는 이처럼 열심히 일하는 삶이 반드시 행복으로 이어지지 않는다는 데 있다. 오히려 끊임없는 노동은 정체성의 붕괴와 자기혐오로 이어지기도 한다.

2022년부터 적용해 오고 있는 기준으로 세계보건기구(WHO)는 번-아웃을 공식적으로 질병이 아닌 **'직업적 스트레스에 의한 증후군(Burn-out:코드 QD 85)'**으로 정의하며, 그 심각성을 인정했다.[7] 무기력감, 냉소적 태도, 성과 저하가 대표적 증상이며, 이는 단지 개인의 문제가 아니라 구조적 노동 환경과 성과 중심 사회의 산물임을 강조한다. 결국, 오늘날 노동의 축복은 '얼마나 더 많은 시간을 노동하는가'에 있는 것이 아니라, '일을 통해 어떤 의미를 찾고, 어떻게 삶의 질을 유지하는가'에 있다. 노동의 양보다 질을, 경쟁보다 균형을, 성과보다 의미를 중시하는 삶의 방식으로 나아간다면, 노동은 더 이상 우리를 소진하는 저주가 아니라, 인간답게 살아가는 축복이 될 수 있을 것이다.

노동은 개인을 넘어 사회적 차원에서도 중요한 의미를 지닌다. 인

---

7) World Health Organization. 2019. Burn-out an "occupational phenomenon". International Classification of Diseases. https://www.who.int/mental_health/evidence/burn-out.

간은 일터에서 타자와 관계를 맺고 사회에 기여하며 공동체 속의 일원으로 살아가야 한다. 그러나 비정규직의 증가, 자동화, 고용 불안, 플랫폼 노동의 확산 등은 일의 조건을 급격히 변화시키고 있다. 프랑스 사회학자 에밀 뒤르켐(Émile Durkheim)은 노동에서의 규범 붕괴와 사회적 고립이 개인의 심리적 위기, 나아가 자살률 증가로 이어질 수 있다고 지적했다. 오늘날 많은 사람이 경험하는 '일의 무의미함'과 '사회적 소외'는 단순히 개인의 문제가 아니라 구조적 문제이다. 노동이 삶의 기반이 되어야 함에도, 불안정하거나 비인간적인 노동 환경은 오히려 인간을 고립시키고 심리적 건강을 위협한다.

이처럼 노동은 그 자체로 중립적이다. 어떤 조건에서 누구와 함께하느냐, 그리고 얼마나 자율성이 보장되느냐에 따라 노동은 축복이 될 수도, 저주가 될 수도 있다. 중요한 것은 우리가 노동을 어떻게 해석하고 어떤 구조 안에서 일하느냐다. 더 나아가, 노동을 통해 우리가 누구로 살아가고 있는가를 성찰하는 일 또한 중요하다.

노동은 분명 고통스러울 수 있다. 동시에 노동은 인간 성장의 기회다. 노동은 인간을 피곤하게 만들지만, 동시에 인간을 인간답게 만들기도 한다. 노동은 때로는 삶의 짐이 되지만, 때로는 삶의 이유가 된다. 그러므로 노동은 저주인가, 축복인가라는 질문은 단선적으로 답할 수 없는 질문이다. 이는 '노동이 본질적으로 어떠한가'보다는 '우리가 노동을 어떻게 대하느냐'에 더 가까운 물음이다.

결국 우리는 이 질문 앞에 다시 서게 된다. 노동이 우리 삶을 소진하는가, 아니면 충만하게 하는가? 여기에 대한 대답은 제도적 조건이 반, 개인의 태도가 반을 만들어간다. 저주가 축복으로 바뀌기 위해서는 제도의 개혁뿐 아니라 노동 속에서 의미를 찾고 삶을 만들어 가는 인간의 능동적 자세가 필요하다. 우리가 어떻게 일하고, 어떻게 관계를 맺으며, 어떻게 의미를 찾는가가 결국 노동의 의미를 결정짓는 것이다.

우리는 여가 시간에 행복한가?

여가 시간에 우리는 어떤 행복을 추구하는가? 이 질문은 현대를 사는 우리 모두에게 매우 중요한 의미를 지닌다. 빠르게 변화하는 사회 속에서 일과 삶의 균형을 맞추는 일이 점점 어려워지는 오늘날, 여가는 단순한 '남는 시간'이 아니라 개인의 행복과 삶의 질을 결정짓는 핵심 요소로 자리 잡았다. 이번 절을 통해 여가 시간의 의미와 역할, 나라별 여가 문화의 차이, 그리고 여가 활동이 우리에게 주는 심리적 효과에 대해 자세히 살펴보고자 한다. 또한, 여러 연구 결과를 통해 여가가 우리 삶에 미치는 긍정적 영향을 구체적으로 알아보려 한다.

먼저, 나라별 여가시간과 여가 지출 현황을 살펴보면 매우 흥미로운 차이가 나타난다. 경제협력개발기구(OECD)의 통계에 따르면 한국인의 주당 평균 여가시간은 약 8~9시간으로, OECD 회원국 평균인 15시간에 크게 못 미친다.[8] 반면 북유럽 나라들인 스웨덴과 노르

---

8) Sung, M. H., & Park, J. Y. 2021. 《국민 여가활동 실태조사》. 문화체육관광부 · 한국문화관광연구원.

웨이, 프랑스는 평균 18시간 이상을 여가에 할애하며, 상대적으로 노동시간이 짧고 복지 수준이 높은 편이다. 한국은 전통적으로 긴 노동시간과 빠른 경제성장에 집중해 왔기 때문에 여가시간이 부족한 것이 현실이다.

여가 지출 패턴에서도 이런 차이는 드러난다. 한국인은 여가비용 중 특히 식음료와 쇼핑의 비중이 매우 높지만, 유럽 국가들은 문화예술, 여행, 스포츠 등 다양한 여가 활동에 폭넓게 투자하는 경향이 높다. 이는 사회 전반의 여가 문화와 가치관의 차이뿐만 아니라 경제력과 소비 패턴의 차이에서 비롯된 결과다.

그렇다면 실제로 사람들은 여가시간을 어떻게 보내고 있을까? 한국갤럽과 한국문화관광연구원이 공동으로 실시한 조사에 따르면, 한국인의 대표적인 여가활동은 TV 시청, 산책 및 걷기, 영화 감상, 독서 순으로 나타났다. 특히 가족이나 친구, 동료와 함께 시간을 보내는 비중이 높아, 개인주의가 확산되는 글로벌 추세 속에서도 여가를 통해 인간관계를 강화하려는 의지가 강함을 알 수 있다.

또한 소득 수준별로 여가활동의 유형과 양상이 달리 나타난다. 고소득층은 해외여행, 공연 관람, 고급 레스토랑 방문, 골프 및 스포츠 클럽 활동 등 비용이 높은 여가에 더 많은 시간을 쓰는 반면, 저소득층은 주로 동네 공원 산책, 홈 엔터테인먼트, 간단한 취미 활동 등에 그치는 경향이 있다. 이는 경제적 여건이 여가의 질과 범위를 결정하는 중요한 변수임을 보여준다.

이처럼 여가는 단순한 '시간의 소비'가 아니라, 우리가 어떤 활동을 선택하고 누구와 함께하느냐에 따라 행복의 질을 결정하는 중요한 요소다. 칙센트미하이는 플로, 즉 '몰입'이라는 개념을 통해 여가 활동이 행복에 미치는 영향을 설명했다.[9]

　플로란 자신이 하는 일에 완전히 몰입하여 시간과 공간을 잊게 되는 최적의 경험 상태를 말한다. 플로 상태에 도달한 사람은 높은 만족감과 행복감을 느끼며, 스트레스가 감소하고 자기효능감이 상승한다. 악기 연주, 스포츠, 미술 작업, 글쓰기, 체조, 명상 등은 플로 경험이 자주 발생하는 활동이다. 이러한 활동들은 우리가 주체적으로 참여하고 의미를 발견할 수 있는 여가로서, 단순한 휴식이나 소비와는 차별화된다.

　빅터 프랑클(Viktor E. Frankl)은 여가를 '원심적 여가'와 '구심적 여가'로 구분하여 설명한다.[10] 원심적 여가(Centrifugal Leisure)는 탈출과 일시적인 쾌락을 추구하는 외향적 여가, 즉 의미를 회피하거나 공허감을 무마하려는 도피적 여가다. 반면, 구심적 여가(inward-oriented leisure)는 내면의 성찰과 삶의 의미를 추구하는 내향적 여가활동이다. 원심적 여가는 종종 과시적 소비와 연결되는데, 이는 미국의 경제학자 토르스타인 베블런(Thorstein Veblen)이 설명한 '베블런 효과'와 깊은 관련이 있다. 베블런 효과란 가격이 비싸면 비쌀수록 오히려 소비 욕구가 증가하는 현상을 의미한다. 이러한 현상은 여가활동에서도 쉽게 찾아볼 수 있으며, 고가의 콘서트 티켓, 고급 리조트 숙박, 명품 스포츠용품, 고가의 가방과 자동차 등이 대표적

---

9) Csikszentmihalyi, M.. 1990. Flow: The psychology of optimal experience. Harper & Row.

10) Frankl, V. E.. 1985. Man's search for meaning. Washington Square Press.

이다. 많은 사람들은 이러한 과시적 소비를 통해 사회적 지위를 드러내고 타인에게 자신을 과시하려는 욕구를 충족시킨다. 하지만 문제는 이러한 과시적 여가가 주는 만족감이 매우 일시적이라는 점이다. 순간적인 쾌락과 타인의 인정에 의존하는 즐거움은 시간이 지나면서 점차 감소하며, 결국 다시 더 큰 자극을 찾아 나서야 하는 '쾌락의 덫'에 빠질 위험이 있다. 따라서 원심적 여가는 표면적으로 화려하고 매력적일지라도 깊은 내면의 안정감이나 지속적인 만족과는 거리가 먼 경우가 많다.

반면 **구심적 여가**는 자기 반성과 성찰의 시간으로 자아 성장, 그리고 진정한 내적 만족을 지향한다. 이는 순간의 외적 인정에 의존하지 않고 자신과의 깊은 대화와 의미 있는 경험을 통해 정신적 안정감을 얻는 과정이다. 구심적 여가활동에는 명상, 독서, 예술 활동, 자연 속 산책 등이 포함되며, 내면을 돌아보고 삶의 본질을 탐구하는 데 도움을 준다. 이러한 여가는 단순한 일시적 즐거움을 넘어 장기적인 행복과 심리적 회복탄력성을 높이는 데 큰 역할을 한다.[11] 결국, 여가를 통해 우리가 추구해야 할 진정한 행복은 외부의 시선에 의해 좌우되는 것이 아니라 자신 안에서 우러나오는 깊은 만족과 평화라는 점을 프랭클은 강조한다.

여가시간이 우리에게 주는 장점은 매우 다양하다. 우선 규칙적인 여가활동 참여는 스트레스 감소와 우울증 예방에 효과적이라는 것

---

11) Walsh, R., 2011. Lifestyle and mental health. American Psychologist. 66(7), pp. 579~592, https://doi.org/10.1037/a0021769.s.

이 심리학 연구를 통해 증명되었다. 미국심리학회(APA)는 여가활동이 개인의 정신건강 증진, 사회적 관계 강화, 자아실현에 긍정적 역할을 한다고 보고했다. 또한, 지난 2019년 세계행복보고서에서는 여가시간의 양과 질이 삶의 만족도에 깊은 영향을 미치며, 과도한 노동과 여가 부족이 행복 저해 요인임을 강조하였다. 유럽연합 통계국(Eurostat)의 2018년 조사에 따르면, 활발하게 여가활동에 참여하는 사람들은 그렇지 않은 사람들에 비해 삶의 만족도가 평균 20% 이상 높게 나타났다. 일본의 연구에서는 질 좋은 여가시간이 심혈관 건강 개선과 면역력 강화에 긍정적인 영향을 준다는 결과를 발표했다.

이처럼 여가는 단순한 휴식 이상의 의미를 가지며, 신체적·정신적 건강을 포괄하는 총체적 복지에 핵심 역할을 한다. 나아가 여가활동은 사회적 연결망을 확장하고 강화하는 중요한 매개체다. 여가를 통해 친구, 가족, 동료들과의 유대감을 강화하고 새로운 인맥을 형성함으로써 사회적 지지를 얻을 수 있다. 이는 개인의 심리적 안정감과 자기 존중감을 높이며, 역경에 대한 회복탄력성을 키우는 데도 도움을 준다. 따라서 여가 시간은 '나 혼자 보내는 시간'이 아니라 '타인과 더불어 성장하는 시간'으로도 의미가 크다고 할 수 있다.

물론 여가 활동에도 균형이 매우 중요하다. 최근에는 '오마카세', '호캉스', '해외여행 인스타그램 자랑'과 같은 과시적 여가문화가 크게 유행하고 있다. SNS에서는 고급 레스토랑의 오마카세 코스, 럭셔리 호텔에서의 호캉스, 해외 유명 관광지에서 찍은 사진들이 넘쳐나며, 많은 사람이 이를 통해 자신의 성공과 부를 과시하려는 경향을 보인다. 이러한 과시적 여가는 겉으로 보기에는 화려하고 매력적으로 보이지만, 실제로는 몇 가지 심리적 문제를 내포하고 있다.

첫째, 과시적 여가는 외부로부터의 인정과 비교에 지나치게 의존하게 만든다. SNS에 올린 여행 사진이나 호캉스 인증샷이 '좋아요'를 많이 받지 못하면 자존감이 떨어지는 경험을 하기도 하며, 끊임없이 더 화려하고 독특한 경험을 찾아야 한다는 부담감을 느끼게 된다. 이는 만족감보다 불안과 스트레스를 증가시키는 요인이 된다. 다시말해 자신의 여가가 진정한 '내적 만족'이 아니라 타인과의 비교를 위한 '경쟁'이 되는 순간, 여가는 본래의 휴식과 행복을 주는 기능을 잃게 된다.

둘째, 과시적 여가는 경제적 부담을 심화시키는 경향이 있다. 고가의 호텔 숙박비, 명품 소비, 해외여행 경비 등은 큰 지출을 동반하며, 이에 따른 경제적 압박감이 여가 이후에도 계속해서 개인을 괴롭힐 수 있다. 이로 인해 오히려 경제적 불안과 스트레스가 누적되면서 심리적 안정감이 저해될 위험이 크다. 특히 무리한 소비를 감행한 후에는 후회와 죄책감이 뒤따르기도 한다.

셋째, 과시적 여가는 '진정한 관계 형성'과도 거리가 있을 수 있다. 인스타그램에서 보여지는 화려한 순간들은 종종 피상적인 순간일 뿐, 깊이 있는 교감이나 내면의 치유와는 별개일 때가 많다. 실제로 바쁜 일정과 피로, 소외감을 경험하면서도 이를 감추고 '완벽한 삶'의 이미지만 유지하려는 심리가 작용한다.

이처럼 외부에만 초점을 맞춘 여가는 자기 자신과의 진정한 만남을 방해할 수 있다. 이러한 현상은 심리학에서 말하는 '원심적 여가'의 과잉과 맞닿아 있다. 원심적 여가는 일시적인 해방과 탈출을 목적으로 하며, 외부 자극과 과시 욕구에 의해 좌우되는 경우가 많다. 이는 앞서 언급한 베블런 효과와도 연결되어, 가격이나 희소성이 높을수록 더 큰 만족을 느끼려는 소비자 행동으로 나타난다. 하지만 이러한 과시적 소비가 반복될수록 내면의 만족은 점차 줄어들고, '행복의 역설'이 심화될 위험이 크다. 따라서 여가활동을 선택할 때, 우리는 단순한 외적 과시나 소비를 넘어 내면의 평화와 성장을 도모하는 구심적 여가와 균형을 이루는 것이 필요하다. 진정한 행복은 타인의 눈에 보이는 화려함에서 오는 것이 아니라, 자신만의 의미 있고 깊이 있는 경험에서 비롯된다. 여가가 삶의 질을 높이고 심리적 안정감을 제공하는 '투자'가 되기 위해서는 순간적 과시적 소비를 넘어 지속 가능한 만족과 성장에 초점을 맞추어야 한다.

여가와 행복에 관한 연구는 앞으로도 계속 진화할 것이다. 개인과 사회가 여가의 가치를 재인식하고, 모두가 즐겁고 건강한 여가를 누릴 수 있는 환경을 조성하는 것이 필요하다. 일과 여가의 조화를 통해 많은 사람이 행복한 삶을 영위할 수 있어야 한다.

어떤 일을 해야 행복한가?

당신은 지금 하는 일에 얼마나 만족하고 있는가? 당신은 문득 이런 생각을 해본 적은 없는가. "나는 어떤 일을 할 때 가장 행복한가?" 이 질문은 단순한 진로 고민을 넘어 삶의 방향성과 자아실현이라는 본질적인 주제와 맞닿아 있다. 우리는 인생의 대부분을 일하며 살아간다. 그렇기에 어떤 일을 하며 살아가느냐는 결국 우리가 어떤 삶을 살고자 하는지와 직결된 문제다. 이번 절에서는 '과연 어떤 일이 우리를 행복하게 하는가?'라는 물음에 대한 답을 심리학과 뇌과학, 긍정 심리학, 몰입 이론 등을 중심으로 살펴볼 것이다.

우리가 일을 통해 '행복'을 느끼는 가장 핵심적인 요소 중 하나는 바로 '몰입'이다.[12] 칙센트미하이는 사람들이 어떤 활동에 깊이 빠져드는 경험, 시간 가는 줄 모르고 몰입하는 상태를 '플로'라고 명명했고, 이것이 인간이 경험할 수 있는 가장 강력하고 지속적인 행복이

---

12) Csikszentmihalyi, M.. 1990. Flow: The psychology of optimal experience. Harper & Row.

라고 말했다. 그의 연구에 따르면 사람들은 단순한 휴식이나 수동적 오락보다 도전적인 과업에 몰입할 때 더 깊은 만족을 느끼며 삶에 의미를 부여받는다. 그렇다면 우리는 어떤 조건에서 플로를 경험할 수 있는가. 칙센트미하이에 따르면 몰입은 개인의 능력과 과제의 난이도가 적절하게 균형을 이룰 때 발생한다. 과제가 너무 쉬우면 지루함을 느끼고, 너무 어려우면 불안이나 좌절을 경험하게 된다. 반면 도전적이면서도 자기 기술로 해낼 수 있다고 느껴지는 과업에서는 높은 집중력과 몰입이 가능하며, 그 과정에서 자의식이 사라지고 시간 감각조차 흐려지는 플로 상태에 도달하게 된다. 다시 말해, 행복한 일은 '잘할 수 있으면서 동시에 도전적인 일'이라는 점에서 그 힌트를 얻을 수 있다.

이런 몰입의 힘은 뇌 과학 연구에서도 입증된 바 있다. 스탠퍼드 대학의 뇌영상 연구(Stanford Neuroscience Institute, 2016)에 따르면, 몰입 상태에 있는 사람의 뇌는 일상적인 상태보다 훨씬 높은 수준의 도파민 분비를 보이며, 이는 집중력, 동기, 창의성과 같은 인지능력을 향상시킨다.[13] 플로에 도달한 사람은 뇌에서 '즐거운 학습' 상태로 진입하며, 이러한 경험은 반복된 습관으로 자리 잡아 삶 전반의 질을 높이는 데 기여한다.

몰입의 중요성을 강조하는 또 다른 실험은 환경자극제한요법 (REST: Restricted Environmental Stimulation Technique)과의

---

13) Stanford Neuroscience Institute, 2016, Brain activity and motivation during flow experiences.

비교에서 드러난다. REST는 외부 자극을 완전히 차단한 상태에서 사람의 뇌와 심리 상태를 연구하는 방법으로, 대표적인 형태는 '플로 팅 탱크(무중력 부유욕조)'이다. 이 방법을 통해 연구자들은 자극이 과도하게 줄어든 환경에서는 오히려 불안이나 무기력감이 증가하 며, 의미 있는 활동의 부재가 심리적 안정에 악영향을 미친다는 사 실을 확인했다.[14] 비슷하게, 아무 일도 하지 않고 계속 잠만 자거나 휴식만 취하면 오히려 기분이 침체되고 불안정해질 수 있다. 이는 몰입을 통해 적절한 자극과 의미를 경험하는 일이 정신건강에 매우 중요하다는 사실을 다시 한번 강조해 준다.

그렇다면 플로를 유도하는 '행복한 일'이란 과연 어떤 일을 말 하는 것인가. 긍정 심리학의 창시자로 널리 알려진 셀리그먼은 인 간의 행복을 보다 과학적이고 체계적으로 설명하고자 하였다. 그 는 인간이 느끼는 행복을 단순한 감정이나 운에 맡기는 것이 아 니라, 구체적인 삶의 방식과 선택의 결과로 구성된다고 보았다. 셀리그먼은 긍정 심리학의 주요 저서인 《진정한 행복(Authentic Happiness)》과 《플로리시(Flourish)》에서 행복의 구조를 세 가지 범주로 나누어 설명했다.[15] 바로 '쾌락의 삶(The Pleasant Life)', '몰입의 삶(The Engaged Life)', '의미 있는 삶(The Meaningful Life)'이다. 첫 번째 '쾌락의 삶'은 감각적 즐거움과 감정적 만족을

---

14) Suedfeld, P., & Borrie, R. A.. 1999. Health and therapeutic benefits of restricted environmental stimulation(REST). Journal of Psychology. 133(3). pp. 221~236.
15) Seligman, M. E. P.. 2002. Authentic happiness: Using the new positive psychology to realize your potential for lasting fulfillment. Free Press.

중시하는 삶의 방식이다. 예를 들어 맛있는 음식을 먹거나, 아름다운 음악을 듣거나, 친구와 유쾌한 대화를 나눌 때 느끼는 순간적인 기쁨이 이에 해당한다. 이는 일상에서 쉽게 경험할 수 있는 긍정적 감정으로, 행복의 중요한 요소이기는 하지만 지속성이 약하다는 한계가 있다. 이러한 이유로 셀리그먼은 쾌락의 삶만으로는 진정한 행복에 도달하기 어렵다고 보았다.

두 번째는 '몰입의 삶'이다. 이것은 앞에서 살펴본 플로의 개념과 깊이 연결되어 있다. 셀리그먼은 사람들이 자신이 잘하는 일이나 좋아하는 활동에 깊이 몰입할 때, 즉 자아를 잊고 시간 감각이 흐려질 정도로 집중할 때 가장 높은 만족감을 느낀다고 설명한다. 몰입의 삶은 단순한 즐거움을 넘어서 자기효능감(self-efficacy)과 자존감을 강화하고 삶의 활력을 높이는 역할을 한다. 이는 특히 직업 선택이나 일상 활동에서 중요한 시사점을 제공한다. 즉, 자신이 몰입할 수 있는 활동으로 일상을 채운다면 그 삶은 자연스럽게 높은 수준의 주관적 행복으로 이어질 수 있다.

마지막은 '의미 있는 삶'이다. 셀리그먼은 인간이 본질적으로 자신보다 더 큰 무언가에 기여할 때 행복을 느끼는 존재임을 강조한다. 그 의미는 종교, 사회적 가치, 공동체, 혹은 개인적 신념과 연결될 수 있으며, 단순히 즐겁거나 몰입되는 활동을 넘어 삶 전체에 방향성과 목적을 부여하는 역할을 한다. 그는 개인이 가진 고유한 강점과 재능을 공동체나 타인의 복지를 위해 활용할 때, 비로소 가장 깊은 형태의 행복을 경험할 수 있다고 설명한다.

따라서 셀리그먼의 이론에 따르면 '행복한 일'이란 단지 즐겁거나 재미있는 일을 넘어서야 한다. 그것은 몰입을 가능하게 하고, 개인의 강점이 발휘될 수 있어야 하며, 나아가 타인이나 사회에 긍정적 영향을 줄 수 있는 활동이어야 한다. 행복한 일은 결과보다는 과정에 몰입할 수 있도록 하며, 그 과정에서 자기 자신에 대한 긍정적 감각을 키워주고, 삶의 의미를 점차 발견하게 해주는 활동이어야 한다.

이런 관점에서 몰입을 유도하는 조건들을 다시 정리해 볼 수 있다. 첫째, 명확한 목표가 있어야 한다. 목표가 뚜렷할수록 집중력이 높아지고, 일의 진척이 눈에 보이기 때문에 성취감을 느낄 수 있다. 둘째, 즉각적인 피드백이 필요하다. 일을 하며 자신이 잘하고 있는지, 어느 부분을 개선해야 하는지 알 수 있을 때 몰입이 강화된다. 셋째, 과제의 난이도와 개인의 능력 간 균형이 중요하다. 능력보다 과제가 지나치게 어렵다면 스트레스를 느끼고, 반대로 너무 쉬우면 흥미를 잃게 된다. 넷째, 자율성과 통제감이다. 스스로 선택하고 조절할 수 있는 일이야말로 몰입을 유지하는 데 유리하다. 이러한 몰입 조건은 우리가 어떤 일을 할 때 행복을 느낄 수 있는가에 대해 매우 실질적인 기준이 되어준다. 단지 '좋아하는 일'만을 좇거나, 반대로 '잘하는 일'만 반복할 때 생기는 한계 역시 여기에서 설명될 수 있다. 예를 들어 좋아하지만 재능이 없거나, 잘하지만 전혀 흥미가 없는 일은 몰입의 조건을 충족시키지 못할 수 있다. 따라서 중요한 것은 좋아하는 일과 잘하는 일이 '교집합'을 찾는 것이다. 이를 '강점 기반 접근(Strength-based approach)'이라고 하며, 셀리그먼과 크리스토퍼 피터슨(Christopher Peterson)[16] 같은 긍정 심리학자들은 이 강점 중심의 자기 이해가 직업 만족도와 삶의 행복에 결정적 역할을 한다고 강조한다.

그렇다면 우리가 일을 통해 몰입과 행복을 경험하기 위해 필요한 태도나 덕목은 무엇인가? 먼저 자기 인식이 중요하다. 내가 언제 몰입하는지, 무엇을 할 때 시간 가는 줄 모르고 집중하는지를 관찰하는 것에서 시작된다. 다음으로는 성장 마인드셋(growth mindset)이 필요하다. 하버드 심리학자 캐롤 드웩(Carol Dweck)은 성장 마인드-셋을 가진 사람들이 실패를 두려워하지 않고, 도전을 통해 발전할 수 있다고 믿기 때문에 더 큰 몰입과 성취를 경험한다고 설명했다.[17] 또한 하나 더 있다면, 그것은 자기결정성(self-determination)이다. 일의 동기가 외부 보상이 아닌 내부의 흥미나 가치 기반일수록 더 높은 몰입이 가능해진다. 하버드 비즈니스 리뷰(HBR, 2018)에서 직장인 1,200명을 대상으로 조사한 결과, '자신의 강점을 활용할 수 있는 일을 할 때' 몰입도가 66% 더 높아진다는 결과가 나왔다.[18] 그리고 직무의 자율성이 높을수록 플로를 경험할 확률이 증가했으며 자신이 의미 있다고 느끼는 업무일수록 행복도가 현저히 상승했다. 이는 앞서 언급한 몰입의 네 가지 조건과 정확히 일치하며, 이 조건들이 단지 이론이 아닌 실천 가능한 기준임을 입증한다. 내

---

16) Peterson, C. & Seligman, M. E. P., 2004. Character strengths and virtues: A handbook and classification. Oxford University Press.

17) Dweck, C. S., 2006. Mindset: The new psychology of success. Random House.

18) Harvard Business Review. 2018. Why people really quit their jobs: It's not about the money

가 하는 일이 긍정적인 감정을 유발하는가, 몰입할 수 있는가, 좋은 사람들과 연결되어 있는가, 삶의 의미를 제공하는가, 그리고 성취감을 주는가? 이 질문들에 긍정적인 답을 할 수 있다면, 그 일은 분명 '행복한 일'이라 말할 수 있을 것이다.

그렇다면 우리의 주요 질문으로 돌아가 보자. 우리는 '잘하는 일'을 해야 할까, 아니면 '좋아하는 일'을 해야 할까? 많은 사람이 이 두 선택지 사이에서 갈등한다. 현실적인 생계와 능력의 한계는 '잘하는 일'을 선택하게 만들고, 자아실현이나 열정은 '좋아하는 일'을 좇는다. 하지만 앞에서 살펴본 바와 같이, 진정한 행복은 이 둘의 교집합에서 발생한다. 우리가 좋아하는 일을 하면서도 그것이 사회적으로 기여하고 자신이 발전할 수 있으며 일정한 보상을 동반한다면, 그 일은 지속 가능한 행복의 원천이 될 수 있다. 반대로 아무리 잘하는 일이라도 내적 동기가 없다면 그 일은 쉽게 소진되거나 번-아웃으로 이어질 수 있다.

지금까지 이야기를 정리하면, 어떤 일을 해야 행복한가에 대한 답은 하나가 아니다. 오히려 스스로를 관찰하고 몰입의 조건을 충족할 수 있는 환경을 조성하며, 좋아하는 일과 잘하는 일을 조율하는 과정에서 각자의 답을 찾아야 한다. 몰입을 경험하고 자신의 강점을 발견하며, 삶의 의미를 실현할 수 있는 일이야말로 우리가 추구해야 할 '행복한 일'이다.

지금 이 순간, 당신의 일이 그 조건들을 충족하지 않더라도 낙담할 필요는 없다. 중요한 것은 현재의 일을 통해 '몰입할 수 있는 나'를 연습하는 것이며 그 경험은 결국 더 좋은 일, 더 행복한 일로 나아가는 데 결정적인 디딤돌이 된다. 여러분이 인생에서 만날 일들이 단순한 생계 수단을 넘어 자신을 실현하고 삶을 풍요롭게 만드는 여정이 되기를 바란다.

〈생각 및 토론 거리〉

1. 현대 사회에서 노동은 저주와 축복 중 어느 쪽에 더 가까운가?
2. 노동의 자율성이 부족할 때와 충분할 때의 차이점은 무엇이었는지 경험에 기반하여 생각해 보자.
3. 자신의 일이나 취미에서 몰입을 경험한 적이 있는가? 그 경험은 노동이나 삶의 만족도에 어떤 영향을 주었는가?
4. 자신이 좋아하는 일과 잘하는 일의 교집합이 어디인지 생각해 보자.
5. 현대 사회에서 비정규직, 플랫폼 노동 등 불안정한 노동 구조가 인간관계와 정신건강에 미치는 영향은 무엇일까?
6. 여가와 노동의 균형을 어떻게 잡아야 할지, 성공한 사람들의 일화를 바탕으로 생각해 보자.

〈읽을 거리〉

1. 제러미 리프킨 | 이영호 역(2005). [노동의 종말] 민음사.
2. 카를 마르크스 | 채만수 역(2018). [자본론: 경제학 비판] 노사과연.
3. 아론 베나나브 | 윤종은 역(2022). [자동화와 노동의 미래] 책세상.

〈영화 볼거리〉

1. 라나 워쇼스키(Lana Wachowski) & 릴리 워쇼스키(Lilly Wachowski) 감독(1999). [매트릭스(The Matrix)] 미국: Warner Bros. – 현실 세계에서 반복적이고 억압적인 삶을 살아가는 인간과, 그 속에서 진정한 자유를 찾아 나서는 주인공의 이야기를 통해 노동과 자아실현의 의미를 생각하게 하는 영화.
2. 낸시 마이어스(Nancy Meyers) 감독(2015). [인턴(The Intern)] 미국: Warner Bros. – 은퇴 후 새로운 일에 도전하며 사회적 기여와 자기 성장, 인간관계 속에서 행복을 발견하는 이야기를 통해 일과 삶의 균형을 고민하게 하는 영화.

권력과 행복

권력은 흔히 누군가가 다른 사람의 행동이나 생각에
영향을 미치는 능력으로 이해된다.
즉, 어떤 사람이나 집단이 타인의
의지나 선택을 자신의 의도에 따라 움직이게 할 수 있을 때,
우리는 그에게 '권력이 있다'고 말한다.

권력이란 과연 무엇인가?

우리는 일상에서 '권력'이라는 말을 자주 접한다. 정치 뉴스에서 권력을 쥔 이들의 움직임을 지켜보기도 하고, 직장에서 상사의 권위 앞에서 위축되기도 하며, 때로는 친구나 가족 사이에서도 미묘한 힘의 균형을 느끼곤 한다. 권력은 매우 거창하고 공식적인 정치 구조 안에만 존재하는 것이 아니라, 우리가 살아가는 거의 모든 관계 속에서 작동한다. 그러나 막상 "권력이란 무엇인가?"라는 질문을 받으면 단정적으로 정의하기는 쉽지 않다. 이번 절은 '권력'이라는 개념을 철학적으로 접근하여 우리가 권력을 어떤 방식으로 경험하고, 그것이 인간의 자유와 행복에 어떤 영향을 미치는지를 다룬다.

우선, 권력은 흔히 누군가가 다른 사람의 행동이나 생각에 영향을 미치는 능력으로 이해된다. 즉, 어떤 사람이나 집단이 타인의 의지나 선택을 자신의 의도에 따라 움직이게 할 수 있을 때, 우리는 그에게 '권력이 있다'고 말한다. 이때 권력은 단순히 힘(force)이나 폭력(violence)과는 구분된다. **베버**는 권력을 '타인의 저항에도 불구하고 자신의 의지를 관철시키는 능력'으로 정의하며, 단순히 강제적인 힘이 아니라 사회적 정당성과 제도적 기반 위에서 작동하는 힘이라고 보았다.[1] 그렇기에 힘은 물리적인 강제력이고 폭력은 파괴적이고 즉각적인 통제 수단이지만, 권력은 보다 지속적이고 구조적인 영향력을 뜻한다고 이해할 수 있다. 예를 들어, 한 국가의 정부가 국민에게 법을 지키도록 강제하는 것, 회사의 경영진이 조직의 방향을 결정하는 것, 학교에서 교사가 학생들에게 규칙을 따르게 하는 것 모두가 권력의 작동 방식에 포함된다고 할 수 있다.

하지만 권력은 단지 억압하거나 강제하는 수단으로만 존재하지는 않는다. 많은 철학자는 권력을 인간 사회를 유지하고 조직하는 데 필수적인 요소로 간주해 왔다. 토머스 홉스(Thomas Hobbes)나 존 로크(John Locke) 같은 사회계약론자들은 권력을 무정부 상태에서 벗어나 질서를 수립하는 기반으로 보았다. 인간이 서로를 믿지 못하고 '만인의 만인에 대한 투쟁' 상태에 빠질 위험이 있기에 일정한 권위를 가진 통치자가 존재해야만 평화와 안정이 유지된다는 것이다. 이처럼 초기 근대 정치철학에서 권력은 공동체의 안정을 위한 '필요악'으로 인식되었다.

점차 시간이 흐르면서 권력은 단지 '강제력'이나 '억압의 수단'이 아니라 보다 복잡하고 복합적이고 관계적인 개념으로 변모되었다. 현대의 권력 개념은 단순히 위에서 아래로 흘러가는 일방향적 지배 관계만이 아니라, 상호작용 속에서 형성되고 재생산되는 힘의 관계

---

1) Weber, M.. 1922. Economy and Society. edited by Guenther Roth and Claus Wittich. Berkeley: University of California Press.

로 설명하고 있다. 예를 들어, 교사가 학생에게만 권력을 행사하는 것이 아니라 학생들의 태도나 반응 역시 교사의 권위에 영향을 미칠 수 있다는 것이다. 정치 지도자 역시 국민의 지지와 참여 없이 권력을 유지할 수 없으며, 부모의 권위는 자녀와의 정서적 관계 속에서 끊임없이 협상하고 조율된다. 이처럼 권력은 단지 '누가 명령하고, 누가 복종하는가'의 문제가 아니라, 관계 속에서 끊임없이 구성되고 조정되는 역동적인 과정이다. **한나 아렌트(Hannah Arendt) 또한 권력을 '함께 행동하는 능력'**이라고 보았다.[2] 그녀는 권력이 폭력과 달리 타인의 자발적 동의와 참여에서 비롯되기 때문에 공동의 행위 속에서 생겨나는 현상이라고 보았으며, 그렇기에 권력은 여러 구성원이 함께 발생시키는 것이라고 주장한다.

이러한 관점에서 보면, 권력은 어떤 특정한 장소나 직위에만 존재하는 것이 아니라 우리 삶의 모든 장면에 스며들어 있다고 볼 수 있다. 직장, 가정, 연애 관계, 온라인 커뮤니티 등에서도 권력은 다양한 형태로 작동한다. 중요한 것은, 이러한 권력이 때때로 너무 자연스럽게 작동하기 때문에 우리는 그것이 '권력'이라는 사실조차 인식하지 못한 채 살아가기도 한다는 점이다. 예컨대 성별, 나이, 인종, 학력, 외모 등과 관련된 사회적 위계 역시 보이지 않는 권력 질서를 형성한다. 이러한 권력은 물리적인 강제 없이도 사람들의 사고방식과 행동을 특정 방향으로 유도하며, 어떤 삶이 '정상'이고 '이상적'이며 '옳은가'를 규정하기도 한다.

---

2) 한나 아렌트 저, 이진우 역. 2019. 《인간의 조건》. 한길사.

철학적으로 권력을 이해할 때 자주 언급되는 개념 중 하나는 권력과 자유의 관계다. 권력은 흔히 자유를 억압하거나 제한하는 것으로 인식되곤 한다. 우리가 '권력을 가진 자가 국민의 자유를 침해한다'고 말할 때, 권력은 자유의 반대편에 있는 위협적인 힘처럼 보이기 쉽다. 하지만 그보다 정교한 시각에서 권력은 단순히 자유를 억누르는 것이 아니라 오히려 특정한 종류의 자유를 가능하게 하거나 특정한 방식의 삶을 형성하는 조건으로도 작용할 수 있다. 다시 말해, 권력은 단지 '자유를 억제하는 힘'이 아니라 어떤 종류의 자유를 선택적으로 만들어내는 메커니즘일 수 있다는 것이다. 우리가 자유롭게 행동한다고 느끼는 그 행위조차 사실은 이미 어떤 사회적 규범이나 권력의 흐름 안에서 가능해진 것이다.

나아가 권력은 더이상 정치나 통제, 통치의 문제가 아니라 개인의 정체성, 감정, 욕망, 사고방식까지 영향을 미치는 근본적인 구조로 이해될 수 있다. 누가 발언할 수 있는가? 어떤 감정이 인정받는가? 무엇을 욕망하는 것이 옳다고 여겨지는가? 이런 질문들에 대한 사회의 암묵적인 규칙은 모두 권력의 작동 방식을 반영한다. 예컨대, 우리는 어릴 때부터 특정한 방식으로 감정을 표현하라고 배운다. 남자는 울지 말아야 하고, 여성은 조심스럽게 말해야 하며, 분노보다 인내가 미덕이라는 식의 문화는 우리의 감정 표현 자체를 통제한다. 이러한 통제는 폭력적이지도, 억압적으로 보이지도 않지만, 그만큼 더 깊고 강력한 방식으로 우리의 삶을 구성하는 데에 일조한다. 이처럼 권력은 반드시 외부에서 주어진 억압으로만 작용하는 것이 아닐 수 있다. 우리 스스로가 사회의 규범을 내면화하여 자기 자신을 감시하고 통제한다. 이러한 관점에서 권력은 우리의 욕망과 선택 안에 스며들어 있다는 점에서 외부의 강제력보다 더욱 강력하다.

또한, 권력은 인간의 행복과 밀접하게 연결되어 있다. 흔히 우리는 권력을 가지면 더 자유롭고 행복할 수 있을 것이라 기대한다. 높은 사회적 지위, 경제적 자원, 영향력 있는 말 한마디는 때때로 권력의 상징으로 작용하며, 그것이 곧 안정과 만족의 조건이 될 수 있다고 믿는다. 그러나 실제로는, 권력을 갖는다고 해서 반드시 행복해지는 것은 아니다. 오히려 권력의 불균형, 권력의 남용, 권력에 대한 두려움과 복종은 많은 경우에 불안과 스트레스, 자아의 상실을 동반하기도 한다. 그렇다면 우리는 어떤 권력을 추구해야 할까? 또, 어떻게 권력으로부터 자유로울 수 있을까? 이 질문은 곧 '행복이란 무엇인가'를 묻는 철학적 질문과도 맞닿아 있다.

결국, 권력을 단지 정치적 수단이나 억압의 도구로 바라보는 것이 아니라, 삶의 전반을 구성하는 보이지 않는 힘의 구조로 이해하는 것이 필요하다. 우리가 권력을 어떻게 이해하느냐에 따라 자유의 조건도, 행복의 방식도 달라질 수 있다. 권력은 삶을 억압할 수도 있지만, 때로는 스스로를 변화시키고 사회를 더 나은 방향으로 이끌어갈 수 있는 힘이 되기도 한다. 중요한 것은 그 권력이 어떻게 구성되고, 어떤 방식으로 작동하며, 누구에게 어떤 영향을 미치는지를 끊임없이 묻고 성찰하는 일이다.

우리는 권력이라는 개념이 단지 통치자와 피지배자 사이에서만 작동하는 정치적 힘이 아니라 우리 삶의 관계와 일상에서 구조적으로 작동하는 힘이라는 점을 살펴보았다. 지금부터는 권력의 개념을 보다 철학적으로, 그리고 비판적으로 탐구한 두 사상가 프리드리히 니체(F. Nietzsche)와 미셸 푸코의 사유를 중심으로 권력에 대한 현대적 이해를 확장해 보고자 한다. 이 두 사상가는 모두 권력의 작동 방식이 단순한 억압이나 지배가 아니라 욕망, 언어, 지식, 규범, 주체 형성에 이르는 다양한 차원에서 작동한다고 보았다.

먼저 니체의 사유로 들어가 보자. 니체는 전통적인 도덕과 종교, 철학이 인간의 본성과 욕망을 억압해 왔다고 비판하면서, 인간 삶을 이해하는 핵심 개념으로 '권력 의지(Wille zur Macht)'를 제시한다. 권력 의지는 단순히 정치적 권력을 추구하는 욕망이나 남을 지배하려는 본능을 의미하는 것이 아니다. 그가 말하는 권력 의지는 존재 자체가 스스로 유지하고 확장하려는 근원적인 생명력이며, 인간은 이 권력 의지를 통해 성장하고 변화하며 자기 초월을 이룬다. 그는 인간을 단순히 생존하려는 욕구를 넘어서 자기 능력을 시험하고 세상과 부딪히며 더 높은 존재로 나아가려는 내적 충동을 지닌 존재로 보았다.

니체에게 있어서 진정한 권력은 타인을 지배하는 것이 아니라 자기 자신을 지배하고 기존의 가치체계를 전복하며 스스로 의미를 창조하는 능력이다. 그는 기존의 도덕이 인간을 나약하게 만들고 현실로부터 도피하게 만든다고 비판하며, '노예 도덕'이 아닌 '주인 도덕'을 통해 자기 긍정과 삶의 창조성을 회복해야 한다고 주장한다. 이런 관점에서 니체는 '초인(Übermensch)'이라는 개념을 제시한다.[3]

---

3) 니체 저, 정동호 옮김. 2000. 《차라투스트라는 이렇게 말했다》. 책세상.

초인은 남과 비교하거나 타인의 인정을 통해 자신의 가치를 찾는 것이 아니라 스스로 삶의 의미를 만들어가는 존재이다. 초인의 삶은 외부의 권위에 복종하지 않고, 자기 안의 힘과 가능성을 끌어내어 삶을 예술처럼 창조하는 실천이다.

따라서 니체에게 진정한 권력은 '남을 지배하는 힘'이 아니라 자신을 끊임없이 초월해 나가는 능력이다. 이러한 관점은 행복의 개념에도 중요한 시사점을 준다. 니체는 단순히 쾌락이나 안락을 추구하는 삶을 경계했다. 오히려 그는 고통, 시련, 실패조차 자신을 단련하고 더 높은 존재로 나아가기 위한 필연적인 과정으로 받아들여야 한다고 강조한다. 그는 "살고자 하는 자는 고통을 견뎌야 한다"라고 말하며, 고통을 회피하는 삶이 아니라 고통을 창조적 에너지로 전환할 수 있는 힘, 즉 권력 의지야말로 진정한 자유와 행복의 기반이라고 주장하였다. 다시 말해, 행복은 고통을 부정하는 상태에서 오는 것이 아니라 고통을 새로운 에너지로 발돋움할 수 있는 상태에서 비롯된다는 것이다.

이제 미셸 푸코의 사유로 넘어가 보자. 푸코는 20세기 프랑스의 대표적인 철학자이자 사상가로, 권력에 대한 논의를 사회적·제도적·지식적 맥락 속에서 분석한 인물이다. 푸코는 전통적으로 이해되어 온 권력, 즉 한 주체가 다른 주체를 강제하거나 억압하는 방식으로만 작동하는 권력 개념을 넘어서 권력을 사회 전반에 미시적으로 퍼져 있는 네트워크적 힘이라고 보았다. 푸코는 특히 권력이 지식(knowledge)과 깊이 얽혀 있다는 점을 강조한다. 우리는 흔히 지식을 진리로 믿고, 그것이 권력으로부터 독립되어 있다고 생각한다.

사실 푸코는 지식이란 특정한 권력 관계 속에서 생산되고 유통되며, 그것을 통해 어떤 주체가 규범화되고, 어떤 삶이 '정상'으로 간주되며, 어떤 행동이 금지되는가가 결정된다고 보았다. 그가 말한 "지식은 권력이다"라는 말은, 단순히 '지식이 힘이 된다'는 의미가 아니라 지식이 권력 구조의 일부이며 동시에 권력을 작동시키는 장치라는 의미다. 그 대표적인 사례가 그의 저서 《감시와 처벌》에 등장하는 '판옵티콘(panopticon)' 개념이다.[4] 이는 영국의 철학자 벤담이 고안한 원형 감옥 모델로, 중앙의 감시탑에서 모든 수감자를 동시에 볼 수 있게 설계되었다. 이 구조의 핵심은 감시자가 항상 보고 있다는 게 아니라 항상 볼 수 있는 '가능성'이 있다는 점이다. 수감자는 자신이 감시당하고 있다는 사실만으로도 스스로 행동을 통제하고 규율에 복종하게 된다. 푸코는 이 모델을 통해 현대 사회의 권력은 강제적 폭력이나 법적 처벌이 아니라 사람들 스스로가 스스로를 감시하고 규율하게 만드는 형태로 진화했다고 주장한다.

이러한 통찰은 현대 사회에서도 유효하다. 현대인들은 스마트폰, 온라인 활동 기록, CCTV 등을 통해 끊임없이 누군가의 시선을 의식하며 살아가고 있다. 그렇기에 직접적인 강제가 없어도 사회가 요구하는 '이상적인 삶'에 맞추어 살아가려는 압력이 내제적으로 작동한다. 이는 곧 푸코가 주장한 권력의 내면화, 즉 권력이 개인의 정체성 형성과 행복의 조건에 관여하고 있다는 것을 보여주고 있다.

푸코가 말하는 권력은 그래서 비가시적이고, 탈중심적이며, 일상

---

4) 미셸 푸코 저, 오생근 역. 2020. 《감시와 처벌: 감옥의 탄생》. 나남.

적이다. 학교, 병원, 군대, 정신병원 등 제도적 공간뿐 아니라 가정이나 언론, 언어, 규범 속에서도 권력은 끊임없이 작동한다. 사람들은 어느 순간부터 자기 자신을 스스로 평가하고 조절하며, 사회가 요구하는 '정상적인 삶'에 맞추기 위해 자기를 훈육한다. 즉, 권력은 단지 외부로부터 오는 통제가 아니라 자기 안에 내면화된 규율의 작동인 것이다. 이러한 푸코의 권력론은 현대 사회에서 자기 자신을 어떻게 구성하는가라는 질문과 연결된다. 우리는 타인의 시선, 사회적 기대, 통계적 기준 등에 따라 자신을 판단하고 비교하며, 거기에서 벗어나기 어려운 정체성을 형성한다. 푸코는 그러한 자기 규율이 결국 권력의 작동이며, 권력이 주체를 억압하는 동시에 만들어내는 방식이라고 분석한다. 이는 권력을 단지 억압적인 힘으로 보는 시각을 넘어 권력이 인간의 주체성과 행복의 조건까지 구성한다는 통찰을 제시한다.

니체와 푸코는 그들이 살았던 시대와 문화는 다르지만 공통적으로 권력을 '삶을 구성하는 힘'으로 바라보았다는 점에서 연결된다. 니체가 권력을 자기 초월의 근원적 에너지로 이해했다면, 푸코는 권력을 사회 속에서 인간이 자신을 규율하고 형성하는 구조로 분석했다. 니체는 '권력 의지'를 통해 주체의 해방과 창조적 삶을 강조했으며, 푸코는 권력이 주체를 형성하고 통제하는 과정을 연구하고 그러한 틀을 깨뜨리는 비판적 사유의 가능성을 모색했다. 결국 우리는 권력이라는 것을 단순히 '누가 더 많은 자원을 가지고 있으며, 누군가를 지배할 수 있는가'의 문제가 아니라, '우리 스스로 삶을 어떠한 방식으로 가능하게 만들고, 동시에 또한 제약할 수 있는가'라는 질문으로 확장해서 사유해야 한다. 행복은 단지 자유로운 상태가 아니라, 자유로울 수 있는 조건을 구성하는 권력의 구조 안에서 가능한 것이다. 그런 점에서 권력을 사유하는 일은 단지 정치적 참여의 문제에 그치지 않고 스스로 어떻게 살아갈 것인가에 대한 실존적 물음으로까지 이어진다.

권력과 행복의 관계는?

　이번 절에서는 영화 〈브이 포 벤데타(V for Vendetta)〉를 통해 현대 사회에서 권력이 어떻게 작동하고 있는지를 살펴보자. 이 영화는 단순한 액션 영화가 아니다. 정치철학, 권력 비판, 자유에 대한 사유가 복합적으로 녹아 있는 철학적 영화이자, 오늘날의 현실과 맞닿아 있는 강력한 은유의 서사이다. 이 영화는 원래 앨런 무어(Alan Moore)와 데이비드 로이드(David Lloyd)가 창작한 그래픽 노블[그림 소설]을 바탕으로 만들어졌으며, 영화는 2005년에 공개되어 세계적으로 큰 반향을 일으켰다.[5] 영국 대학에서는 이 작품을 단순한 오락물이 아니라 하나의 철학적 텍스트로 인정하고 정치학, 사회학, 철학 수업에서 교육 자료로도 사용하고 있다. 왜 그럴까? 이 영화는 권력이 작동하는 방식을 적나라하게 보여주는 동시에 개인이 어떻게 권력에 맞설 수 있는지를 이야기하는 작품이기 때문이다.

---

5) 앨런 무어; 데이비드 로이드, 정지욱 역. 2008.《브이 포 벤데타》. 시공사.

영화 속 시대적 배경은 핵전쟁 이후의 영국이다. 극심한 혼란과 불안 속에서 사람들은 안정을 원하게 되었고, 이를 틈타 극우 파시스트 정당인 '노스파이어(Norsefire)'가 정권을 잡는다. 그 후 영국은 표면상 질서와 안정을 내세우지만 실제로는 언론, 종교, 교육, 대중문화, 심지어 개인의 감정과 사생활까지 철저히 통제하는 전체주의적 사회로 변모해가고 있다. 이 정권은 무력과 공포를 통해 시민을 통제하였다. 시민은 정권의 눈에 들기 위해 서로를 감시하며, 당국은 시민을 대상으로 무작위 검문과 강제 체포를 감행했다. 야간 통행금지, 검열된 방송, 검은색 유니폼을 입은 비밀경찰이 도심을 활보하고, '텔레스크린'을 통해 거짓된 진실만이 반복된다.

이 장면들은 조지 오웰의 소설 《1984》를 연상시키기도 한다. 하지만 이 모든 것은 단순한 '힘'의 문제가 아니다. 푸코의 말처럼, 현대의 권력은 더 이상 단순히 강압이나 억압만으로 작동하지 않는다. 이 정권은 시민을 '훈육'한다. 즉, 시민이 스스로를 검열하고 자발적으로 복종하도록 권력을 행사하였다는 것이다. 푸코가 말한 판옵티콘(panopticon), '감시의 내면화'가 영화 속 사회 전체를 장악하고 있는 것이다. 영화 속 시민들은 서로를 신뢰하지 못하고, 고립된 채 체제의 명령에 의존하게 됨으로써, 자유를 잃은 것을 넘어 자유를 원하지 않는 상태에 이르게 된 것이다. 이는 현대 사회에서 권력의 무서운 특징을 보여주는 부분이기도 하다

노스파이어 정권은 자신들의 지배를 정당화하기 위해 끊임없이 '공포'를 생산한다. 그들은 국민에게 끊임없이 외부의 위협을 강조하며, 불안한 현실에서 안정을 줄 수 있는 유일한 존재로 스스로를 포

지셔닝한다. 이러한 구조는 역사 속의 수많은 권위주의 체제와 닮아 있다. 히틀러의 나치 독일이 유대인을 외부의 적으로 설정하여 독재를 정당화한 것처럼, 이 정권도 외부의 음모와 내부의 불순분자를 강조하며 '질서'를 명분으로 개인의 자유를 침해한다. 특히, 영화에서 방송국은 핵심적인 권력 장치로 등장한다. 정권은 대중 매체를 통해 자신들에게 유리한 정보만을 반복하고, 반대되는 목소리를 철저히 제거한다. 미디어는 더 이상 '진실'을 보도하는 수단이 아니라 권력의 확장과 유지 수단으로 기능한다. 푸코가 말했듯이, '지식은 권력'이며, 권력은 지식을 통해 사회를 규율한다. 영화 속 뉴스는 정보 전달이 아니라 국민을 통제하고 방향을 유도하는 장치로 작동하게 된다. 심지어 과거의 기록과 진실마저 왜곡된다. 이를 통해 역사적 사건은 편집되고, 과거에 일어났던 끔찍한 실험과 학살은 은폐되었다. 이는 노엄 촘스키(Noam Chomsky)의 주장처럼, 언론이 단순한 정보 전달의 장이 아니라 권력이 자신들의 이익을 유지하기 위해 사용하는 필터 역할을 할 수 있다는 것을 보여준다. 영화 속에서 방송은 '진실'이 아닌 권력이 선택적으로 편집한 '허구적 현실'을 말하고 있기 때문이다. 권력은 이렇게 현실을 통제하는 데 그치지 않고 기억과 해석마저 독점하려 들었다. 이는 권력이 인간의 삶 전체, 나아가 정체성과 행복의 조건까지도 좌우할 수 있음을 보여준다.

이 영화에서 눈여겨볼 지점 중 하나는, 시민들이 단순히 강압에 의해 억눌린 것이 아니라는 점이다. 많은 사람은 정권에 동의하지 않으면서도 적극적으로 저항하지 않는다. 오히려 스스로 침묵하고, 체제에 순응한다. 이것이 바로 푸코가 말한 현대 권력의 특징이다.

감시와 통제는 외부로부터 강요되는 것이 아니라 자기 내면으로 침투하여 자기를 규제하게 만든다. 이러한 권력은 비가시적이며, 때로는 심리적인 방식으로 작동한다. 사람들이 체제에 길들여지는 과정은 타인의 시선, 반복되는 언어, 제한된 정보, 두려움에 의한 자기 검열 등을 통해 점진적으로 이루어지게 된다.

시민들은 불만을 느끼지만, 그것이 체제에 의한 것인지 자기 책임인지조차 혼란스러워하게 되고, 결국에 권력은 시민들의 삶과 사고방식, 꿈과 감정에도 영향을 미친다. 여기서 푸코가 제시한 '생체권력(biopower)' 이라는 개념이 유의미하다. 푸코가 말하는 생체권력이란 개인의 생명 그 자체를 관리하고 조절하는 권력의 형태로, 의료, 위생, 교육, 출산, 죽음까지 통제의 영역으로 포함한다. 영화 속에서 권력은 단순히 물리적인 행동만이 아니라 우리 삶의 조건 전체를 관리하는 시스템으로 존재한다. 푸코는 권력이 단순히 금지하거나 억누르는 차원에 머무르지 않는다고 보았다. 오히려 규범과 지식을 창출하고, 특정한 삶의 방식과 사고 패턴을 만들어내는 것과 같이 생산적이라는 것이다. 영화 속 시민들이 자발적으로 침묵하는 이유는 단지 공포때문이 아니라, 이미 그들이 체제에서 유포한 가치관을 내면화했기 때문이라고 볼 수 있다.

영화에는 권력의 구조를 상징적으로 보여주는 몇몇 인물들이 등장한다. 최고 지도자인 아담 서틀러는 권력의 정점에서 공포 정치와 독재를 지휘한다. 그는 대중 앞에 직접 모습을 드러내기보다 거대한 스크린 속 얼굴로만 나타나며, 국민에게 무언의 위압을 가한다. 이는 마치 '큰 형님(Big Brother)'처럼 추상화된 권력의 이미지이며, 공포의 상징이자 신화화된 인물이라고 할 수 있다.

반면, 그 아래에서 실무를 수행하는 인물들-경찰, 정보기관 요원, 방송사 간부 등-은 시스템의 부속품으로서 권력 구조를 실질적으로 유지한다. 이들은 자신이 옳다고 믿는 사람도 있고, 체제의 이익을 위해 묵묵히 움직이는 사람도 있으며, 또 어떤 이는 개인적 이득을 위해 적극적으로 악을 행하기도 한다. 이 다양한 인간 군상은 단지 강압만이 아니라 인간의 심리, 욕망, 이익을 교묘히 결합시킨 복잡한 권력 유지 메커니즘을 보여준다. 이처럼 권력은 단일한 형태로 존재하는 것이 아니라 조직, 시스템, 상징, 심리, 언어, 이미지 등 다양한 층위에서 작동한다. 그리고 이것이 바로 현대 권력의 무서운 점이다. 우리는 이 권력이 분명히 존재함을 느끼지만, 어디서 시작되고 어디서 끝나는지 쉽게 확인할 수 없다. 푸코가 말한 것처럼 권력은 '소유'가 아니라 '관계'이며, '특정한 지점'이 아니라 '분산된 그물망'이다.

영화 〈브이 포 벤데타〉는 정체를 알 수 없는 한 남자, '브이(V)'의 등장으로 시작된다. 그의 외모는 다소 특이하게 보인다. 검은 망토에 가이 포크스(Guy Fawkes)의 가면을 쓰고, 세련된 언어로 대중에게 말을 걸어온다. 그는 단지 총과 칼을 휘두르는 테러리스트가 아니라 말과 상징, 예술, 역사를 무기로 삼아 억압된 사회를 깨우는 존재였다. 이번에는 브이라는 인물이 어떤 방식으로 권력에 저항하고, 그의 발언과 행동이 어떤 철학적 의미를 지니는지를 살펴보자.

브이의 등장은 굉장히 상징적이다. 영화 초반, 어둠 속에서 구조를 벗어난 한 여성이 정부의 비밀경찰에게 위협받는 장면이 나온다.

그 순간 브이가 등장하여 그녀를 구하고, 정중하면서도 강렬한 말투로 자신을 소개한다. 그는 시인처럼 말하고, 배우처럼 움직이며, 전사처럼 행동한다. 이 장면은 단순한 영웅의 등장이 아니라 일종의 '철학적 알레고리'로 해석할 수 있다. 그가 개인의 얼굴을 버리고 가면을 쓰는 순간, 브이는 특정한 개인을 넘어서서 집단적 저항의 상징으로 자리 잡게 된다. 우리는 그의 가면을 개별적 욕망을 넘어선 집단적 의지의 형상화라고 해석할 수도 있을 것이다.

그는 이렇게 '정체불명의 복면 인물'이지만, 그 안에는 분노, 이상, 기억, 예술, 고통, 저항, 그리고 철학이 복합적으로 얽혀 있다. 그렇기에 브이는 폭력에 맞서기 위해 폭력을 사용하는 인물로 단순히 해석하기에는 무리가 있다. 그는 자신이 겪은 고통과 상처를 바탕으로, 체제의 구조적 폭력에 대해 언어와 상징을 통해 응답하는 주체다. 앞에서 말한 바와 같이 그가 선택한 가면은 단순한 은폐 수단이 아니라 역사의 은유다. 가면은 1605년 영국 국회의사당을 폭파하려 했던 실존 인물 가이 포크스의 얼굴을 형상화한 것이다. 이는 단순한 과거의 반란자가 아니라 기억 속에서 소거되었던 저항의 정신을 복원하는 정치적 퍼포먼스라고 해석된다. 이처럼 브이의 모든 행동은 상징적이다. 그는 국영방송을 장악하고, 대중에게 이렇게 선언한다.

> "국민은 정부를 두려워해서는 안 됩니다. 정부가 국민을 두려워해야 합니다."

이 발언은 권력의 정당성이 어디에 있는지를 다시 묻는 것이라고 볼 수 있다. 브이는 국민에게 질문을 던진다. "당신들은 언제부터 이 체제에 침묵하게 되었는가?" "무엇이 진짜 자유이며, 무엇이 가짜 평화인가?" 그는 정해진 답을 강요하지 않는다. 오히려 스스로 질문하게 만들고, 스스로 깨어나도록 유도하는 방식으로 권력에 저항한다.

푸코의 권력 개념에 비추어 보면, 브이는 전통적인 권력관계를 전복하는 주체다. 푸코는 권력을 단지 '폭력'이나 '강제'로 보지 않았다. 그는 권력이 사회적 규범, 언어, 제도, 감정, 일상 속에 분산되어 있으며, 우리가 그것을 당연하게 받아들이는 방식으로 유지된다고 주장했다. 브이는 바로 그 '당연함'을 깨뜨리는 인물이다. 그는 체제의 거짓말, 언론의 왜곡, 교육의 억압, 종교의 침묵을 낱낱이 드러내며, 사회가 숨기고 있는 권력의 실체를 가시화한다. 이것이 브이의 첫 번째 저항이다. 즉 진실을 말하고, 침묵을 깨며, 금기된 기억을 복원하는 행위다.

브이는 또한 '행동'을 통해 메시지를 전달한다. 그는 매년 11월 5일, '가이 포크스의 날'에 의사당을 폭파하겠다고 선언한다. 이는 단순히 건물 하나를 부수는 것이 아니라 상징적 의미를 갖는다. 사람들의 마음속에 '두려움을 심어온 거대한 권력'의 이미지, 신성불가침한 정치의 무게, 법과 질서의 절대성에 금이 가는 순간을 만드는 것이다. 그는 "건물은 상징이다. 상징이 의미를 잃으면, 건물도 그저 돌덩이에 불과하다"라고 말한다. 이 발언은 권력이 물리적 공간이나 제도에만 있는 것이 아니라 사람들의 믿음과 습관, 감정과 상상

속에 존재함을 보여준다. 브이는 이러한 상징을 공격함으로써 사람들의 머릿속에 박힌 '권력의 불가침성'을 허물었다. 그는 대중을 깨우기 위해 말하지만, 직접적으로 선동하지는 않는다. 모든 사람에게 똑같은 복면을 나누어주며, 평등하게 메시지를 전달하는 방식이다.

> "나의 얼굴은 당신의 얼굴이다."

이 말은 매우 강력한 메시지다. 그는 개인 영웅이 되기를 거부했다. 그의 목적은 체제를 무너뜨리고 그 자리에 자신이 서는 것이 아니라, 더 이상 영웅이 필요 없는 사회, 모두가 자유롭게 말할 수 있고, 권력에 질문할 수 있는 사회를 만드는 것이었기 때문이다. 여기에서 우리는 새로운 권력을 세우는 방식의 전통적 혁명이 아닌, 권력 자체를 무너뜨리고 그 필요성을 최소화하려는 브이의 사상적 태도를 볼 수 있다. 이 지점에서 브이는 고전적 혁명가가 아닌, 철학적 실천가이자 상징적 예술가로 읽힌다. 그의 언어는 시적이면서도 정치적이다. 그는 시민의 분노를 자극하면서도 복수에 머무르지 않는다. 오히려 브이는 사랑과 상처, 자유와 아름다움을 동시에 말한다. 한 장면에서 그는 비밀 실험실에서의 고문과 고통의 경험을 고백하며, 자신이 '그 고통 속에서 태어난 또 다른 존재'가 되었음을 인정한다. 그가 복수를 위한 괴물이 아니라 고통을 통해 다시 태어난 윤리적 주체임을 보여주는 장면이다. 또한 그가 이비(Evey)에게 남긴 편지, 그리고 감옥 장면은 이 점을 잘 보여준다. 그는 그녀에게 진정한 자유란 두려움을 잃는 것, 진실을 마주할 용기를 가지는 것이라고 말한다. 그리고 그녀가 그 고통을 견디고 나왔을 때, 브이는 이렇게 말한다.

> "이제 당신은 자유입니다."

이 말은 육체의 자유를 의미하는 것이 아니라 자기 내면에서 권력을 내면화하던 두려움으로부터의 해방을 뜻한다고 볼 수 있다. 푸코 식으로 말하면, 브이는 감시사회에서 '스스로를 감시하던 주체'로부터 이비를 해방시키는 존재인 것이다. 이는 내면화된 두려움과 권력의 감시를 거부할 때 시작되는 자유를 보여주며, 자유를 단순한 정치적 권리를 넘어서 인간 존재의 근원적 조건으로 해석할 수 있음을 제시한다. 이처럼 브이의 저항은 총과 폭탄 이전에, 상징, 말, 기억, 관계, 감정의 차원에서 이루어진다. 그는 권력을 파괴하기보다, 권력의 구조를 해체하고, 새로운 상상력을 가능케 하는 존재였다. 자크 랑시에르(J. Rancière)는 정치란 "보이지 않는 것을 보이게 하고, 말할 수 없던 것을 말하게 하며, 존재하지 않던 주체를 정치적 주체로 등장시키는 것"이라고 했다. 브이는 바로 그 '정치적 주체'를 등장시키는 인물이다. 그래서 그의 언어와 상징은 개인의 내면을 깨우는 동시에, 공동체 전체가 새로운 정치적 상상력을 획득하도록 하는 매개체로 작용하게 된다.

그의 죽음조차 '영웅의 비극'이 아니라 '집단적 주체의 탄생'으로 이어진다. 영화의 마지막 장면에서, 많은 시민이 브이의 복면을 쓰고 광장에 나온다. 그들은 "나는 브이다"라고 말하지 않지만 그 상징

속에 자신을 투사한다. 그렇게 '브이'는 개인이 아니라 저항의 이름
이자 자유의 상징이 되었다. 그의 존재는 끝났지만, 그의 언어와 상
징은 시민들 개개인 안에 존재하며 권력에 맞서 끊임없이 질문을 던
지는 정치적 주체로서의 재탄생을 끌어내었다.

권력과 개인의 관계에서 행복할
방법은 무엇인가?

행복은 단지 개인의 내면에서 생성되는 감정이나 심리 상태일까? 아니면 사회 안에서, 타인과의 관계 속에서 비로소 성립되는 삶의 조건일까? 이번에는 우리가 행복하게 살기 위해 반드시 마주쳐야 하는 문제, 바로 정치권력의 정당성에 대해 철학적으로 사유해보려 한다. 그리고 그 중심에 있는 사상, 사회계약론의 흐름을 따라가며 정치적 권력의 본질, 그리고 그것이 인간의 자유와 행복에 어떤 방식으로 영향을 미치는지를 고찰해보자.

사회계약론은 근대 정치철학의 핵심 이론이다. 17세기와 18세기에 등장한 이 사상은 절대군주제가 위세를 떨치던 시대에 "권력은 어디서 비롯되는가?" "정치는 왜 필요한가?" "국가는 누구를 위해 존재하는가?"라는 질문을 던졌다. 그리고 그 답을 '신의 뜻'이 아니라 인간의 합의, 곧 계약(contract)에서 찾았다. 고전 사회계약론자들인 홉스(Thomas Hobbes), 로크(John Locke), 루소(Jean-Jacques Rousseau)는 각기 다른 해석을 제시했지만, 공통적으로 정치권력은 인간들이 '서로 해치지 않고 살아가기 위해 자발적으로 맺은 약속'에서 출발한다고 보았다. 다시 말해, 권력은 위에서 내려온 것이 아니라, 인간이 만들어낸 것이다.

홉스는 사회계약론의 시초를 연 인물이다. 그는 저서 《리바이어던(Leviathan, 1651)》[6]에서 인간의 자연 상태를 '만인에 대한 만인의 투쟁', 즉 끊임없는 전쟁 상태로 묘사한다. 인간은 본성적으로 이기적이고 생존을 위해 남을 해칠 수 있는 존재이기 때문에, 규범이나 법이 존재하지 않는 상태에서는 누구도 안전할 수 없다고 말한다. 그는 이런 상태에서는 "인간의 삶은 고독하고, 빈곤하며, 혐오스럽고, 야만적이며, 짧다"라고 단언한다. 이 혼란에서 벗어나기 위해 인간은 스스로 권리를 양도하고, 강력한 권력자에게 권한을 위임하여 사회 질서를 유지하려 한다고 주장한다. 이렇게 구성된 권력, 즉 주권자는 모든 구성원의 동의에 의해 정당성을 얻으며, 법을 만들고 질서를 강제할 수 있다. 이것이 바로 홉스의 사회계약론이다.

우리가 주의해야 할 점은, 홉스의 권력 개념이 자유보다는 안전을 우선시한다는 것이다. 그는 자유의 대가로 절대적인 권력을 인정해야 하며, 그것이 개인의 생명을 보장해 주는 유일한 방법이라고 주장했다. 이러한 생각은 국가 권력에 강력한 정당성을 제공했지만, 동시에 개인의 자유와 행복을 제한할 수 있는 철학적 위험성을 내포하고 있다. 오늘날까지도 일부 나라에서는 시민의 '안전'이나 '질서'를 이유로 자유를 억압하고, 정권의 강압을 정당화하는 데 이 논리가 사용되곤 한다. 과연 그것이 모두의 행복을 위한 길일까?

---

6) Hobbes, T. 2003. Leviathan. Thoemmes Continuum.

행복의 조건은 단순히 생존의 보장만을 포함하고 있지 않다. 이성적 존재로서 자신의 가능성을 발휘하고 공동체 안에서 덕을 실천하는 것이 행복이라고 생각한다면, 홉스의 권력 개념에서는 행복이 충분히 보장되지 않는다고 볼 수 있다.

홉스가 안전과 질서를 위해 강력한 권력을 옹호했다면, 로크는 개인의 자유와 권리를 보호하기 위한 제한된 권력을 주장했다. 그의 대표작 《정부론 제2편(Second Treatise of Government, 1690)》은 오늘날 자유주의 정치사상의 출발점으로 간주된다. 로크는 인간의 자연 상태를 홉스처럼 비관적으로 보지 않았다. 그는 자연 상태에서도 인간은 이성적으로 행동하며, 자연법에 따라 남을 해치지 않고 공존할 수 있는 존재로 보았다. 하지만 시간이 지나면서 분쟁이 생기고, 재산권을 둘러싼 충돌이 빈번해지면서 공정한 판단자와 중재가 필요해졌고, 그 결과로 정부가 만들어졌다고 주장한다.

로크는 정치권력은 인간의 생명, 자유, 재산을 지키기 위한 수단이며, 국민이 위임한 권한 이상을 넘어서는 순간 그 정당성을 상실한다고 보았다. 그는 심지어 국민은 권력이 그 역할을 다하지 못하거나 폭력적으로 변할 경우, 저항하고 정부를 바꿀 권리가 있다고 보았다. 이 주장은 훗날 미국 독립혁명과 프랑스대혁명의 철학적 근거가 되었으며, 오늘날 민주주의의 핵심 원리인 권력의 책임성과 국민의 주권 개념을 뒷받침한다. 로크의 사회계약론은 개인의 자유를 보장하면서도 사회적 질서를 유지할 수 있는 권력의 형태를 모색한 시도였다고 볼 수 있다. 그는 권력이 존재해야 사회가 유지되지만, 그 권력은 반드시 개인의 행복과 권리를 위한 것이어야 한다고 본

것이다. 따라서 로크의 사회계약론은 단순히 권력을 제한하는 이론이 아니라 행복을 정치적 권리로 끌어올린 근거가 된다.

루소는 사회계약론의 전통을 계승하면서도 전혀 다른 방향으로 전개시킨 사상가이다. 그의 대표작 《사회계약론(Du contrat social, 1762)》은 "인간은 자유롭게 태어났으나, 어디서든 쇠사슬에 묶여 있다"라는 유명한 문장으로 시작한다.[7] 그는 근대 사회의 권력이 인간을 억압하고, 불평등을 심화시키며, 타락시킨다고 보았다. 루소는 자연 상태의 인간은 평화롭고 자유로운 존재였지만, 사유재산의 등장 이후 불평등과 경쟁이 발생했다고 주장하였다. 사유재산의 등장으로 인해 일부는 권력을 독점하고, 다수는 복종하게 되었다고 본 것이다. 따라서 그는 진정한 자유를 회복하기 위해서는 단순히 권력을 나누는 것이 아니라 모든 시민이 공동으로 주권을 행사할 수 있는 정치 체제, 곧 '공화국'을 만들어야 한다고 주장하였다.

그의 핵심 개념은 '일반의지(volonté générale)'다. 이것은 단순한 다수결이나 여론이 아니라 모든 시민이 공동선을 향해 이성적으로 숙고한 결과 도출되는 집단적 의지다. 이 일반의지를 따르는 사회에서는 개인은 스스로 만든 법에 복종하기 때문에 복종을 통해 자유를 실현할 수 있다. 루소에게 있어서 진정한 자유란 "타인의 지배로부터의 해방"이 아니라 "자기 자신이 만든 규범에 자율적으로 참여하는 것"이다. 이러한 루소의 사상은 개인의 자유와 공동체의 통합

---

7) Rousseau, J. J.. 1987. Du Contrat social ou Principes du droit politique. Messidor-Éd. Sociales.

을 조화시키려는 시도며, 현대 민주주의의 핵심 이념인 시민 참여와 집단적 자율성의 철학적 기초를 이룬다. 또한, 행복은 혼자서는 성립하지 않으며 '함께 만드는 질서' 속에서 자유를 누리는 경험이라고 해석되며, 일반의지를 통한 자기 입법은 행복의 정치적 기반을 제공한다고 볼 수 있다.

이제 다시 행복의 문제로 돌아와 보자. 우리가 행복하게 살아간다는 것은 단지 감정적 만족에 그치지 않고 자유롭게 사고하고, 말하고, 선택할 수 있는 조건 안에서 살아간다는 것을 의미한다. 그러나 이러한 조건은 개인 혼자서 만들 수 없다. 우리는 늘 사회 안에 있으며, 타인과 관계를 맺고, 제도와 규칙 안에서 살아간다. 그렇다면 정치권력은 그 조건을 보장해야 한다. 고전 사회계약론자들은 각기 다른 방식으로 권력의 정당성을 설명했지만, 공통적으로 강조한 것은 정치권력은 국민의 합의에서 비롯된 것이며, 국민의 권리와 자유를 보장하기 위한 수단이어야 한다는 점이다. 권력은 목적이 아니라 수단이며, 그 정당성은 구성원의 동의와 자유로운 참여에 기반할 때에만 유지될 수 있다. 그리고 이런 정치권력 하에서의 삶은, 두려움 없이, 타인의 존엄을 인정하며, 자신의 존재를 긍정할 수 있는 행복의 기반을 제공한다.

아리스토텔레스 또한 《정치학》에서 인간을 '정치적 동물'이라 칭하며, 개인의 행복은 공동체의 질서와 불가분의 관계에 있다고 주장하였다. 개인이 아무리 훌륭하여도 정의롭지 못한 공동체 속에서는 진정한 행복을 성취할 수 없다는 것이다. 이는 행복이 결코 사적인 감정에 국한되지 않고 사회적, 정치적 차원을 포함한다는 것을 보여준다. 정치적 자유는 단지 투표권의 문제가 아니라 삶의 주체로서 살아갈 수 있는 존엄의 조건이며, 사회 전체가 그것을 보장하기 위해 어떤 형태의 권력을 선택하고 운영할 것인지를 끊임없이 고민해야 하는 이유이다.

한편, 우리는 권력을 비판하지만 동시에 필요로 하고 의존한다. 때로는 인지하지 못하는 사이에 권력은 행사된다. 여기서 중요한 것은 권력이 단지 정치가나 통치자에게만 주어지는 특수한 권위와 힘이 아니라 우리 일상 깊숙이 스며든 관계의 구조이자 감정의 질서라는 사실이다. 그리고 그 권력의 작동 방식이 변화하면서 우리가 '행복'을 이해하는 방식 또한 달라진다.

과거의 권력은 명확했다. 왕과 귀족, 법과 경찰처럼 눈에 보이는 위계 구조 속에 권력이 존재했기 때문이다. 권력은 쉽게 지목될 수 있었고 권력에 저항하는 것은 상대적으로 단순했다. 하지만 현대에 들어 권력은 훨씬 더 보이지 않는 방식으로 우리의 습관과 정서, 선택과 판단 속에 침투하고 있다. 앞에서 이야기했지만 푸코는 이것을 '규율 권력'과 '생체권력'이라는 개념으로 설명했다. 오늘날의 권력은 감옥이나 법정 같은 외부 기관뿐 아니라, 학교, 병원, 기업, 언론, SNS 같은 공간 속에서 작동하고 있다. 권력은 더 이상 억압이나 강제가 아니라 개인을 스스로 규율하도록 만드는 장치로서 힘을 발휘한다.

우리는 자기를 끝없이 관리해야 하고 더 나아지기를 요구받는다. 몸을 가꾸고, 정서를 조절하며, 자기계발을 멈추지 않는 일상속에서 우리는 '자유'롭다고 느끼지만, 실상 이것은 내면화된 권력의 요구를 수행하는 객체일 수도 있다. 예를 들어 우리는 성공한 삶, 멋진 일상, 이상적인 가족을 인스타그램과 유튜브를 통해 매일 목격하고 있다. 우리는 그것을 '자발적'으로 소비하고 공유하지만, 사실 그 안에는 **이상화된 행복의 기준과 비교의 프레임, 그리고 자기 검열**이 작동하고 있다는 것이다. 이렇게 권력은 오늘날 행복마저도 일정한 형태로 규격화하며 우리를 조용히 길들이고 있다. 이때, 행복은 더 이상 자발적 경험이 아니라 권력이 설계한 질서 속에서 관리되는 산물이 된다.

오늘날의 행복은 더 이상 내면의 만족이나 소박한 기쁨에 머물지 않는다. 현대 사회는 '행복해야 한다'는 명령을 은근히 강요하고 있다. 심리학, 뇌과학, 유전자, 라이프스타일 콘텐츠는 행복을 측정하고 분석하며, 우리가 어떻게 하면 더 행복해질 수 있는지를 끊임없이 조언한다. 그 자체는 충분히 긍정적일 수 있다. 그러나 문제는 그 '행복'이 결국 특정한 방식의 삶을 살아야만 가능하다는 조건을 내포하고 있다는 점이다. 이런 사회에서 우리는 쉬는 것에도 죄책감을 느끼고, 행복하지 않으면 무엇인가 잘못된 것처럼 여기며, 타인의 행복을 부러워하면서 자신을 부족한 존재로 평가한다. 행복은 더 이상 느끼는 것이 아니라 관리하고 증명해야 하는 성과가 된 것이다. 내적 충족이 아니라 외적 비교와 생산성의 논리에 따라 규정된 이러한 행복은 결국 자본의 흐름 속에서 생산된 상품에 불과할 지 모른다.

이런 시대에 권력에 저항한다는 것은 무엇을 의미하는가? 우리는 이에 답하기 위해 단순히 제도를 비판하거나 정치적 구호를 외치는 것을 넘어, 내가 당연하게 여겼던 삶의 방식, 감정, 가치에 대해 의문을 던지는 것에서부터 시작해야 한다. 푸코가 말한 저항은

‘다른 삶의 방식에 대한 상상’이다. 루소가 말한 자유는 ‘내가 동의한 법에만 복종하는 상태’이다. 영화 〈브이 포 벤데타〉의 주인공 브이는 말과 상징을 통해 체제의 거짓말을 드러내고, 사람들에게 질문을 던진다. “당신은 언제부터 침묵했는가?” “무엇이 진짜 자유인가?” 오늘날 우리에게 필요한 것도 바로 이와 같은 질문이다. “나는 왜 이렇게 살아야 한다고 믿는가?” “내가 행복하다고 믿는 이 감정은 어디서 왔는가?” “내가 쉴 수 없는 이유는 무엇인가?” “다른 사람의 고통에 무감한 내가 괜찮은가?” 이러한 질문은 철학적인 동시에 정치적인 질문이다. 왜냐하면, 그 질문을 던지는 순간 우리는 ‘타자’와 ‘공동체’ 속에서 자신의 위치를 다시 구성하게 되기 때문이다. 나아가 행복이 도덕적, 정치적 주체로서 자신을 바로세우는 과정이라면, 이렇게 질문하는 행위 자체가 이미 행복의 한 조건이 될 수 있다.

그렇다면 우리는 정말 자유롭게, 행복하게 살고 있을까? 아니면 누군가가 설정해 놓은 ‘행복의 틀’ 속에서 자기를 감시하고 비교하며 살아가고 있는 건 아닐까? 오늘날 권력은 더 이상 눈에 보이는 지배가 아니다. 자기를 규율하게 만드는 감정의 코드, 자기계발의 명령, ‘좋은 사람’이 되라는 사회의 시선이 권력의 형태로 작동하고 있다. 우리는 자율적인 척, 행복한 척 살아가기도 한다. 그럴 때 우리는 종종 이렇게 말하곤 한다.

“나는 가진 게 없어서” “환경이 안 좋아서” “나는 원래 이래서…”

하지만 우리는 이 시점에서 칭기즈칸의 명언을 떠올려볼 필요가 있다.

누구나 제국의 지배자가 되라고 하는 것은 아니지만, 이 말은 지금의 우리에게도 중요한 통찰을 준다. 진정한 변화는 외부의 적이 아니라 내 안의 고정관념, 두려움, 익숙한 권위로부터 벗어나는 데서 시작되기 때문이다. 행복은 '내가 기분이 좋은 상태'가 아니라, 타인과 함께 살아가는 삶을 새롭게 구성하는 힘이다. 그리고 그 시작은 질문하는 용기, 그리고 나를 넘는 실천에서 시작된다. 지금의 나를 넘어 더 나은 나와 우리를 향해 그러한 질문을 멈추지 않는 것, 그것이 오늘날 우리가 권력 속에서 진짜 행복을 지켜내는 철학적 삶일 것이다. 결국, 행복은 고정된 결과가 아니라 과정이다. 자유롭게 질문하고, 그 질문을 바탕으로 자신과 공동체를 새롭게 조직하는 행위가 바로 행복의 본질을 찾게 한다. 우리의 행복은 이미 완성되어 있는 특정한 상태라기 보다는 끊임없이 권력과 자기 자신을 돌아보고 살아가는 실천적인 삶 속에서 만들어지는 것이다.

〈생각 및 토론 거리〉

1. 권력은 행복을 위한 도구인지, 권력 그 자체에 행복의 원천이 있는 것인지 토론해 보자.
2. 행복을 위해 권력이 필수조건인 예시를 찾아보자.
3. 권력은 타인의 행복을 침해할 때만 성립하는가? 권력은 본질적으로 타인에게 영향력을 행사하는 관계에서 발생한다. 그렇다면 한 사람의 권력이 커질수록 다른 사람의 행복은 줄어드는 것인가? 아니면 특정인의 권력이 '공동체적 권력'으로 작동한다면, 모두의 행복을 증진하는 데 기여할 수도 있는가?
4. 권력을 가진 사람은 자기 결정권, 자율권, 자기실현의 시회를 더 많이 누릴 수 있다. 그러나 동시에 고립, 불신, 그리고 책임의 부담을 가져오기도 한다. 권력이 행복의 본질적인 질을 '자유로운 행복'에서 '책임의 행복'으로 변형시킬 수 있는지에 대해 생각해 보자.
5. 권력이 공동선을 위해 사용될 수 있는 한계점과 균형점은 어디인가?
6. 익숙한 권위로부터 벗어나기 위해 가장 먼저 실천할 수 있는 것은 무엇인가에 대해 생각해보자.

〈읽을 거리〉

1. 미셸 푸코 | 오생근 역(2020). [감시와 처벌: 감옥의 탄생] 나남출판.
2. 존 스튜어트 밀 | 김은미 역(2024). [자유에 관하여] 후마니타스.
3. 이문열(2020). [우리들의 일그러진 영웅] 알에이치코리아.

⟨영화 볼거리⟩

1. 가브리엘 무치노(Gabriele Muccino) 감독(2006). [행복을 찾아서(The Pursuit of Happyness)] 미국: Columbia Pictures. − 역경 속에서도 희망을 잃지 않는 한 아버지의 행복 찾기 여정.
2. 벤 스틸러(Ben Stiller) 감독(2013). [월터의 상상은 현실이 된다(The Secret Life of Walter Mitty)] 미국: 20th Century Fox. − 평범한 인물이 모험을 통해 몰입과 자기실현을 발견하는 이야기.

우정과 행복

우정은 서로 이해하고 존중하며 걱정하고
격려하는 비애정적인 인간관계로서
행복과 즐거움의 원천이며 이것이야말로
우리가 본능을 넘어 이상적으로 갈망하는
'안전한 마음의 장소'다.

인간이 사회적 동물이라는 것의
의미는 무엇인가?

나는 이번 절을 우리가 익히 들어왔던 질문 하나로 시작하려 한다. "우정이란 무엇이고, 왜 그것이 행복과 연결되는가?" 이 물음은 단순히 인간관계에 대한 고민만 포함하고 있는 것은 아니다. 이 질문은 "나는 어떤 존재인가, 나의 삶은 타인과 어떻게 연결되어 있는가" 그리고 궁극적으로는 "행복은 혼자 성취할 수 있는 것인가"라는 근본적인 물음으로 이어진다. 그리고 이 질문을 보다 깊이 이해하기 위해 고대 철학자 아리스토텔레스의 명언을 떠올려보자. 그는 《정치학(Πολιτικά, Politics)》 제1권에서 이렇게 말했다. "인간은 폴리스적 존재, 즉 사회적 동물이다."[1] 이 말은 단순히 인간이 무리를 지어 함께 살아야만 생존할 수 있다는 진화론적 설명에 국한되지 않는다. 인간은 혼자서는 '인간다움'을 온전히 실현할 수 없는 '공동체적 존재'라는 철학적 선언이다. 예를 들어, 늑대들 사이에서 자란 인간 아이는 인간답지 않은 행동을 보일 것이다. 걷는 방식, 의사소통 방식,

---

1) Aristotle, Politics, Book I, 1253a2–18.

심지어 감정 표현 방식까지 인간의 것과는 다르기 때문이다. 왜 그 럴까? 인간은 다른 인간들과의 관계 속에서 인간이 되기 때문이다. 인간이 인간다워지기 위해서는 반드시 '인간'과의 관계를 통해 사회 화 과정을 거쳐야 한다. 다시 말해, 인간은 관계 안에서 비로소 존재 가 된다. 현대 심리학도 이 점을 뒷받침한다. 존 보울비(J. Bowlby) 의 애착 이론은 영아기의 안정된 대인관계가 자아 형성과 심리적 안 정이 핵심임을 강조한다. 즉, 우리는 처음부터 관계 안에서 태어나 고 관계를 통해 나 자신을 인식하게 되는 존재라는 것이다. 그리고 바로 여기에서 '우정'의 의미가 등장한다. 우정은 단지 누군가와 잘 지낸다는 의미를 넘어서서, 내가 나다워질 수 있는 마당(場)이자 내 존재의 의미를 지속적으로 확인하며 인간다움이 유지되고 회복되는 통로다.

그렇다면 우리는 이쯤에서 다른 문제를 하나 더 생각해 보자. 우 정은 애정과 어떻게 구분될까? 이 두 감정은 누군가를 좋아하고, 함 께하는 관계라는 점에서 유사해 보인다. 하지만 이 두 감정에는 중 요한 차이가 있다. 우선 애정은 생존, 생활, 생식을 중심으로 작동하 는 감정이다. 그리고 여기에는 자연스럽게 상대에게 기대하는 바와 욕구, 소유의 욕망이 깃들어 있어 상대를 변화시키려는 욕구와 욕심 도 같이 깃들게 된다. 예컨대, 연인이나 가족 간의 애정은 종종 '이 사람이 이렇게 해주길 바란다'는 기대와 실망, 변화의 압력으로 이어 지곤 한다. 그렇지만 우정은 조금 다르다. 사실 우정은 상대가 지금 어떤 모습이든, 그 자체로 받아들이는 데에서 출발한다. 우정에는 "너는 나에게 무엇을 줄 수 있지?"라는 물음이 없고 오히려 "네가 너로서 존재하는 것이 기쁘다"는 전제가 깔려있다. 장자(莊子)는 〈덕충부(德充符)〉〈외물(外物)〉 편에서 진정한 친구 관계가 형식적인 예절을 넘어 마음이 통하는 무위자연의 관계라고 설명한다.[2] 진실한 친구는 말이 없어도 서로의 마음을 이해하며, 존재 자체로 교감한다. 자기의 속마음을 참되게 알아주는 친구를 말하는 사자성어인 지기지우(知己之友)도 있다. 즉, 진정한 친구 사이에는 굳이 많은 말이 필요하지 않고, 서로의 마음을 느끼고 이해하는 것으로도 충분하기에 억지로 얽매이지 않고, 각자의 본성을 존중하면서도 공존하는 관계, 이것이 우정이다.

우정은 단지 개인 간의 정서적 친밀감에 머무르지 않고 역사적으로도 사회적 생존과 공동체 유지의 필수조건이었다. 고대 농경사회에서는 외부의 위험, 자연재해, 전쟁 등 가족이나 친족 단위로 극복할 수 없는 외적 장애를 극복하기 위하여 혈연 외의 연대, 즉 우정 기반의 유대 공동체가 필요했고, 지역민들의 유대는 생존의 방편이었다. 그래서 친구, 동료와의 관계는 그 자체로 선이었고 투자할 만한 대상이었다. 실제로 고대 그리스에서 '필리아(Philia)'는 단순한 개인적 친밀감을 넘어서 정의로운 공동체의 기반으로 이해되었다. 플라톤은 《뤼시스(Λύσις, Lysis)》에서 이렇게 말했다.

---

2) 장자는 《장자》〈山木〉 편에서 "知與之交, 未始有有也 ; 無有而有, 無為而成。生死契闊, 與子成說"이라 말하며, 앎과 물질이 교감이나 진정한 친구 사이의 사귐은 형식이나 조건 없이 무위로 이루어지는 것이라 보았다.

3) 플라톤 저. 강철웅 역. 《리시스》. 이제이북스. 214e.

플라톤에게 우정은 우리의 선한 것과, 우리가 선을 향해 나아가는 열망 때문에 생기는 것이기에 감정이 아니라 도덕적 지적 교감이다.

오늘날에도 우리들의 사회생활에서 우정은 매우 중요한 실용적 자산이다. 네트워크, 사회자본, 심지어 취업과 진로, 정치와 사업까지, 사람과 사람 사이의 신뢰와 상호 존중이 얼마나 강력한 힘을 가지는지는 두말할 필요가 없다. 하지만 중요한 것은 우정은 계산과 이익을 벗어난 관계라는 점이다. 인간의 삶에서 우정은 그러한 이익을 목적으로 하지 않는, 서로의 존재 자체를 지지하고 격려하며 이해하려는 순수한 관계를 말한다. 우정은 서로 이해하고 존중하며 걱정하고 격려하는 비애정적인 인간관계로서 행복과 즐거움의 원천이며 이것이야말로 우리가 본능을 넘어 이상적으로 갈망하는 '안전한 마음의 장소'일지도 모른다.

실제로 우정과 행복에 관한 흥미로운 연구가 진행되었다. 최근 6개월 동안 중요한 일을 함께 이야기한 친구가 있는 사람은, 그렇지 않은 사람보다 60%는 더 행복하다는 것을 밝힌 것이다. 왜 이런 결과가 나왔을까? 우정 속에서는 우리가 가면 없이 스스로의 '진짜 자아'를 숨기지 않아도 되기 때문이다. 친구 앞에서는 많은 것을 공유하고 용인하기 때문에, 애정을 잃을까 두려워하지 않고도 자신을 자유롭게 드러낼 수 있다. 내가 좋아하는 것, 부끄러운 순간, 실수, 걱정, 희망을 숨기지 않아도 된다. 우정이란 있는 그대로의 자기를 보여주고도 거절당하지 않을 수 있다는 확신, 그리고 그 확신에서 비롯된 해방감과 자기다움의 경험이기 때문이다. 우리는 그렇게 우정 속에서 제약으로부터 보다 자유로워지고 그 자체로 자기다움을 느끼며, 또한 그러한 자유로부터 자신이나 외부에 대한 새로운 견해 즉, 창의성도 얻을 수 있다. 새로운 것을 시도할 용기와 실패를 견딜 수 있는 안전기지가 친구라는 관계 안에 존재하기 때문이다. 미국의 철학자 랄프 왈도 에머슨(R. W. Emerson)도 그의 수필집에서 이렇게 말했다.

> "우정은 우리의 거울이다. 친구 앞에서는 우리의 자아가 다시 태어난다."[4]

그렇다면 어떤 친구가 '진정한 친구'일까? 고민을 들어주거나 심심할 때 놀아주는 친구도 중요하지만 한 단계 더 나아간 조금 다른 의미의 친구가 있다. 어쩌면 진정한 친구란 '능력을 요하는 공동의 관심사에 도전할 수 있는 사람'이다. 성장을 함께 도모하는 관계, 나의 가능성을 현실로 만들어주는 동반자라는 뜻이다. 예컨대 같이 책을 쓰자고 제안하거나, 같이 운동을 하자고 하는 친구들, 함께 프로젝트를 기획하자고 제안하는 친구, 이들은 우리의 삶을 바꾸고 성장시킨다. 이들은 삶을 소비하는 친구가 아니라 삶을 창조하는 친구 관계이기 때문이다.

---

4) Emerson, R. W., 1841. Essays: First Series 1. James Munroe and Company.

　　로마 사람들은 '죽었다'라는 단어를 '사람들 사이에 있지 않다'라고 표현한다. 관계에서 단절된 존재는 생물학적으로 살아있을지 몰라도 존재론적으로는 이미 죽어있는 것과 같다는 의미다. 고립이 곧 죽음을 의미하듯, 인간에게 친구란 생명과도 같은 존재일 것이다. 이러한 관점은 동양고전에서도 유사하게 나타난다. 동양의 《논어》는 친구에게 진심으로 조언하고 돕는 태도[5]를, 《맹자》는 유익한 벗을 사귐으로써 자신의 지혜를 넓히는 것을 강조하며, 《관자》에서는 이해관계를 넘어선 진정한 우정(관포지교)의 중요성을 보여준다. 오늘날의 정신건강 위기, 특히 고독사나 관계 단절로 인한 우울과 무기력은 결코 개인이 나약함 때문이 아니다. 그보다는 관계 없는 상태 자체가 인간에게는 견디기 힘든 불행일지 모른다.

---

5) 《논어》의 이인 편에는 덕(德)이 있는 사람은 외롭지 않다(德不孤 必有鄰)고 한다. 이것은 덕이 있는 사람은 반드시 그 동류(同類)가 따름이 있는 것이니 그가 거주하는 곳에 이웃이 있는 것과 같은 의미다.

우리는 동물, 자연과 우정을
나눌 수 있는가?

혹시 여러분은 최근에 가장 큰 위로를 받은 대상이 사람이 아니라 동물이나 자연이었던 경험이 있는가? 말 못하는 존재가 오히려 나를 더 잘 이해해주는 것 같은 느낌, 혹은 아무 말도 하지 않지만 바다나 나무, 바람이 나를 감싸주는 듯한 위안을 느낀 경험이 한 번쯤은 있을 것이다. 혹은 반려동물과 함께 살아본 적이 있는가? 그들은 아무런 말을 하지 않지만 눈빛만으로도 위로가 되고 인간과 유사한 강한 유대감을 형성한다. 또한, 당신은 자연 속에서 아무 이유없이 마음이 편안했던 순간이 있는가? 이 모든 경험은 단순히 감상적이거나 감정적인 환상이나 위안의 문제가 아니다. 그것은 우리 안에 있는 본능, 진화적으로 형성된 생물학적 감각, 그리고 정신적·정서적 구조와 깊은 연관성을 가진다.

사실 반려동물과의 우정이 우리 삶에 들어온 역사는 꽤 오래되었다. 고대 이집트에서는 고양이를 신성시하며 가정의 수호자로 여겼다. 로마 시대에는 군견을 전우로 삼아 전쟁에 같이 동행하기도 했다. 심지어 일본의 에도 시대에는 '네코마타' 같은 고양이 관련 전설이 전해지며, 사람과 동물이 영적 유대를 맺을 수 있다는 믿음이 퍼졌다. 이렇게 오랜 세월 동안 우리는 동물에게서 안전과 위안을 얻어왔고, 그것이 곧 '인간다움'을 확인하는 경험이 되었다.

그렇다면 사람들은 왜 반려동물을 키울까? 단지 외로움을 달래기 위해서일까? 단지 귀여워서일까? 동물과 인간과의 관계는 인간의 우정과 매우 닮아있다. 단순한 '애완'의 관계가 아닌 상호 돌봄과 정서적 의존이 형성되는 관계다. 동물행동학자들과 진화심리학자들은 인간이 반려동물에게 느끼는 감정이 '확장된 돌봄 본능'에 가깝다고 말한다. 그 존재가 내가 보살피지 않으면 위험해질 수 있는 연약한 존재라는 점에서 우리는 본능적으로 그들을 돌보고자 하는 마음을 느끼게 된다. 인간은 원래 자손을 보호하기 위한 본능이 다른 종(種)에게까지 확장하는 능력을 점차 가지게 되었다.[6] 예를 들어 개나 고양이와 같이 인간사회에 익숙해진 반려동물은 보호자의 표정과 감정, 음성 억양 등을 감지할 수 있다. 또한 인간은 그들이 배고픈지, 불안한지, 놀고 싶은지를 알아차린다. 이런 상호작용은 언어 이전의 유대를 형성하며, 무조건적 수용이라는 우정의 핵심을 실현한다.

그런데 흥미로운 점은, 이 돌봄이 단순히 '도와주는 행위'에서 끝나지 않는다는 점이다. 반려동물을 기르는 사람들의 스트레스 지수는 낮고 행복감 지수는 높다고 한다. 특히 옥시토신과 코르티솔이라는 호르몬에 영향을 준다. 일명 '사랑 호르몬'이라 불리는 옥시토신

---

6) Herzog, H., 2014. Biology, culture, and the origins of pet-keeping. Animal Behavior and Cognition, 1(3), pp. 296~308.

은 반려동물을 쓰다듬을 때 인간과 동물 모두에게서 증가한다고 한
다. 그리고 반려동물을 기르는 것은 스트레스 호르몬인 코르티솔을
감소하게 하고 우리에게 심리적 안정을 주기에 혈압과 우울감이 감
소한다는 과학적 근거들이 늘어나고 있다. 오늘날 많은 심리치료에
서 반려동물들이 적극적으로 활용되기도 한다.[7] 심리치료 현장에서
는 이를 '애니멀 어시스트 테라피(Animal-Assisted Therapy)'라고
말한다.[8] 외상 후 스트레스 장애 환자에게 개나 말과 상호작용하도
록 유도하면 단순 대화 치료보다 훨씬 빠르게 불안 증상이 완화된다
는 연구 결과가 있다. 이는 동물이 주는 무언의 지지와 '조건 없는 수
용'이 인간 심리에 미치는 놀라운 힘을 보여준다.

이러한 치료법은 자폐 스펙트럼 장애 아동, 치매 어르신, 심지어
군 복무 이탈 군인들에게도 적용되어 효과를 보고 있다. 미셸 드 몽
테뉴는 《수상록》에서 개와 산책하면서 "내가 고양이와 장난친다고
생각하지만, 고양이는 아마 나와 장난친다고 생각할지도 모른다"라
고 고백했다.[9] 이 말은 인간이 느끼는 일방적 우월감을 해체하고, 동
물과 관계 안에서 상호 우정적 존재로서 자아를 회복하는 순간을 보
여준다. 그래서 동물은 언어로 말하지 않지만 침묵으로 나를 존재하
게 한다고 말한다. 그만큼 반려동물은 나의 감정적 거울이자 고요

---

7) Beck, Alan M. 2014. The biology of the human-animal bond. Animal Frontiers.
   4(3). pp. 32~36.
8) Pandey, R. P., Himanshu, Gunjan, Mukherjee, R., & Chang, C. M. 2024. The
   Role of Animal-Assisted Therapy in Enhancing Patients' Well-Being: Systematic
   Study of the Qualitative and Quantitative Evidence. JMIRx med, 5. e51787.
9) 미셸 드 몽테뉴 저, 손우성 번역. 2007.《몽테뉴 수상록.》문예출판사.

한 우정의 장이라는 것이다. 반려동물은 우리에게 변함없는 친구 역할을 해주기 때문이다. 인간관계에서는 상처받을까 봐 두려운 감정이 있지만, 동물은 그런 조건 없이 우리에게 언제나 우정을 준다. 또한, 독일의 철학자 칸트는 그의 저서 《실천 이성 비판》[10] 에서 '존엄성'이라는 개념을 통해 동물과 달리 인간이 가지는 내재적 가치를 강조했지만, 반대로 그는 '우리가 동물에게 보이는 태도는 우리 자신에 대한 태도'를 반영한다고 보았다. 이렇게 동물을 존중하는 행위는 곧 나 자신을 존중하는 연습이며 이것은 궁극적으로 우리 인간 사이의 우정을 더욱 성숙하게 하는 밑거름이다.

한편, 현대 도시인에게 '그린 스페이스(Green Space)'의 중요성이 새롭게 대두되고 있다. 한 연구팀은 도시공원 접근성이 높은 지역에 거주하는 사람이 그렇지 않은 사람보다 정신 건강 지수가 높다고 보고했다.[11] 또한, 삼림욕 문화는 면역세포를 활성화한다는 과학적 근거를 바탕으로 스트레스 완화뿐만 아니라 암 예방 효과까지 입증되어 여러모로 관심을 받고 있다. 이처럼 동물뿐만 아니라 자연도 우리에게 위로를 전하고 마음을 평온하게 하는 힘을 가지고 있다. 왜 우리는 바다에 가면 해방감을 느끼고, 나무숲에 들어서면 마음이 느슨해지고, 산의 정적 앞에서 자신이 작아진다는 감정들을 느낄까? 그 이유는 우리의 진화 과정에서 찾을 수 있다. 인간은 수십만 년 동안 자연 속에서 살아왔다. 도시나 전기불, 아파트와 같은 인공 구조

---

10) 임마누엘 칸트 저자(글) · 백종현 번역. 2019. 《실천 이성 비판》, 아카넷.
11) Roe, J.. 2016. Cities, Green Space, and Mental Well-Being. Oxford Research Encyclopedia of Environmental Science. Retrieved 7 Oct.

물은 사실 인류 역사의 측면에서 보자면 '최근에 등장한 비정상적인 환경'이다. 인공 구조물은 인류 전체 역사에서 보면 0.1%도 되지 않는 최신의 발명품이다. 우리의 뇌는 여전히 숲, 물, 동물 울음 소리와 바람 소리 등에 반응하도록 구조화되었다. 자연의 소리가 생존과 안정의 신호로 각인되어 있는 반면, 인공소음은 위협과 경쟁의 환경이라는 인식이 뇌에 남아있다. 과학적으로 살펴보면, 자연 속에 노출되면 편도체 활동이 줄어들고 전두엽과 부교감 신경계가 활성화된다고 한다. 이는 우리의 안정감과 명상상태를 유도하는 신체적 반응이다. 다시 말해, 자연은 우리의 뇌와 몸이 가장 익숙해하고 안도하는 환경이다.

루소는 《에밀》에서 기술 문명은 인간을 타락시키고 자연은 인간을 회복시키니 "**자연으로 돌아가라(Retour à la nature)**"라고 주장했다. 하이데거 역시 기술 문명에서 벗어나 '사물의 본래적 존재 방식'과 다시 마주하는 장소로서의 자연을 강조하였다.[12] 자연은 이렇게 그 자체로 비판하지 않고 기다려주는 존재며, 우리의 불안함과 조급함을 가라앉히는 존재적인 배경이다. 불교의 '반야' 사상 역시 이와 통한다. '공(空)'을 깨달은 자는 모든 존재가 서로 연기(緣起)로 연결되어 있음을 인식하게 된다. 나무와 내가, 동물과 내가, 우정과 내가 분리된 실체가 아니라 서로를 일으키는 조건이라는 깨달음은 서구

---

12) 《기술에 대한 물음(Die Frage nach der Technik, 1954)》에서 하이데거는 기술(Technik)을 단순한 도구가 아니라 '현현 방식(Ge-stell, 구성틀)', 즉 존재를 특정 방식으로 드러나게 하는 근본적 태도로 설명한다. 그는 기술 문명이 사물을 단지 '자원(Bestand)'으로 전환시켜 버리는 위험을 경고한다.

철학의 경외감이라는 개념과 닮아있다.

조금 의외의 예시도 있다. 바로 쇼핑도 자연과 관련된 본능의 표현이라는 것이다. 우리는 왜 스트레스를 받을 때 쇼핑몰에 가고 싶어질까? 단순히 소비중독이라고 생각하는가? 하지만 그보다 더 본능적인 이유가 있다. 사실 슈퍼마켓 등에서 생필품을 사는 행위는 인간의 사냥과 채집 본능을 자극한다. 인간은 오랜 시간 사냥과 채집을 통해 살아남았다. 인류가 먹잇감을 찾고, 가죽을 벗기고, 돌을 다듬거나 작은 열매를 구별하고 안전하게 운반하여 보관하는 능력들이 이에 해당한다. 장을 보면서 물건을 고르거나 고른 물건들을 집으로 가져올 때, 그리고 이 물건들을 보관할 때의 모든 과정은 우리 조상들이 동물이나 식물을 사냥하고 채집하던 본능적 기억과 비슷하게 작동한다. 그래서 우리는 장을 보며 무언가를 확보했다는 쾌감, 나를 위해 유용한 것을 성공적으로 찾았다는 만족감을 느끼게 된다.

진화 심리학적으로 보자면, 장을 보는 행위는 사냥 성공의 기억을 환기하고, 그래서 도파민이 분비되면 다시금 습관적으로 쇼핑의 행동이 강화된다는 것이다. 그래서 어떤 사람들은 스트레스를 받을 때 쇼핑을 즐기기도 한다. 그것이 단순한 중독이 아니라, 무엇인가를 찾고, 얻고, 확보하는 본능을 충족하는 행위이기 때문이다. 즉, 생존을 위한 본능을 충족하는 통로가 쇼핑문화다.

경제학자 대니얼 카너먼(Daniel Kahneman)은 《생각에 관한 생각》[13]에서 시스템 1과 시스템 2를 구분하면서 '본능적이고 자동적인

---

13) 대니얼 카너먼 저, 이창신 번역. 2018. 《생각에 관한 생각》. 김영사.

반응'이 우리의 일상 대부분을 차지한다고 설명했다. 쇼핑할 때 우리가 느끼는 짜릿함은 바로 이 시스템 1이 작동하는 순간이다. 여기서 생필품 쇼핑은 단순한 소비가 아니라 내 몸 안에서 잠자고 있던 본능을 깨우는 의식이라고도 볼 수 있다.

　자연과 관련해서 또 하나 빼놓을 수 없는 것이 있다. 바로 운동이다. 운동은 단순히 체중을 줄이고 건강관리를 위한 시간이 아니라 우리 몸에 저장되어 있는 오랜 기억의 행위다. 당신은 '러너스 하이(Runner's High)'라는 말을 들어본 적 있는가? 장시간 달리기와 같이 30분 이상의 강도 높은 유산소 운동을 하면 우리의 뇌에서 동기를 강화시키는 도파민이나 진통 효과를 주는 엔도르핀, 더해서 대마초와 유사한 작용을 하는 아난다마이드와 같은 호르몬이 분비되면서 기분이 극적으로 좋아지는 현상이 나타나는데, 러너스 하이는 이 현상을 가리키는 말이다. 철학적 시선으로 보자면, 운동은 자기 자신과의 우정을 맺는 시간이기도 하다. 니체는 "위대한 모든 사상은 걷기에서 비롯된다(All truly great thoughts are conceived by walking)"라고 말하며, 철학자야말로 걸으며 사유해야 한다고 주장하기도 하였다.[14] 몸과 정신은 분리되지 않으며, 몸을 통하여 자기 자신과 다시 연결되는 순간이 운동이라는 것이다. 또 한편, 불교 명상 전통에서는 '걷기 명상'을 통해 움직이는 중에도 마음의 고요함을 유지하는 법을 가르친다. 이 수행은 니체의 말과 통찰과도 만나는 지점이다. 마치 몸이 친구처럼 나를 이끌며, 발걸음마다 지금의

---

14) 프리드리히 니체, 이상엽 옮김. 2016. 《이 사람을 보라》. 지만지(지식을 만드는 지식).

자아를 새롭게 확인하게 한다. 이처럼 운동은 자기와의 깊은 대화이자 몸과 마음 그리고 환경의 삼위일체적 우정이라고 할 수 있다. 지금까지의 이야기를 종합하면, 운동 역시 자연 속에서 살아남기 위해 몸이 기억하는 행동 패턴이고, 그 기억을 충족시킬 때 우리는 쾌감과 성취감을 느낀다. 때때로 운동은 고통을 수반하지만 그 행위 안에서 우리는 몸이 회복되고 복잡한 생각이 비워지며, 자신을 새롭게 한다. 결국 운동은 내가 회복되어 간다는 느낌의 출발점이다.

어떤 우정이 우리에게
행복을 주는가?

　우리는 지금까지 인간 사이의 우정, 그리고 인간과 동물·자연과의 우정을 살펴보았으며, 사람과 사람 사이의 깊은 이해, 동물과의 유대, 자연과의 생물학적 회복까지 고찰했다. 이 모든 것들은 우리에게 감정적 안정감과 행복감을 주는 중요한 통로다. 그렇다면 마지막으로, 우정을 넘어선 더 깊은 관계는 없을까라는 궁금증이 떠오를 수 있다. 그저 따듯함이나 익숙함을 넘어서서, 나의 존재 전체를 감싸고 확장하는 더 근원적인 연결은 없을까?

　바로 이 지점에서 등장하는 것들이 절대자, 경외감, 신앙심 등이다. 여기에서 말하려는 신앙은 특정 종교의 교리나 신의 존재를 믿는 신앙이라기보다는 '나보다 더 큰 존재, 더 큰 힘과 연결된 느낌', 그리고 그로부터 오는 감정과 사유를 의미한다. 이와 같은 연결은 단순한 신앙의 문제가 아니라, 인간이 오랜 진화 과정에서 가져온 존재적 감수성과도 관련이 있다. 인류학자들은 원시시대부터 인간은 자신을 초월하는 존재나 질서를 인식하고자 했고, 그것이 하늘, 산, 불, 조상신으로 구체화 되었다고 설명한다. 즉, 절대자와의 관계는 인간의 본질적인 존재 조건 속에서 탄생한 것으로 볼 수 있다. 단순히 종교적 맥락이 아니라 우리가 세계 속에서 느끼는 근원적 외로움과 고립에서 벗어나고자 하는 본능적인 열망의 표현이기도 한 것이다.

거대한 폭포 앞에 섰을 때 느끼는 압도감, 하늘의 별을 바라볼 때 느껴지는 침묵, 거대한 산맥이나 우주의 사진을 볼 때 오는 존재적 떨림, 위대한 예술작품으로부터 느껴지는 감정을 경험해 본 적이 있지 않은가? 그때 우리는 단순한 감탄을 넘어서서, '나는 정말 작은 존재다', '이 세상은 내가 다 이해할 수 없는 곳이구나'라는 겸허함과 두려움과 동시에 경이로움을 느낀다.

이처럼 우리의 신체적 크기나 능력과 비교하여 너무나도 큰 것, 자신으로서는 어쩔 수 없는 강력한 힘을 볼 때 우리는 두려움을 느낀다. 그리고 이러한 감정은 그것들에 대한 단순한 두려움을 넘어 존경까지 느껴지는 감정이다. 한자어로는 이것을 '경외(敬畏)' 혹은 외경(畏敬)이라고 부른다. 두려움과 존경을 합친 단어다. 심리학자 대커 켈트너(Dacher Keltner)는 "경외감은 인간이 경험할 수 있는 가장 깊은 도덕적 감정이다"라고 했다.[15] 왜냐하면, 이 감정은 개인을 이기적 중심에서 벗어나게 하여 타인과 세계 전체로 시선을 돌리게 만들기 때문이다. 앞서 소개한 자연과의 우정 또한 익숙함과 편안함이기도 하지만 그 거대함 앞에 느끼는 감정은 두려움과 존경심이라고 할 수 있겠다.

---

15) 대커 켈트너 저자(글) · 이한나 역. 2024.《경외심》. 위즈덤하우스.

경외감의 특징 중 하나는 이 감정이 우리를 '나' 중심의 사고에서 벗어나게 한다는 점이다. 심리학자 폴 피프(Paul. K. Piff) 외 연구팀은 경외는 자아와 그에 대한 우려를 감소하고 공동체적 행동을 촉진함을 연구했다.[16] 이것은 곧 경외감이 '자기 초월(Self-transcendence)'의 문을 열어둔다는 의미를 가진다. 어느 정치철학자는 '경외는 인간이 자기를 잊고 세계 안으로 들어가는 드문 순간'이라고 말했는데, 이 감정이야말로 우리가 일상에서 경험하기 어려운 가장 순수한 타자성과의 만남이라 할 수 있다.

우리는 이러한 경외감을 자연 앞에서만 느끼지는 않는다. 앞서 언급한 바와 같은 종교적인 체험뿐만 아니라 피라미드나 자금성과 같이 인간이 만든 거대한 건축물이나 누군가의 진심 어린 선행과 이타적 행동을 할 때, 자신의 꿈을 향해 멋있게 사는 사람을 만날 때, 혹 깊이 있는 한 문장에서 우리는 경이로움을 느낀다. 일반적으로 인간에게서 쉽게 있기 어려운 마음을 어떤 특정한 개인에게서 발견하였을 때, 우리는 인간 내면의 고결함과 위대함을 발견하게 된다. 그럴 때 우리는 그 내면에 대해 경외, 즉 존경의 마음을 가지게 된다. 이런 감정이야말로 우리가 '신적인 것'이 인간 안에도 존재할 수 있다는 것을 직감하는 순간이다.

인간은 어떤 초월적 존재만이 아니라 초월적 인성에도 경외감을 느끼는 존재다. 이처럼 인간과 인성에게 발견되는 초월은, 특정한

---

16) Piff, P. K., Dietze, P., Feinberg, M., Stancato, D. M. & Keltner, D.. 2015. Awe, the small self, and prosocial behavior. Journal of Personality and Social Psychology. 108(6). pp. 883~899.

인간 존재가 보이는 숭고한 태도, 깊은 내면, 그리고 이기심을 넘어서는 행동들에서 비롯된다. 아프리카에서 봉사한 알베르트 슈바이처(A. Schweitzer) 박사, 인류애를 실천한 마더 테레사 수녀와 같은 인물들은 인간이 도달할 수 있는 윤리적 고결함의 지표가 되었고, 많은 사람에게 경외와 감동을 불러일으켰다. 우리는 그들에게 단순한 존경을 넘어서 어떤 '인간적인 숭고함'에 감동받는 것이며 그러한 감정은 곧 '신적인 것'과의 접촉처럼 다가온다. 이처럼 외부의 위대함뿐만 아니라 인간 내부의 위대함에서도 경외를 느끼는 이러한 감정에 대해 플라톤은 '에로스'를 언급한다. 그는 "진정한 사랑은 아름다움을 욕망하는 것이며, 아름다움은 진리와 선의 반영이다"라고 말한다. 어떤 존재가 선하거나 위대하다고 느껴질 때의 우리의 감정은 단순한 감탄이 아니라 존재 전체와 연결되고자 하는 근본적 욕망에서 비롯된다.

이러한 내외적인 경외심 아래에서 우리는 두려움과 존경심과 아울러 행복감을 느끼기도 한다. 그렇다면 이러한 '경외'라는 감정이 왜 행복과 연결될까? 보통 우리는 자존감, 자기효능감, 성취감 같은 '내가 강할 때' 느끼는 감정이 행복이라고 생각하기 쉽다. 하지만 경외는 그 반대다. '나는 작다', '나는 아무것도 아니다' 같은 감정을 느끼는 순간 우리는 왜 오히려 더 충만해질까? 우리는 '나'라는 존재의 한계를 인식할 때 동시에 '나보다 큰 무언가'와 연결되어 있다는 감정을 느끼게 된다. 우리 자신의 존재가 무(無)에 가까워지면서 비로소 다른 존재와의 연결성을 느끼기 시작하고, 이러한 연결 속에서 다른 존재와의 갈등이 해소되기 시작한다. 이 순간 우리는 고립된 나로부터 벗어나 함께하고 있다는 근원적 안정감과 평안을 느끼게 된다. 간혹 우리가 자기 자신을 무(無)로 느낄 때 오히려 **존재가 가장 충만해지는 역설,** 이것이 바로 경외가 주는 행복의 감정이다. 심리학적 해석에서도 경외감을 자주 경험하는 사람일수록 스트레스 지수는 낮고, 이타성은 높으며, 우울감도 적다는 연구가 다수 존재한다. 철학적으로도 이 감정은 니체가 언급한 '존재의 무거움과 고요함에 직면하는 인간의 성숙한 태도'와 연결된다. 자연을 정복의 대상이 아니라 내가 속하는 커다란 하나로 느끼고, 나를 이기적인 존재가 아닌 다른 존재들과 함께하는 우리로 느끼는 등의 감정을 통해서 말이다.

이러한 경외심과 관련해서 **신앙**을 빼놓고 이야기할 수 없다. 실제로 종교와 행복은 많은 면에서 유사한 특성을 가진다. 물론, 종교는 경외의 감정을 가장 잘 다룰 수 있는 장치다. 종교인들은 신앙심을 통해 경외와 같은 특수한 감정을 느낀다. 그들은 예배, 명상 등을 통해 연결, 의미, 해방을 경험한다. 그것을 반드시 신의 이름으로 부르지 않더라도, 종교라는 말의 어원처럼 보다 큰 존재와의 일치감이나 그 존재가 원한다고 생각되는 행위를 함으로써 우리는 행복을 느끼곤 한다. 샘 해리스(Sam Harris)처럼 무신론적 명상 철학자들도 '보다 큰 질서'와 '초월적 감정'은 실존의 차원에서 누구에게나 가능한 체험이라고 말한다.

종교의 어원은 라틴어 **'레리그아르(religare)'**라는 단어에서 왔는데, **'다시 묶다, 연결하다'**라는 뜻이다. 즉, 종교란 인간이 보다 큰 것과 다시 연결되는 경험, 그 자체일 수 있다. 신뿐만 아니라 자연, 공동체, 예술, 철학적 진리 등 나보다 큰 질서라면 그 감정은 가능해진다. 특히, 명상과 기도는 '나를 내려놓고 더 큰 질서에 나를 열어주는 연습'이라고 볼 수 있다. 티베트 불교의 명상 수행자들이 말하는 '비이원적 경험(non-duality)'은 곧 나와 세계, 신과 나 사이의 경계가 사라지는 순간이다. 우리가 절대자나 자연, 혹은 공동체와 연결된다는 것은 곧, 자아의 경계를 유연하게 풀어내는 경험이자, 그로 인해 심리적 평안과 목적감을 얻게 되는 통로다. 종교의 체계적 교리 여부를 떠나 '연결됨' 그 자체가 우리를 치유하고 행복하게 만든다.

이런 경외와 행복이라는 감정을 철학적으로 다룬 한 인물이 있다. 바로 **바뤼흐 스피노자(Baruch Spinoza)**이다. 그는 "참된 기쁨이란, 이성과 사유를 통해 자기 자신을 이해하고 자연과 하나되는 것이다"라고 말한다. 그의 철학의 근본은 '**어떻게 인간은 복된 삶을 누릴 수 있는가**'에 있다. 스피노자는 인간의 목적이 자유인의 삶, 즉 인간의 행복(Beatitudo)에 있다고 보고, 지속적이고 영원한, 영속적인 행복을 줄 수 있는 '최고선'과 그것에 이를 수 있는 수단(참된 선)에 관심을 가졌다. 그의 자연에 대한 철학은 매우 독창적이다. 그는 신을 인격적 존재가 아닌, 자연 자체로 보았다. 즉, 우주를 창조한 것이 아닌 우주를 유지하고 표현하는 자체라고 주장한다.

그는 자연을 두 가지로 나누어 설명한다. 우선 **능산적 자연(Natura Naturans)**은 창조하는 자연, 즉 우리가 흔히 생각하는 신을 의미한다. 그리고 다른 하나는 **소산적 자연(Natura Naturata)**으로, 만들어진 자연, 즉 사물과 인간, 우리 자신을 의미한다.[17] 그는

---

17) 이근세. 2013. 스피노자의 철학에서 신적 산출과 무한양태. 《철학논집》. 35. pp. 109~138.

이 두 자연 간의 관계를 중시하였다. 따라서 우리는 모두 소산적 자연이다. 하지만 이성적 사유를 통해 자연의 원리, 나의 감정, 인간의 조건을 이해하게 될수록 우리는 능산적 자연, 즉 신과 더 가까워진다고 그는 보았다. 이 관점에서 보면, 우리가 이성을 통해 자연과 우리 자신을 이해할수록 신과 하나가 되고, 자유로운 존재, 행복한 존재가 된다고 볼 수 있다. 그래서 스피노자는 이렇게 이야기한다. "감정에 휘둘리지 않고, 사유하고 연결될 때 너는 자유롭고 행복하다." "너 자신을 이해하라. 그곳에 신이 있다." 그가 말하는 진정한 행복은 쾌락이나 순간적 만족이 아니라, 자기 자신과 세계의 원리를 이해함으로써 얻게 되는 내면의 자유와 지속적 기쁨인 셈이다.

　스피노자의 이러한 사유는 현대 심리철학자들에게도 깊은 영향을 주었다. 예컨대 긍정 심리학의 창시자인 셀리그만은 행복의 조건 중 하나로 '의미있는 삶(Eudaimonic Happiness)'을 강조하는데, 이는 쾌락을 넘어서는 차원의 지속성과 자기 초월, 관계와 의미를 포괄한다. 이는 곧 스피노자가 말한 내면의 자유와 질서, 연결이라는 감정과 정확히 맞닿아 있다. 결국 행복은 지속적으로 나와 세계를 이해하려는 태도에서 탄생하는 것이라 할 수 있다. 스피노자나 셀리그먼은 진정한 행복은 끊임없는 자극이 아니라, 자기 안에서 충분히 자유롭고 평화로운 상태에 있는 것임을 우리에게 알려주고 있다. 누구나 자기 자신을 이해하고, 자연의 질서의 통일성을 느끼고, 그곳에서 자기 감정을 다스리는 능력을 키우는 것, 그것이야말로 철학적 신앙, 경외, 그리고 우정의 가장 깊은 형태일 것이다.

　우리는 이번 절에서 우정은 상대를 있는 그대로 받아들이며 나 자신도 편안해지는 관계임을 알았다. 그리고 그러한 우정은 나를 찾게 찾게 하고, 진정한 자유로움의 관계는 우리를 진정으로 행복하게 한다. 우리는 동물과 자연과도 관계를 맺고 그들로부터 정서적 위안을 얻으며 본능적인 차원에서 오는 깊은 만족감을 경험한다.

그래서 행복은 우리의 감정이기도 하지만 삶의 태도며 상태다. 그런 태도와 상태는 외부에서 오는 것이 아니라 내 안의 이해와 평화에서 형성된다. 우정과 신앙, 철학은 결국 하나의 길로 통한다. 어쩌면 행복은 혼자서 도달하는 목표점이 아니라 우정을 나눈 존재들과 함께 걸어가는 길가의 풍경 속에 있는 것이 아닐까?

〈생각 및 토론 거리〉

1. 애정(사랑)과 우정은 무엇이 다를까?
2. '소비하는 친구 vs. 창조하는 친구' 중 나는 지금 어느 쪽에 더 가까운가?
3. 반려동물과의 관계를 '우정'이라 부를 수 있는가? 그렇다면 인간끼리의 우정과 무엇이 같고 다른가?
4. 자연에서 느끼는 평온 · 회복감은 왜 발생한다고 보는가?
5. 쇼핑을 '사냥 · 채집 본능의 현대적 표현'으로 이해하는 설명에 동의하는가?
6. 운동을 '자기 자신과 맺는 우정'이라고 부를 수 있을까? 그 이유를 나의 운동 경험과 연결해 설명해 보자.

〈읽을 거리〉

1. 아리스토텔레스 | 천병희 역(2018). [니코마코스 윤리학] 도서출판 숲.
2. 유발 하라리 | 조현욱 역(2023). [사피엔스] 김영사.
3. 리디아 덴워스 | 안기순 역(2021) [우정의 과학] 흐름출판.

〈영화 볼거리〉

1. 마크 포스터(Marc Forster) 감독(2022). [오토라는 남자(A Man Called Otto)] 미국: Sony Pictures. – 따뜻한 인간관계 속에서 행복이 어떻게 다시 피어나는지를 보여주며, '관계 속 행복'의 중요성을 생각하게 하는 영화.
2. 올리비에르 나카체(Olivier NakacheNakache) & 에릭 토레다노(Eric Toledano) 감독(2011). [언터쳐블: 1%의 우정(Intouchables)] 프랑스: Gaumont. – 전혀 다른 배경과 계급을 가진 두 사람이 우정을 통해 삶의 기쁨과 의미를 다시 발견하는 모습을 보여주는 영화.

제11장

행복과 윤리

윤리적 행위란 단지 규범을 따르는 것이 아니라
내가 아는 '선'과 내가 되고자 하는
'존재'의 이상을 되새기며 실천하는
깊은 철학적 행위다.

| 제1절 |

윤리적 행위란 과연 무엇인가?

우리는 매일 어떤 행동을 할 것인가를 고민하며 살아간다. 어떤 말을 반드시 하고 어떤 말은 하지 않을지, 누군가를 도울 것인지 외면할 것인지, 혹은 진실을 말할 것인지 침묵할 것인지를 선택하는 순간마다 우리는 끊임없이 '윤리'와 마주한다. 그럼 우리는 무엇을 근거로 행위를 '윤리적'이라고 판단할까? 우리의 행위 중 어떤 행위가 더 윤리적일까? 그리고 과연 우리가 윤리적으로 행동하면 더 행복한 것일까? 이러한 질문으로 우리의 일상에서 윤리와 행복은 어떻게 연결되는지에 대해 지금부터 살펴보자.

우리가 윤리에 대해 말할 때 우선 생각해 볼 수 있는 것 중 하나가 '정의로움'과 '부끄러움'이다. 우리가 어떤 선택과 행동을 한 후에 그것이 '정의로웠다'고 느끼는데, 그때 그런 자신에 대해 자부심이 생긴다. 반면 그 행위가 '부끄러운 일'이라고 느껴질 때 내면적 갈등을 겪는다. 윤리는 외부의 강제된 규율 이전에 내면의 자각, 혹은 양심의 소리에서 비롯되는 것일 수 있다. 어떤 이가 길가에서 쓰러진 노인을 외면하고 지나칠 때, 법적인 처벌은 없을지 몰라도 내면의 불편함, 혹은 타인의 시선 앞에서의 부끄러움은 분명히 존재한다. 이러한 감정은 우리가 윤리적 존재로서 살아가고 있다는 중요한 신호이자 사회적 동물로서의 책임감을 일깨운다.

그러면 윤리란 무엇일까? 사전적인 정의에 따르면 윤리는 '사람으로서 마땅히 행하거나 지켜야 할 도리'다. 물론 이러한 정의가 다소 추상적일 수 있지만, 윤리는 곧 인간이 사회 안에서 타인과 더불어 살아가기 위한 최소한의 행동 원칙이라고 할 수 있다. 법이나 제도처럼 강제성이 강한 규범은 아니지만, 윤리는 개인의 양심과 사회적 기대 속에서 자율적으로 지켜지는 규범이다. 또한, 윤리는 시대나 문화에 따라 내용이 달라질 수 있으며, 고정된 것이 아니라 사회 구성원들의 판단과 감정 속에서 유동적으로 작용하는 원칙이기도 하다.

윤리는 종종 '도덕'과 혼용되지만, 둘 사이에는 뚜렷한 구분이 존재한다.[1] 일반적으로 '도덕(morality)'은 광범위한 문화적 가치 체계며, 사회가 오랜 시간에 걸쳐 축적한 옳고 그름에 대한 판단 기준이다. 반면 '윤리(ethics)'는 개인이 속한 집단이나 사회 전체에서 바람직하다고 여겨지는 행동 원칙과 규범을 의미한다. 도덕은 개인의 내면에 관한 것이고 윤리는 사회적 관계에서 발생하는 규칙에 해당하기에, 윤리적 행위가 반드시 도덕적일 절대적 필요는 없다. 예를 들어 도덕은 "거짓말을 해서는 안 된다"라고 말하는 공적 체계지만, 윤리는 "항상 진실만을 말하는 것이 지금 상황에도 과연 옳은가?"라는

---

1) Gert, B., 2005. Morality: Its Nature and Justification. Oxford University Press. pp. 3~11.

질문을 던진다. 윤리는 도덕을 더 나은 방향으로 다듬고, 새로운 문제들에 대처할 수 있는 기능을 수행한다.

그렇다면 윤리는 단순히 문화적 관습이나 전통의 일부일 뿐일까? 윤리는 관습과 다르다. 관습(custom)은 반복을 통해 형성된 사회적 습관이지만, 윤리는 그 습관이 과연 '옳은가'에 대한 질문을 던질 수 있어야 한다. 예를 들어, 어떤 지역 사회에서 특정 성별에게 특정 역할만을 강요하는 문화가 있다고 할 때, 그것이 관습일 수는 있지만 윤리적이라는 것과는 별개의 문제다. 윤리는 관습의 내용과 목적을 비판적으로 검토하는 기능을 하며, 때로는 관습이 잘못되었을 경우 이를 바꾸는 역할을 한다.

이러한 윤리의 성찰적 기능은 철학의 핵심 주제인 인식론(episte-mology)과 존재론(ontology)과도 긴밀하게 연결된다. 인식론은 우리가 세상에 대해 무엇을 알고 있으며, 그 지식은 어떤 근거를 통해 정당화되는지를 탐구하는 철학의 한 분야다. "반드시 이것이 옳다"라는 확신은 단순한 감정이 아니라, 어떤 방식으로 그것을 알게 되었는가에 대한 그 정당성의 근거를 요구하는 문제다. 윤리적 판단 역시 마찬가지다. 어떤 행위가 옳다고 여길 때, 그것은 교육, 경험, 문화, 이성적 사유 등 다양한 경로를 통해 형성된 인식의 결과다. 그렇기에 윤리는 단순한 감정을 넘어 '우리가 어떻게 옳고 그름을 아는가'에 관련한 인식론적 질문과 깊이 맞닿아 있다.

존재론은 사물이나 인간, 가치의 '존재' 자체에 관한 철학의 영역이다. 존재론적 관점에서 윤리를 바라본다면, 윤리는 단순히 인간이 만들어낸 규범이 아니라 인간 존재의 방식에 내재한 본질일 수 있다. 즉, 인간이란 어떤 존재인가, 인간답게 산다는 것은 무엇인가를 묻는 과정이 바로 윤리적 사유의 출발점이 된다. 인간은 단순히 생존하는 동물이 아니라 '어떻게 살아야 하는가'를 늘 고민하고, 자신의 삶을 성찰할 수 있는 존재다. 이때 윤리는 인간의 존재 방식, 곧 인간다움의 조건을 규정짓는 기준이 되며, 우리가 추구하는 '좋은 삶'이란 무엇인지에 대한 존재론적 탐색으로 확장된다.

이렇게 윤리는 인식의 문제이자 존재의 문제를 동반한다. 우리는 무엇을 '선'이라 부르고, 왜 그렇게 여기는지에 대한 지적 성찰(인식론) 없이는 윤리적 삶을 설명하기 힘들다. 동시에, 우리가 누구며 어떤 존재가 되어야 하는지를 묻는 존재론적 기반 없이는 윤리의 방향성 또한 정립될 수 없다. 따라서 윤리적 행위란 단지 규범을 따르는 것이 아니라, 내가 아는 '선'과 내가 되고자 하는 '존재'의 이상을 되새기며 실천하는 깊은 철학적 행위다.

하지만 현실에서 우리의 행동은 윤리만으로 결정되지 않는다. 인간은 단순히 '옳은 것'을 좇아 사는 존재가 아니며, 실제 삶 속에서 우리는 다양한 동기와 기준 속에서 선택을 한다. 인간의 행위는 주로 다음의 네 가지 요소에 의해 작동한다. 그것은 바로 돈, 법, 관습, 그리고 윤리다. 이 네 요소는 각기 다른 방식으로 우리의 판단과 행동을 이끌며, 서로 영향을 주기도 하고 때로는 충돌하기도 한다.

먼저, '돈'은 생존과 욕망을 충족시키기 위한 가장 현실적인 동기다. 우리는 일을 하고 물건을 사고팔며, 수입과 지출의 균형을 통해 삶을 꾸려간다. 돈은 매우 강력한 행동의 동인이다. 돈이 되기에, 또는 경제적으로 유리하기 때문에 특정 행동을 선택하는 것은 현대 사회에서 매우 흔한 일이다. 우리는 비록 윤리적으로 문제가 있지만 고수익을 보장하는 직업을 선택하거나, 노동자 처우가 열악한 기업의 제품을 소비하면서도 싸고 편할 경우 자기 행동을 정당화한다. 이처럼 돈은 인간의 행동을 강력히 유인하지만, 그 방향이 항상 윤리적이라고는 할 수 없다.

두 번째는 '법'이다. 법은 공동체 내 질서와 안전을 유지하기 위한 강제 규범이다. 사람들은 법이 허용하는 범위 안에서 행동하며, 법에 저촉되지 않는다면 어떤 행동도 정당하다고 여긴다. 그러나 법은 반드시 윤리와 일치하지 않는다. 역사적으로 보면 법은 인종차별, 여성 억압, 환경 파괴를 정당화하는 경우도 있었다. 법이 정당하지 않거나 도덕적으로 결함이 있을 때, 윤리는 그 법을 넘어설 수 있는 기준을 제시한다. 따라서 법이 '할 수 있는 것'의 기준이라면, 윤리는 '해야 하는 것'의 기준이라고 볼 수 있다. 법이 존재한다고 해서 그 법에 기대어 모든 도덕적 책임을 회피할 수는 없다.

세 번째는 '관습'이다. 관습은 오랜 시간에 걸쳐 형성된 문화적 습관이나 전통으로, 많은 사람에게 익숙함과 소속감을 제공한다. 인사 방식, 가족 내 역할 분담, 나이와 위계에 따른 태도 같은 것들이 바로 관습의 사례다. 사람들은 종종 "원래 그렇게 해왔으니까" "다들 그렇게 하니까"라는 이유로 관습적 행동을 선택한다. 그러나 관습이 항상 옳은 것은 아니다. 예컨대 여성에게 특정 직업을 권하지 않거나, 장애인에 대한 차별적 인식을 당연시하는 문화는 오랜 관습일 수 있지만 윤리적으로는 개선되어야 할 대상이다. 윤리는 관습에 질문을 던지고, 익숙함 속의 부정의를 드러내는 역할을 한다. 관습은 편안함을 주지만, 윤리는 그 편안함이 공정한지 배제된 사람은 없는지를 묻는다.

마지막으로 '윤리'는 앞서 말했듯 자율적 양심과 성찰에 기반한 행위 기준이다. 윤리는 외부의 강제가 아닌, 내면의 판단과 책임감에서 비롯된다. 우리는 타인의 시선이나 법의 눈치를 보지 않더라도 스스로 '이건 좀 아닌 것 같다'라고 느낄 때 도덕적 감각이 작동하고 있음을 알 수 있다. 윤리는 가장 느리고 때로는 가장 손해를 감수하게 하는 기준이지만, 그만큼 가장 인간적인 선택이다. 앞에서 언급한 길에 쓰러진 노인을 도와주는 일은 법적으로 의무는 아니지만 많은 사람은 '그게 옳기 때문'에 돕는다. 이것이 바로 윤리의 영역이다.

이와 같은 네 가지 요소는 우리의 삶을 둘러싸며 상호작용하고, 상황에 따라 협력적이기도 하고 갈등을 빚기도 한다. 어떤 기업이 법적으로는 문제가 없는 방식으로 생산비를 줄이기 위해 저임금 국가에 공장을 세운다고 하자. 이 기업은 법을 지키고, 비용을 절감해 이윤을 내며, 다국적 운영이라는 현대 관습에도 부합한다. 하지만 만약 그 공장에서 일하는 노동자들이 하루 14시간씩 일하며 정당한 대우를 받지 못한다면, 이 기업의 행동은 윤리적이라고 보기 어렵다. 이처럼 법, 돈, 관습은 허용하지만, 윤리는 '그건 옳지 않다'라고 말할 수 있는 기준이 된다. 더욱이 윤리는 이들 다른 요소들의 작용을 견제하고 점검하는 역할도 수행한다. 돈이 우리의 행동을 빠르게 움직이게 하는 강력한 추진력이라면, 윤리는 그 행동의 방향을 설정하는 나침반이다. 법은 질서와 안전을 보장하지만, 윤리는 그 법이 인간의 존엄과 평등을 담보하는지를 끊임없이 되묻는다. 관습은 공동체의 정체성과 연속성을 유지하지만, 윤리는 그 관습이 차별적이지 않은지를 비판할 수 있어야 한다.

결국 우리는 이 네 가지 요소—돈, 법, 관습, 윤리—사이에서 끊임없이 균형을 잡으며 살아간다. 윤리적 행위는 때로는 법보다, 때로는 관습보다, 그리고 때로는 경제적 이익보다 우선할 수 있다. 이것은 윤리가 모든 것을 부정한다는 의미는 아니다. 오히려 윤리는 끊임없는 질문을 던지는 행위며 우리가 하는 행위의 의미를 되묻게 하는 성찰의 힘이다. 인간은 단순히 생존하는 존재가 아니라, 더 나은 삶을 추구하고, 그것을 함께 살아갈 방법을 고민하는 존재이기에 그렇다. 그 지점에서 윤리는 우리 삶의 방향을 비추는 가장 중요한 철학적 등불이라 할 수 있다.

윤리적 행위란 그래서 더디고 어렵지만, 인간이 인간답게 살아가기 위한 유일한 길이다. 그것은 외부의 명령이나 강제가 아니라, 내면의 양심과 이성에서 출발하는 자유로운 선택이다. 그렇기에 윤리적 행동은 때로 손해를 감수하게 만들고 비웃음을 사게도 하지만, 결국에는 존경과 신뢰, 그리고 인간으로서의 존엄을 지켜주는 기반이 된다. 그렇다면 비윤리적이면서도 법적으로는 문제가 되지 않는 '비도덕적 행위(non-moral act)' [2]는 어떤 것일까? 단순히 규범을 어기

---

2) 한곽희. 2017. 무지로 인한 비도덕적 행위에 대한 평가와 인식적 덕. 《철학논집》. 48. pp. 203-232를 참조. 도덕의 상대어에는 비도덕과 반도덕이 있다. 비도덕(Amorality)은 도덕적 잣대를 인식하지 못하거나, 알더라도 무관심한 상태를 의미하며, 반도덕(Immorality)은 도덕적 기준에 명백히 어긋나거나 반대되는 행위를 의미한다.

는 것은 아니지만, 누군가의 신뢰를 저버리거나, 공감 능력을 상실한 채 타인을 도구로만 보는 행동들이 여기에 해당한다. 상사에게 아부하기 위해 동료를 험담하거나, 고객에게 불필요한 서비스를 권유하면서도 그것이 합법적이라고 안심하는 태도 등은 비도덕적인 태도라 할 수 있다. 이처럼 윤리란 법과 관습이 미처 통제하지 못하는 공간에서 인간성을 지키기 위한 마지막 경계가 된다.

결국 우리의 행위 중 윤리적 행위란 무엇인가에 대한 질문은, 인간으로서 우리가 어떤 존재가 되고 싶은가에 대한 질문과도 이어진다. 앞에서도 언급했듯 인간은 단순히 살아가는 존재가 아니라 '어떻게 살아야 하는가'를 묻는 존재다. 그리고 그 물음 속에서 윤리는 우리에게 진지한 답변을 요구한다. 윤리적 삶이란 완벽함을 요구하는 것이 아니다. 다만 우리가 더 나은 선택을 위해 멈추어 생각하고, 그에 따라 행동하려는 의지와 성찰을 가질 때, 우리는 비로소 윤리적인 존재가 될 수 있다.

지금까지 우리는 '윤리적 행위란 무엇인가'라는 질문을 통해 우리가 매일 마주하는 선택의 순간들이 얼마나 복합적이고 중요한지를 살펴보았다. 돈, 법, 관습, 윤리 중 어느 것이 우리의 선택을 이끄는지 성찰하고, 그것이 나뿐만 아니라 타인과 사회에 어떤 영향을 미치는지 깊이 생각해 보는 것이 필요하다. 윤리는 삶의 가장 인간다운 영역이며, 인간으로서의 품격을 결정짓는 기준이다. 여러분이 앞으로 어떤 행동을 할지 결정할 때, 잠시 멈추어 '이것이 윤리적인가'라고 자신에게 묻는 그 짧은 순간이, 우리 모두를 더 나은 사회로 이끌어 줄 것이라 믿는다.

철학에서 말하는 도덕적 삶은 행복을 주는가?

이번 절에서는 "철학에서 말하는 도덕적인 삶이 과연 우리에게 행복을 주는가"라는 질문에 관한 이야기다. 사실 이 질문은 단순히 철학적 사유에 그치는 것이 아니라, 우리 각자의 삶과도 밀접하게 닿아 있는 주제다. 우리 누구나 행복해지고 싶어 한다. 그런데 그 행복이 도덕적인 삶을 통해 가능할까, 아니면 쾌락이나 즐거움을 통해서만 가능한 것일까?

우선 고대 철학자들은 이 문제를 어떻게 다루었는지 살펴보자. 플라톤은 우리가 느끼는 쾌락이나 감정적 만족을 참된 행복으로 보지 않았다. 플라톤에게 행복은 '이데아'라고 불리는 완전한 진리와 선(善)의 세계를 인식하고, 그에 걸맞은 삶을 통해 얻어지는 것이다. 그는 인간의 영혼이 세 부분, 즉 이성과 기개, 욕망으로 이루어져 있다고 보았으며, 이 세 요소가 조화를 이룰 때 인간은 정의로운 삶을 살게 되고, 그 정의로운 삶이 곧 행복한 삶이 된다고 보았다.

우리가 자주 '정의'라는 단어를 듣게 되지만, 플라톤은 그 정의가 추상적인 규범이 아니라 내면의 조화이자 질서임을 강조한다. 감정과 욕망이 부풀어오를 때 이성이 중심을 잡아주지 않으면 결국 후회할 행동을 하게 된다. 플라톤은 이런 삶의 흐름 속에서 이성이 우리 삶의 방향을 잡아주는 중심축이 되어야 한다고 말한다. 이성의 조율을 중심으로 그렇게 살아갈 때, 우리는 단순한 쾌락을 넘어 깊이 있는 평온과 안정감을 얻는다.

플라톤은 국가라는 공동체 차원에서도 정의로운 질서를 강조한다. 《국가》라는 저서에서 그는 이상적인 국가를 철학자가 이끄는 나라라고 말한다.[3] 철학자가 이성을 통해 진리를 추구하는 존재이기 때문이다. 이와 같이 이성 중심의 통치가 국가 전체의 조화와 정의를 이룰 수 있다고 본다. 플라톤은 이러한 이성 중심적 사고가 개인의 내면뿐만 아니라 사회 전체에도 적용된다고 주장한다. 그에게 있어 행복은 단지 개인적인 감정의 상태가 아니라 이성과 조화, 질서를 바탕으로 한 공동체적 성취와도 밀접하게 연결되어 있다. 플라톤에게 있어 도덕적 삶은 곧 이성에 의해 통제된 질서 있는 삶이며, 그러한 삶을 사는 것이야말로 인간이 궁극적으로 추구해야 할 참된 행복이다. 그가 주장한 이러한 생각은 수천 년이 지난 지금도 여전히 우리 삶에 적용할 만한 통찰을 제공한다.

다음으로 아리스토텔레스는 행복을 인간 존재의 '궁극적 목적'이라고 주장했다. 그는 《니코마코스 윤리학》[4]에서 인간만이 가진 고유한 기능이 이성을 사용하는 능력이며, 이성을 통해 도덕적 덕을 실

---

3) 플라톤, 박성우 옮김. 2022. 《국가》. 서울대학교출판문화원.
4) 아리스토텔레스, 김재홍, 강상진, 이창우 옮김. 2006. 《니코마코스 윤리학》. 이제이북스.

현할 때 인간은 참된 행복을 경험한다고 말한다. 여기서 말하는 '덕'은 우리가 흔히 알고 있는 '도덕적 착함'이라기보다는, 어떤 일을 훌륭하게 해내는 '탁월함(arete)'을 의미한다. 좋은 바이올리니스트는 잘 연주하는 사람이고, 좋은 인간은 이성을 잘 사용하는 사람이다.

그는 중용의 덕을 강조한다. 용기는 비겁함과 무모함 사이에 있고, 관대함은 인색함과 사치 사이에 있다고 설명한다. 도덕적인 삶은 감정과 욕망, 행동을 잘 조율하여 이성적으로 실천하는 것이며, 그 안에서 우리는 진정한 만족과 의미를 느낀다. 아리스토텔레스는 도덕적 덕이 반복적인 훈련과 습관을 통해 형성된다고 본다. 다시 말해, 우리는 태어날 때부터 덕이 있는 존재가 아니라, 습관을 통해 덕을 배워가는 존재다.

그는 교육과 공동체의 역할도 매우 중요하게 생각한다. 훌륭한 공동체는 훌륭한 시민을 만들고, 훌륭한 시민은 결국 훌륭한 삶을 살아가게 된다고 본다. 아리스토텔레스는 인간이 사회적 동물이라는 점을 강조하면서, 행복 역시 타인과의 관계 속에서 실현된다고 주장한다. 그는 친구, 가족, 공동체와의 조화를 통해 이성적 삶이 구현된다고 보며, 단절되고 고립된 삶은 결코 행복할 수 없다고 말한다. 이처럼 아리스토텔레스의 도덕 철학은 개인의 이성적 자율성과 사회적 조화를 동시에 추구하는 구조를 가지며, 그러한 균형 잡힌 삶이 바로 행복한 삶이라고 강조한다.

이 두 철학자의 이야기를 정리하면 플라톤과 아리스토텔레스 모두 무절제한 쾌락을 경계하고 이성과 조화, 습관의 중요성을 강조한다. 그렇지만 플라톤과 아리스토텔레스 이후 조금 다른 관점을 가진 철학자도 있다. 바로 에피쿠로스다. 에피쿠로스는 쾌락을 긍정한다. 그는 "쾌락이 곧 행복이다"라고 말했지만, 여기서 말하는 쾌락은 단순히 감각적인 즐거움이 아니라 고통이 없는 상태, 즉 육체적 고통이 부재한 상태인 '아포니아(aponia)'와 정신의 평온함을 의미하는 '아타락시아(ataraxia)'를 가리킨다.[5] 그는 참된 쾌락이란 감각적인 폭식이나 향락이 아니라 불안과 고통에서 벗어난 고요한 상태라고 본다.

에피쿠로스는 욕망을 세 가지로 나눈다. 첫째는 자연적이고 꼭 필요한 욕망, 둘째는 자연적이지만 없어도 되는 욕망, 셋째는 인위적이고 허영적인 욕망이다. 그는 행복한 삶을 살기 위해서는 첫 번째 욕망만 충족시키면 충분하다고 본다. 즉, 음식이나 물, 휴식처럼 생존과 관련된 기본적인 욕구만으로도 인간은 만족할 수 있으며, 나머지 욕망들은 오히려 우리에게 고통을 가져온다. 그는 친구와의 우정, 검소한 식사, 철학적 사유 같은 삶이야말로 가장 고요하고 만족스러운 삶이라고 강조한다. 물질적 풍요보다는 마음의 평정과 인간관계에서 오는 안정감이 더 깊은 쾌락을 준다고 본 것이다. 에피쿠로스에게 있어 도덕적 삶은 욕망을 통제하고 절제함으로써 불필요한 고통을 피하고, 내면의 평화를 유지하는 삶이다. 이는 감정에 휘둘리지 않고 자기 자신을 잘 이해하고 조절하는 삶이라는 점에서 플라톤과 아리스토텔레스의 견해와도 닿아 있으며, 그만큼 도덕과 쾌락이 서로 모순되지 않고 조화롭게 공존할 수 있다는 점을 보여준다.

---

5) 추정완. 2023. 에피쿠로스학파의 윤리적 지향. 《倫理研究》. 1(142). pp. 141~164.

그렇다면 감정까지 통제하려 한 철학자는 누구일까? 바로 스토아 철학자들이다. 스토아학파는 우리가 살아가는 이 세계가 '로고스'라는 이성적 원리에 의해 질서 지어져 있다고 보았으며, 인간은 그 원리에 순응하며 살아갈 때 진정한 행복을 얻을 수 있다고 믿는다. 이들은 어떤 일이 벌어지든 외부 상황에 흔들리지 않고 내면의 평정을 유지하는 삶, 즉 '아파테이아(apatheia)'를 강조한다. 우리는 삶에서 예상치 못한 고난이나 실패를 경험할 때 흔들리고 괴로워한다. 그러나 스토아 철학자들은 그러한 고통조차도 피할 수 없는 숙명이라면 담담히 받아들이고, 감정에 휘둘리지 말아야 한다고 말한다. 이들은 감정이 판단의 오류로 인해 발생한다고 보고, 우리가 상황을 바르게 인식하면 감정에 휘둘릴 필요가 없다고 주장한다.

특히 세네카, 에픽테토스, 마르쿠스 아우렐리우스와 같은 철학자들은 이런 철학을 실제 삶에서 실천했다. 예를 들어, 마르쿠스 아우렐리우스는 로마의 황제로서 엄청난 권력과 책임을 지닌 삶을 살았지만, 《명상록》이라는 저서에서 끊임없이 자신을 성찰하고 감정을 다스리는 삶을 강조한다. 에픽테토스는 노예 출신임에도 불구하고, 인간의 자유는 외적인 조건이 아니라 자기 판단과 태도에 달려있다고 보며 자율성과 자기 통제를 강조한다. 세네카 역시 고통과 죽음을 담담하게 받아들이는 자세를 통해 인간의 품위를 지켜야 한다고 주장한다.

그들에게 도덕적 삶은 단지 옳은 일을 하는 것이 아니라 외부 조건에 관계없이 자기를 다스리는 삶, 즉 자율성과 자기 통제를 실천하는 삶이다. 스토아학파는 인간의 내면을 단련하여 외부 환경의 변화에 흔들리지 않는 강인한 삶을 지향하며, 그런 삶이야말로 진정으로 자유롭고 행복한 삶이라고 본다.

이처럼 고대 철학에서 도덕적 삶과 행복은 뗄 수 없는 관계다. 이들은 도덕을 단지 규범이나 의무로 여기지 않았으며, 도덕적 삶을 통해 인간은 더 고귀하고 충만한 존재가 될 수 있다고 본다. 그리고 그 충만함, 조화, 통제, 평정이 바로 행복이라는 이름으로 표현된다. 이는 단지 머릿속 개념에 머무는 것이 아니라 실제로 우리 삶의 태도와 행동, 인간관계, 그리고 사회적 책임 의식에까지 영향을 미치는 구체적인 삶의 방식이다. 도덕적 삶은 '해야 하니까' 따르는 것이 아니라, 그 안에 진정한 자기 이해와 자율성이 있으며, 그것이야말로 인간이 인간다워지는 방식이라는 점에서, 고대 철학자들의 행복관은 우리에게 깊은 울림을 준다. 그들은 진정한 행복이란 외부에서 주어지는 조건이 아니라 자기를 다스리고 공동선을 지향하는 삶의 내면에서 비롯된다고 보며, 이런 삶이야말로 흔들림 없이 지속 가능한 행복을 만들어 준다고 믿는다.

이런 철학적 통찰은 오늘날에도 여전히 유효하다. 우리가 사는 현대사회는 쾌락과 소비가 넘쳐난다. 스마트폰 하나만 켜도 끝없이 자극적인 콘텐츠가 쏟아지고, 눈앞의 즐거움을 추구하라는 유혹이 끊임없이 이어진다. 많은 사람이 더 좋은 차, 더 좋은 집, 더 많은 돈, 더 많은 팔로워 수를 가지기 위해 노력한다. 소셜미디어에서는 타인의 삶과 소비를 끊임없이 비교하게 되고, 남들보다 뒤처지지 않으려는 경쟁과 과시가 일상화되어 있다. 하지만 이러한 감각적 만족과 외형적 성공이 과연 우리에게 깊은 행복을 가져다줄까? 오히려 많은 사람이 그 속에서 공허함을 느끼고, 자기 정체성을 잃어버리고 있다. 이런 현실은 고대 철학자들이 말했던 도덕적 성찰과 이성, 절제, 내면의 조화가 여전히 필요하다는 사실을 잘 보여준다. 진정한 행복은 더 많이 소비하거나 남보다 앞서 나가는 데서 오는 것이 아니라 나 자신을 알고, 자기를 조율하며, 내면의 일관성을 유지하며 살아갈 때 가능하다. 철학, 사유, 우정과 같은 깊이 있는 가치야말로 우리가 진정으로 놓치지 말아야 할 삶의 본질이며, 도덕적 삶은 그러한 자기 성찰과 자기 형성을 가능하게 해주는 삶의 방식이라고 할 수 있다.

이 절을 마무리하며 앞에서 제기했던 질문을 던지고자 한다. 당신에게 '행복'이란 어떤 모습인가? 눈앞의 즐거움인가, 아니면 삶 전체를 관통하는 조화로움과 평정인가? 철학자들은 삶 전체의 조화와 평정을 위해 도덕적 태도를 강조해 왔다. 도덕적 삶은 단지 착하게 살라는 것이 아니라 자기를 이해하고 조절하며 성장하는 과정이라는 점을 기억해야 한다. 여러분 각자가 살아가면서, 도덕적 삶을 통해 더 깊은 만족과 행복을 경험하기를 바란다.

과연 우리는 윤리적으로
살면 행복할까?

　이 절에서 나는 "현대인들이 윤리적으로 살면 과연 행복할까"라는 문제로 행복과 윤리라는 주제를 다루어 보고자 한다. 이 질문은 단순히 철학적 사색에 그치지 않고 우리가 살아가는 삶의 방향을 설정하는 데 매우 중요한 기준이 된다. 우리는 모두 행복을 추구하며 살아간다. 하지만 그 행복이 단순히 감각적인 쾌락이나 경제적 성공만으로 이루어지는 것인지, 아니면 윤리적인 삶 속에서도 진정한 행복을 찾을 수 있는지 고민할 필요가 있다.

　먼저 윤리적 삶과 행복의 관계를 이해하기 위해 고전 철학의 주요 이론을 살펴보자. 우리에게 익숙한 철학자들 중 한 명이 바로 제러미 벤담(Jeremy Bentham)이다. 그는 18세기 영국의 철학자이자 공리주의의 대표적인 창시자로, 인간의 행동은 쾌락을 추구하고 고통을 피하려는 성향에서 비롯된다고 보았다.[6] 우리에게 도덕적으

---

6) Bentham, J. 1789. An introduction to the principles of morals and legislation. Oxford, England: Clarendon Press.

로 옳은 행동이란 가능한 한 많은 사람에게 가능한 한 많은 행복을 가져다주는 행위다. 그는 이를 **"최대 다수의 최대 행복"**이라는 말로 요약했다. 이 원칙에 따르면 어떤 행위가 윤리적인지 판단할 때는 그 결과가 가져오는 행복과 고통의 양을 따져보아야 하며, 결과적으로 가장 큰 행복의 총합을 만들어내는 선택이 우리에게 가장 윤리적인 선택이다.

이 관점을 양적 공리주의라고 한다. 여기서 '양적'이라는 말은 행복의 '총량'을 중심으로 도덕적 가치를 평가한다는 의미다. 어느 마을에서 공공시설을 건설할지를 논의할 때, 그 시설이 수백 명의 삶의 질을 고양하는 반면 일부 주민에게 불편을 줄 수 있다면 공리주의는 이 공공시설 건설이 도덕적으로 옳다고 본다. 그 이유는 전체적인 행복의 양이 증가하기 때문이다. 이러한 관점은 현대 정책 결정에도 영향을 준다. 예산 배분, 공공복지, 의료 자원의 분배 같은 문제에서 '누가 더 이익을 보는가'와 '얼마나 많은 사람이 혜택을 받는가'가 중요한 기준이 되는 이유도 이와 맞닿아 있다.

하지만 벤담의 이론은 행복을 지나치게 단순한 '쾌락'으로만 이해한다고 비판받는다. 인간의 삶은 쾌락과 고통의 단순한 계산만으로 설명되기에는 훨씬 더 복잡하고 깊은 요소들을 포함하고 있기 때문이다. 예를 들어 어떤 사람이 깊이 있는 철학책을 읽으며 고뇌하고, 존재에 대해 고민하는 시간이 겉보기에는 고통스러워 보여도, 그 속에서 더 큰 인간적인 만족을 느낄 수 있다. 이러한 문제의식을 바탕으로 존 스튜어트 밀은 기존의 양적 공리주의에 '질적 공리주의'라는 개념을 도입한다.[7] 밀은 단순히 쾌락의 '양'뿐만 아니라 그 '질'이 도덕 판단에서 매우 중요하다고 본다. 그는 지적인 활동, 예술, 철학적 성찰 같은 고차원적인 쾌락이 단순한 육체적 쾌락보다 더 높은 가치가 있다고 주장한다. 따라서 그는 다음과 같은 유명한 말을 남긴다.

> "만족한 돼지보다 불만족한 인간이 낫고, 만족한 바보보다 불만족한 소크라테스가 낫다."

이는 인간이 단순히 본능적인 즐거움을 좇는 존재가 아니라, 이성과 자각을 통해 더 깊은 가치를 추구할 수 있는 존재임을 강조하는 말이다. 밀에게 윤리적 삶이란 단순히 많은 쾌락을 생산하는 삶이 아니라 높은 차원의 가치 있는 행복을 만들어가는 삶이다. 이처럼 공리주의는 결과 중심의 윤리 사상을 대표하며, '행위가 만들어내는 결과'에 따라 도덕성이 판단된다는 점에서 매우 실용적인 윤리 체계이다. 그러나 동시에 우리는 '누구의 행복이 더 중요한가', '행복을 숫자로 측정할 수 있는가'라는 깊은 질문을 던지게 된다. 이러한 고민은 뒤이어 등장하는 다른 윤리 이론, 대표적으로 칸트의 의무론적 윤리학과 흥미로운 대조를 이룬다.

그렇다면 현대사회에서 우리는 이러한 공리주의적 기준에 따라 행동할 때 행복해질 수 있을까? 때로는 많은 사람의 이익을 위해 소수의 희생을 정당화하는 상황이 생긴다. 만일 어느 한 기업이 수익을 극대화하기 위해 일부 노동자를 부당하게 처우하거나 환경을 해

---

7) Mill, J. S. 1863. Utilitarianism. London, England: Parker, Son, and Bourn.

치는 방식으로 운영될 때, 그것이 전체적으로 더 많은 사람에게 이익을 준다고 해서 윤리적으로 정당화될 수 있을까? 이러한 질문 앞에서 우리는 공리주의의 한계를 느낀다.

여기서 또 한 사람의 철학자를 소개해 보자. 그는 바로 토마스 홉스다. 홉스는 17세기 영국의 정치철학자로, 인간 본성을 근본적으로 이기적인 존재로 보았다. 그는 《리바이어던》이라는 저서에서 자연 상태의 인간이 서로를 신뢰하지 않고 각자의 이익만을 추구하는 상태를 '만인에 대한 만인의 투쟁(war of all against all)'이라고 표현했다. 이러한 상태에서는 안전이나 평화는 존재할 수 없으며, 누구도 안심하고 살 수 없기에 인간은 생존을 위해 필연적으로 사회 계약을 맺고 국가라는 절대 권위에 복종할 수밖에 없다고 주장했다.[8] 홉스는 이처럼 인간이 본래 자기 보존과 이익 추구라는 강한 욕구를 가진 존재라고 보았으며, 도덕이나 윤리도 이기적인 욕망과 두려움에서 기인한다고 설명했다.

홉스의 이러한 인간관은 오늘날에도 많은 영향을 미친다. 현대사회에서 법과 규제가 왜 필요한지를 생각해 보면 홉스의 인간관이 쉽게 이해된다. 사람들이 법을 지키는 이유가 반드시 윤리적·도덕적 신념 때문만은 아니다. 많은 경우 법을 어겼을 때의 처벌이나 불이익, 사회적 비난을 피하기 위해 법을 준수한다. 즉, '자신의 안전과 이익을 보호하기 위한 최소한의 전략'으로 볼 수 있다. 이처럼 홉스는 윤리적 행위나 도덕적 선택도 결국 이기적인 계산에서 비롯될 수

---

8) Hobbes, T., 1651. Leviathan. London, England: Andrew Crooke.

있다고 본다. 타인을 돕거나 봉사활동, 기부를 할 때 겉으로는 이타적인 행위처럼 보여도, 실제로는 다른 사람에게 좋은 인상을 남기고자 하는 욕구, 자기만족, 혹은 죄책감을 덜기 위한 심리적 동기가 내재할 수 있다고 본다.

홉스는 이러한 관점에서 윤리적 삶을 단순한 도덕적 규범의 준수로 보지 않았다. 오히려 윤리적 삶은 '사회적 이기심'의 한 형태로, 개인이 자신과 자신의 이익을 보호하기 위한 계산된 행동이라고 해석한다. 이러한 시선은 윤리적 행위가 순수한 이상주의나 무조건적인 선의 발현이 아니라, 현실적이고 현실주의적인 인간 본성의 산물임을 보여준다. 따라서 우리는 종종 "윤리적으로 행동하는 이유가 정말 타인을 위한 것인가, 아니면 나 자신을 위한 것인가"라는 질문에 직면하게 된다. 이 질문은 단순한 도덕적 판단을 넘어 인간 심리와 동기, 그리고 사회 구조 전반에 대한 깊은 성찰을 요구한다.

그렇다면, 이런 홉스의 인간관을 바탕으로 하면 윤리적 삶은 과연 무엇일까? 만약 모든 행위가 궁극적으로 자기 이익을 위한 계산된 선택이라면, 도덕적 삶은 어디에서 의미를 찾을 수 있을까? 홉스는 이 부분에서 국가와 법의 역할을 강조한다. 사회 질서와 평화를 유지하기 위해 인간은 자신의 이익을 제한하고 일정한 규범과 계약에 동의해야 하며, 그 과정에서 윤리적 행위가 형성된다. 따라서 윤리적 삶은 개인의 이기심을 억제하고, 공동체의 안정과 조화를 위한 자발적 '계약'의 산물로 이해할 수 있다.

이와 같은 홉스의 이기주의적 윤리관은 인간 본성의 어두운 면을 직시하면서도 현실적인 사회 질서와 법치의 필요성을 역설한다는 점에서 현대 윤리학과 정치철학에도 중요한 시사점을 제공한다. 또한 우리는 이 관점을 통해 '완전한 이타주의'라는 이상이 실제로 가능한지, 혹은 인간이 얼마나 자기중심적일 수밖에 없는지를 성찰할 수 있다. 결론적으로 홉스는 우리에게 윤리적 행위의 복잡성과 한계를 알려주며, 동시에 그것을 가능케 하는 사회적 기초와 제도의 중요성을 일깨운다.

여기서 우리가 주목해야 할 철학자는 바로 임마누엘 칸트다. 칸트는 18세기 독일의 철학자로, 윤리학 분야에서 매우 중요한 업적을 남겼다. 그는 윤리적 행위의 기준을 공리주의나 이기주의처럼 결과 중심으로 보지 않고 '의무'와 '보편적 법칙'이라는 원칙에 둔다. 그의 윤리학은 '의무론(deontology)'이라고 불리는데, 이는 행위의 도덕성을 판단할 때 결과가 아닌 행위 자체의 동기와 원칙을 중시하는 접근법이다.

칸트가 제시한 가장 핵심적인 개념은 '정언명령(Categorical Imperative)'이다.[9] 이는 '조건 없이 반드시 지켜야 하는 도덕법칙'을 의미한다. 칸트는 정언명령을 통해 어떤 행동이 도덕적인지를 판단하는 기준을 명확히 한다. 그가 제안한 정언명령의 첫 번째 공식은 '네 행위의 준칙이 언제나 동시에 보편적 입법의 원칙으로서 타당할 수 있도록 행위하라'는 것이다. 쉽게 말해, 내가 하려는 행동이 모든 사람에게 적용되어도 문제가 없는지를 스스로에게 묻는 것이다.

---

9) Kant, I.. 1785/1993. Groundwork of the Metaphysics of Morals (J. W. Ellington, Trans.). Indianapolis, IN: Hackett Publishing Company.

예를 들어, 우리가 거짓말을 해도 되는지 고민할 때 칸트는 '모든 사람이 거짓말을 해도 괜찮은가'라는 질문을 던지라고 한다. 만약 모든 사람이 거짓말을 한다면 신뢰가 무너지고, 사회적 관계가 붕괴되고 의사소통이 불가능해진다. 이처럼 그 행동이 보편화될 수 없다면, 그 행동은 도덕적으로 옳지 않다는 결론에 도달한다. 칸트의 이러한 논리는 단순히 결과적 이익이나 손해에 좌우되지 않고 도덕적 행위의 절대적인 기준을 제시한다.

또한, 칸트에게 있어 윤리적 행위란 '어떤 결과를 기대해서가 아니라 그 행위 자체가 옳기에 실천되어야 하는 것'이다. 우리가 어떤 행동을 선택할 때, '이 행위가 나에게 어떤 이익이 될까'라는 계산보다는 '이 행위가 도덕적으로 옳은가'를 먼저 물어야 한다는 뜻이다. 이 점에서 칸트의 윤리는 매우 이상주의적으로 보일 수 있지만, 동시에 우리가 윤리적 삶을 살아가기 위한 강력한 기준과 방향을 제시한다. 칸트가 말하는 기준과 방향은 '이성적 존재에 대한 존엄성'이다. 그는 사람을 단순한 수단이 아니라 '목적 그 자체'로 대해야 한다고 말한다. 즉, 다른 사람을 이용하거나 도구로 삼는 행위는 도덕적으로 용납될 수 없으며, 인간 각자가 존중받아야 할 고유한 가치를 지닌 존재임을 인정해야 한다는 것이다. 이는 현대 인권 사상과 윤리학에 큰 영향을 끼쳤으며, 오늘날에도 여전히 유효한 가치다.

칸트의 윤리학은 실제 삶에서 여러 난관에 부딪힐 수 있지만, 우리에게 중요한 성찰의 기회를 제공한다. 예를 들어, 직장에서 부당한 명령을 받았을 때 단지 결과가 좋으니 따를 것인가, 아니면 그 명령이 도덕적으로 옳은가를 고민해야 한다는 것이다. 칸트의 윤리는 도덕적 자율성과 책임감을 강조하며, 개인이 스스로 옳고 그름을 판단하고 그에 따라 행동해야 한다고 가르친다. 이는 윤리적 성숙과 자기 주도적 삶을 위한 필수적인 자세라고 할 수 있다.

결국 칸트는 우리에게 윤리적 행위가 특정 상황에 따라 달라지는 상대적인 것이 아니라, 언제 어디서나 적용될 수 있는 보편적인 원칙임을 상기시킨다. 이러한 엄격하고 분명한 기준은 때로 어렵고 부담스러울 수 있지만, 그것이 바로 인간이 도덕적 주체로서 성장하는 길임을 우리는 기억해야 한다.

이제 다시 처음 질문으로 돌아가 봐야 한다. 현대인들은 윤리적으로 살면 과연 행복해질 수 있을까? 현실을 보면, 때때로 윤리적으로 행동하는 것이 오히려 손해처럼 느껴질 때가 있다. 솔직히 말해서 불이익을 당하거나, 공익을 위해 개인의 이익을 포기해야 할 때도 있다. 하지만 그런 선택이 우리에게 깊은 자긍심과 존엄감을 준다면, 그것은 분명 다른 종류의 행복이라고 말할 수 있다. 그것은 외적인 보상은 아닐지라도 내면의 평화와 스스로에 대한 존중을 가져다주는 행복이다. 더 나아가 윤리적 삶은 단지 개인의 행복에 그치지 않는다. 우리가 모두 조금씩 더 윤리적인 선택을 할 때, 사회 전체가 더 신뢰와 정의, 상생의 기반 위에 세워질 수 있다. 그리고 그런 사회에서 우리는 더 안전하고, 따뜻하며, 의미 있는 삶을 살아갈 수 있다. 다시 말해, 윤리적 삶은 나 하나의 삶을 행복하게 만들 뿐만 아니라 우리 모두의 행복을 확장시키는 기반이 된다.

당신이 지금 하는 선택들, 그 선택들이 단지 나의 이익을 위한 것인지, 아니면 모두가 함께 잘 살아가기 위한 방향인지 조심스럽게 생각해 보라. 윤리적 삶은 때로 불편하고 때로 희생을 요구하기도 하지만 그 길 끝에는 진정한 자긍심과 깊이 있는 행복이 기다리고 있을 것이다.

〈생각 및 토론 거리〉

1. 윤리적 행동과 개인의 행복은 항상 일치하는가?
2. 내 선택이 나와 타인에게 미치는 영향에 대해 생각해보자.
3. 기업이 합법적이지만 노동자를 착취할 때, 윤리적 판단은 어떻게 적용되어야 하는가?
4. SNS, 소비문화, 경쟁 사회 속에서 윤리적 성찰이 왜 여전히 필요한지 고민해 보자.
5. 행복은 단순한 즐거움인가, 아니면 내면의 평화와 자기 통제를 포함해야 하는가?
6. 윤리적 행동이 개인의 심리적 만족에 그치는지, 혹은 사회적 신뢰 형성과 공동선 실현으로 확장되는지 그 상관관계를 탐색해 보자.

〈읽을 거리〉

1. 아리스토텔레스 | 천병희 역(2018). [니코마코스 윤리학] 도서출판 숲.
2. 존 스튜어트 밀 | 박홍규 역(2003). [공리주의] 문예출판사.
3. 임마누엘 칸트 | 코디정 역(2025). [도덕 형이상학의 기초] 이소노미아.

〈영화 볼거리〉

구스 반 산트(Gus Van Sant) 감독(1997). [굿 윌 헌팅(Good Will Hunting)] 미국: Miramax
Films. – 천재적 재능을 지닌 청년이 인간관계와 자기 성찰을 통해 진정한 행복과 윤리적 삶의 의미를 깨닫는 과정을 그린 영화.
라세 할스트롬(Lasse Hallström) 감독(2000). [초콜렛Chocolat)] 미국/프랑스: Buena Vista
Pictures. – 작은 마을에서 초콜릿 가게를 열며 사람들의 삶과 선택에 영향을 미치는 주인공을 통해, 행복과 윤리적 책임의 의미를 탐구하는 영화.

제12장

일상과 행복

행복은 마음의 상태며,
이러한 마음의 상태는 우리가 일상에서 행동하는
작은 선택과 행위들의 누적으로 만들어진다.

일상에서 행복하려면
어떻게 해야 하는가?

지금까지 우리는 행복이란 무엇인지, 행복과 관련된 다양한 철학적 관점들과 심리학적 연구 결과들에 대해 살펴보았다. 그렇다면 이제는 가장 실질적인 질문에 답해야 할 때다. 바로 **'일상에서 우리는 어떻게 행복해질 수 있을까'**라는 질문이다. 물론 행복에 대한 이론을 안다고 해서 곧바로 행복해지는 것은 아니다. 마치 우리가 골프나 수영에 관한 책을 읽는다고 해서 당장 프로나 올림픽에 참가한 국가대표 선수처럼 골프나 수영을 할 수 있는 것이 아닌 것처럼 말이다. 하지만 골프나 수영의 원리와 기법을 이해하고 있다면 실제로 필드나 물에 들어가서 골프나 수영을 배우고 즐길 때 우리에게 많은 도움이 된다. 행복 역시 마찬가지다. 행복에 대한 이해가 깊어질수록 우리가 실제 삶에서 행복을 추구하고자 할 때 더 현명한 선택을 할 수 있다.

실제로 행복을 훈련하려는 시도들이 학문적으로도 주목받고 있다. 한때 하버드 대학에서 인기있는 강의 중 하나가 행복과 긍정 심리학에 관한 강의였다.[1] 평균적으로 이 강의를 신청한 학생은 850명으로 경제학 개론의 수강 신청을 능가했다. 이 강의의 주된 내용은 많은 자기계발서와 유사하지만, 그것들과 달리 진지한 심리학적 연구에 기초해 있다. 화요일과 목요일마다 학생들은 강의계획에서 표현한 것처럼 충족되고 번창하는 삶을 창조하는 방법을 배우기 위하여 샌더스 극장에 몰려온다. 당시 하버드대학의 총 학부 학생이 대략 6,500명이었다는 점을 고려하면 이 강의는 한 학기에 전체 학부생의 13% 정도가 수강했던 셈이다.

이처럼 미국에서 소위 똑똑하다는 학생들이 모여서 공부하고 있는 하버드대학의 학생들이 긍정 심리학에 열광하는 이유는 무엇일까? 이는 아마도 현대사회에서 성공과 성취에만 집중하며 살아가던 젊은이들이 진정한 행복이 무엇인지에 대해 목말라하고 있기 때문일 것이다. 아이비리그 대학에는 유명한 3대 명 강의의 주제가 있는데, 예일대학교 셸리 케이건(Shelly Kagan) 교수의 〈죽음 Death〉, 하버드대학교 마이클 샌델(Michael J. Sandel) 교수의 〈정의 Justice〉 그리고 탈 벤-샤하르(Tal Ben-Shahar) 강사의 〈행복, 긍정 심리학 Positive Psychology〉이 바로 그것이다. 죽음, 정의, 행복은 모두 인간이라면 누구나 한 번쯤은 깊이 고민하게 되는 근본적인 생각거리다. 이 중에서도 탈 벤-샤하르는 하버드대 인기 강좌에서 역대 1위와 3위를 차지한 긍정 심리학과 리더의 심리학의 강사다. 그는 《해피어》, 《완벽의 추구》 등의 책을 펴냈으며, 하버드대학

---

1) Russo-Netzer, P. & Ben-Shahar, T.. 2011. 'Learning from success': A close look at a popular positive psychology course. The Journal of Positive Psychology. 6(6). pp. 468~476.

에서 심리학 박사학위를 받았다.[2] 현재는 해피어 TV 등에서 최고 학습 담당 임원으로 일하고 있다.

그렇다면 탈 벤-샤하르가 행복에 대해서 어떤 교훈들을 가지고서 강의를 진행했는지 하나씩 살펴보겠다. 첫 번째 교훈은 **자신의 인간적 속성을 너그러이 인정하라**는 것이다. 두려움, 슬픔, 불안 같은 감정을 자연스러운 현상으로 받아들일 때 그런 감정을 극복할 가능성이 높다. 긍정적이든 부정적이든 간에 본인의 감정을 거부하면 좌절과 불행으로 이어진다.

그런데 우리는 언제 자신을 받아들이지 못하게 될까? 대표적으로 **완벽주의**에 사로잡혀 있을 때다. 시험에서 좋은 성적을 받지 못했을 때, 발표에서 실수했을 때, 연인과 다퉜을 때 우리는 '내가 왜 이럴까', '나는 정말 못난 사람이야'라고 자책하곤 한다. 또한, 우리는 즐거움도 경쟁하는 문화에서 살고 있다. SNS에는 늘 행복하고 완벽해 보이는 모습들만 공유되고, 미디어는 끊임없이 긍정적이고 밝은 이미지를 쏟아낸다. 이런 환경에서 우리는 무의식적으로 불쾌감이 없는 상태를 훌륭한 삶의 지표로 믿는다. 그리고 살아가면서 겪는 고통을 자신에게 문제가 있다는 신호로 받아들이게 된다. '다른 사람들은 다 괜찮은 것 같은데 나만 이렇게 힘들어하는 건 아닐까'라는 비교 심리에 빠지는 것이다.

하지만 이는 잘못된 생각이다. 가끔 슬픔이나 불안을 경험하지 않

---

2) Ben-Shahar, T., 2007. Happier: Learn the Secrets to Daily Joy and Lasting Fulfillment. McGraw-Hill Professional.

는다면 그것은 우리에게 더 큰 문제가 있다는 뜻이다. 사실 슬픔이나 불안은 지극히 인간적인 감정이다. 진정으로 사랑했던 사람을 잃었을 때 슬픔을 느끼는 것은 자연스러운 일이고, 중요한 시험이나 발표를 앞두고 불안해하는 것 역시 정상적인 반응이다. 역설적이게도 자기 기분을 있는 그대로 받아들일 때, 자신의 인간적 속성을 너그러이 인정하고 고통스런 감정을 자연스럽게 경험할 때 긍정적 감정을 받아들일 가능성이 훨씬 높아진다.[3]

두 번째 교훈은 행복이 즐거움과 의미의 교차점에 놓여있다는 것이다. 직장에서나 가정에서나 개인적으로 의미 있고 즐거운 활동에 참여하는 것을 목표로 삼아야 한다. 그런데 현대사회에서는 왜 이런 활동을 수행하기가 점점 어려워지고 있을까?

지금 우리는 극도로 세분화되고 전문화된 사회에서 살아간다. 직장에서는 효율성과 생산성만이 강조되고, 개인의 관심사나 의미보다는 성과와 결과에만 집중하게 된다. 또한, 바쁜 일상에서 우리는 '해야 할 일'과 '하고 싶은 일' 사이에서 늘 갈등한다. 생계를 위해서는 의미 없지만 돈이 되는 일을 해야 하고, 즐거우면서도 의미 있는 활동은 사치스러운 일로 간주하기 쉽다. 게다가 디지털 기기와 소셜미디어의 발달로 우리는 즉각적인 자극과 쾌락에 익숙해져서, 깊은 의미를 추구하는 일에는 집중력을 유지하기 어려워졌다.

그렇다면 즐거움과 의미를 동시에 얻을 수 있는 활동들은 어떤 것

---

3) Seligman, M. E. P.. 2002. Authentic Happiness: Using the New Positive Psychology to Realize Your Potential for Lasting Fulfillment. New York: Free Press.

들이 있을까? 예를 들어 자원봉사는 타인을 돕는다는 의미와 함께 보람이라는 즐거움을 동시에 준다. 취미로 하는 음악이나 그림, 글쓰기 같은 창작 활동도 마찬가지다. 이것은 그런 일을 할 때 자기 내적 표현과 창조의 기쁨을 느낄 수 있기 때문이다. 가족이나 친구들과 함께하는 여행이나 대화, 함께 요리하기, 산책하기 같은 활동들도 관계의 의미와 즐거운 시간을 동시에 제공한다. 또한 새로운 기술이나 언어를 배우는 것, 독서나 강의 듣기 같은 학습 활동도 성장이라는 의미와 앎의 즐거움을 함께 줄 수 있다.

중요한 것은 각자에게 맞는 즐거운 경험을 찾는 것이다. 이를 위해서는 먼저 자신이 언제 가장 행복했는지, 어떤 활동을 할 때 시간 가는 줄 모르고 몰입했는지를 돌아보아야 한다. 어린 시절 좋아했던 활동들이나 최근에 관심이 있는 새로운 분야들을 탐색하는 것도 좋다. 직장이나 가정 등에서 그러한 활동을 찾지 못한다고 한다면 최소한의 행복 촉진제라도 확보해야 한다. 즐거움과 의미를 동시에 느낄 수 있는 시간이 많을수록 더 행복해질 수 있다. 연구에 의하면, 1~2시간 동안 의미있고 즐거웠던 경험은 그 사람에게 하루나 심지어 1주일의 삶의 질에 영향을 미친다.[4]

세 번째 교훈은 행복이 지위나 은행예금잔고의 상태가 아니라 대체로 마음의 상태에 달려있다는 점을 명심하라는 것이다. 극단적인 상황을 제외하면 행복감의 수준은 우리가 집중하고자 하는 것에 의

---

4) Csikszentmihalyi, M.. 1990. Flow: The Psychology of Optimal Experience. New York: Harper & Row.

해, 그리고 외부의 사건에 대한 우리의 해석이 많은 부분을 결정한다. 대학에서는 학점과 취업, 대학원 진학 등에 대한 경쟁이 치열하고, 사회에 나가면 연봉과 직급, 승진 등이 성공의 잣대가 되곤 한다. 주변 친구들이 좋은 회사에 취업하거나 높은 연봉을 받는다는 소식을 들을 때마다 자신의 처지와 비교하며 초라함을 느끼기 쉽다. 이런 외적 조건들에만 집중한다면 진정한 행복을 놓치게 된다.

당신은 컵에서 물이 채워지지 않은 부분에 초점을 맞추는가, 아니면 물이 채워진 부분에 초점을 맞추는가? 취업 준비를 하는 대학생이라면 '아직도 합격 통지서를 받지 못했다'는 빈 부분에 집중할 수도 있고, '그동안 쌓아온 경험과 실력, 그리고 새로운 도전을 할 수 있는 기회가 있다'는 채워진 부분에 집중할 수도 있다. 사회 초년생이라면 다른 사람들보다 낮은 연봉을 받는다는 사실에 좌절할 수도 있고, 새로운 환경에서 배우고 성장할 수 있는 기회를 얻었다는 관점으로 바라볼 수도 있다.

당신은 실패를 돌이킬 수 없는 것으로 바라보는가, 아니면 새로운 사실을 배울 수 있는 기회로 여기는가? 면접에서 떨어졌을 때 '나는 정말 쓸모없는 사람이야'라고 생각할 수도 있고, 이번 경험을 통해 부족한 부분을 알게 되었으니 다음에 더 잘 준비할 수 있겠다고 받아들일 수도 있다. 첫 직장에서 실수를 했을 때도 마찬가지다. 그 실수를 자신의 무능함의 증거로 여길 수도 있고, 더 나은 업무 방법을 터득하게 해주는 소중한 학습 기회로 받아들일 수도 있다. 결국 같은 상황이라도 우리가 어떤 관점으로 바라보느냐에 따라 행복의 수준이 달라진다. 물론 이것이 현실을 무시하거나 긍정적으로만 생각하라는 뜻은 아니다. 다만 어려운 상황에서도 배울 점과 성장할 수 있는 요소들을 찾아보려는 마음가짐을 갖는 것이 중요하다는 의미다.[5]

네 번째 교훈은 **단순화하라**는 것이다. 일반적으로 사람들은 점점 더 짧은 시간에 점점 더 많은 활동을 하려고 애쓰는 데 급급하다. 현대 사회는 마치 멀티태스킹의 달인이 되어야 성공할 수 있다고 말하는 것 같다. 대학생들은 전공 공부와 함께 토익, 컴활, 자격증 취득, 동아리 활동, 아르바이트, 봉사활동까지 동시에 해내려고 한다. 직장인들도 마찬가지다. 본업 외에도 자기계발, 인맥 관리, 부업, 운동, 취미 생활까지 모든 것을 완벽하게 해내려고 애쓴다. 하지만 양은 질에 영향을 미친다. 너무 많은 것을 동시에 하려다 보면 어느 것 하나 제대로 집중할 수 없게 되고, 결국 모든 것이 중간 정도의 수준에 머물게 된다. 그리고 우리는 너무 많은 것을 하려고 애쓰는 바람에 행복에 대해 타협적인 태도를 지니게 된다. 남들에게 '아니다'라고 말해야 할 때를 아는 것은 흔히 자신에게 '그렇다'라고 말하는 것을 의미한다. 다른 사람의 부탁을 거절할 줄 알아야 자신에게 정말 중요한 일에 시간과 에너지를 집중할 수 있다.

다섯 번째 교훈은 **몸과 마음의 연관성을 명심**하라는 것이다. 우리는 흔히 정신과 육체를 별개의 것으로 생각하기 쉽지만, 실제로는

---

5) Dweck, C. S.. 2006. Mindset: The New Psychology of Success. New York: Random House. 캐롤 드웩(Carol Dweck)의 이 책은 '성장형 마인드셋(growth mindset)'과 '고정형 마인드셋(fixed mindset)' 개념을 중심으로, 성공과 학습, 동기 부여, 실패에 대한 태도가 어떻게 형성되고 변화하는지를 다룬다.

밀접하게 연결되어 있다. 몸으로 하는 우리의 행위들은 우리 정신에 직접적인 영향을 준다. 밤늦게까지 스마트폰을 보며 잠을 설치면 다음 날 우울하고 짜증이 나기 쉽다. 반대로 규칙적인 운동을 하면 엔도르핀이 분비되어 기분이 좋아지고 스트레스가 해소된다. 그리고 적절한 수면을 취하면, 뇌가 충분히 휴식을 취해 집중력과 판단력이 향상되고, 감정 조절 능력도 좋아진다. 또한, 유익한 식습관을 유지하면 혈당이 안정되어 기분의 기복이 줄어들고 에너지 수준이 일정하게 유지된다. 이처럼 규칙적인 운동, 적절한 수면, 유익한 식습관 등은 육체적, 정신적 건강으로 이어진다. 행복하고 싶다면 마음만 다스릴 것이 아니라 몸도 함께 돌보아야 한다.[6]

여섯 번째 교훈은 **되도록 감사의 뜻을 표현하라**는 것이다. 사람들은 자기 삶을 당연시할 때가 많다. 매일 마시는 깨끗한 물, 따뜻한 잠자리, 맛있는 음식, 건강한 몸, 가족과 친구들의 사랑 같은 것들을 너무 당연하게 여기며 살아간다. 하지만 이런 것들이 얼마나 소중한지는 잃어봐야 알게 되곤 한다. 감사 인사를 표현하는 것은 단순히 예의가 아니라 행복을 위한 적극적인 실천이다. 살면서 맞이하는 멋진 대상들, 사람이나 음식, 자연이나 미소 같은 것에 의식적으로 감사하고 그것의 진가를 음미할 때 우리는 더 풍성한 행복을 느낄 수

---

6) Ratey, J. J. & Hagerman, E.. 2008. Spark: The Revolutionary New Science of Exercise and the Brain. New York: Little, Brown. 이 책에서 존 레이티(John Ratey)는 운동이 뇌 기능과 정신 건강에 미치는 과학적 효과를 다룬 대표적인 저작으로, 학습, 우울, 불안, 스트레스, 노화 등 다양한 주제에 대해 운동의 신경생물학적 효과를 풍부한 사례와 연구로 설명하고 있다.

있다. 감사 일기를 쓰거나, 고마운 사람에게 직접 고마움을 표현하거나, 일상의 작은 순간들을 의식적으로 음미하는 것만으로도 행복감이 크게 달라진다.[7]

마지막으로 일곱 번째 교훈은 **행복의 첫 번째 가늠자가 우리가 관심을 쏟는 사람들과 우리에게 관심을 쏟는 사람들과 함께 보내는 시간**이라는 것이다. 아무리 돈이 많고 지위가 높아도 함께 기쁨을 나눌 사람이 없다면 진정한 행복을 느끼기 어렵다. 반대로 경제적으로는 여유롭지 않더라도 서로를 아끼고 이해하는 사람들과 함께 있을 때 우리는 깊은 만족감을 느낀다. 하버드 대학교에서 1938년부터 지금까지 진행하고 있는 성인 발달 연구에 따르면, 인생의 행복을 결정하는 가장 중요한 요인은 바로 인간관계의 질이었다. 행복의 가장 중요한 원천은 당신 옆에 앉아있는 사람일지 모른다. SNS에서 수백 명의 친구로 있는 것보다 진심으로 소통할 수 있는 몇 명의 사람들과 깊은 관계를 맺는 것이 훨씬 중요하다. 그런 사람들에게 감사하고, 그들과 함께 보내는 시간을 소중히 여기며 그 의미를 되새기길 바란다.

이처럼 탈 벤-샤하르가 제시한 일곱 가지 교훈들은 모두 우리 일상에서 실천가능한 구체적 방법들이다. 이러한 교훈들이 의미하는 바는 행복이 우연히 찾아오는 것이 아니라 의식적인 노력과 훈련을 통해 길러지고 성장되는 능력에서 온다는 것이다. 우리가 어떤 일

---

7) Emmons, R. A., 2007. Thanks!: How the New Science of Gratitude Can Make You Happier. Boston, MA: Houghton Mifflin.

에 집중하고, 어떤 관점으로 세상을 바라보며, 어떤 관계를 맺고, 어떤 생활 습관을 유지하느냐에 따라 행복의 수준이 달라질 수 있다는 것이다. 결국 행복은 마음의 상태며, 이러한 마음의 상태는 우리가 일상에서 선택하는 작은 행동들의 누적을 통해 만들어진다고 할 수 있다.

허무한 행복에서 벗어나려면
어떻게 해야 하는가?

앞 절에서 우리는 탈 벤-샤하르가 제시한 일상에서의 행복 실천법들을 살펴보았다. 이 절은 한 걸음 더 나아가 행복에 대한 잘못된 접근 방식들을 분석해 보고, 진정한 행복이 무엇인지 탐구해 보겠다. 특히 현대사회에서 우리가 쉽게 빠져들 수 있는 세 가지 삶의 태도, 즉 성취주의, 허무주의, 쾌락주의를 중심으로 살펴보면서 진정한 행복의 의미를 알아보자.

탈 벤-샤하르는 행복을 산에 비유하여 설명한다.[8] 행복은 정상에 도달하는 것도 아니고, 산 주위를 목적 없이 배회하는 것도 아니며, 바로 산의 **정상을 향해 올라가는 과정 자체**다. 이 비유는 매우 중요한 통찰을 담고 있다. 많은 사람이 행복을 어떤 목표를 달성했을 때 얻을 수 있는 결과물로 생각하거나, 반대로 아무런 목적이나 의미 없이 순간의 쾌락만을 추구하는 것으로 오해한다. 하지만 진정한 행

---

8) Ben-Shahar, T., 2007. Happier: Learn the Secrets to Daily Joy and Lasting Fulfillment. McGraw-Hill.

복은 의미 있는 목표를 향해 나아가는 과정에서 현재의 순간을 온전히 경험하는 것이다.

이러한 관점에서 벤-샤하르는 사람들의 삶의 태도를 네 가지로 분류한다. 성취주의자는 미래의 노예로 살고, 쾌락주의자는 순간의 노예로 살며, 허무주의자는 과거의 노예로 산다고 그는 말한다. 그리고 네 번째 유형인 행복한 사람은 과거에서 교훈을 얻고 현재를 충실히 살면서, 미래를 위해 준비하는 균형 잡힌 삶을 살아간다고 그는 설명한다.

우선 성취주의자의 특성을 살펴보자. 성취주의자는 미래의 이익에만 집중하며 현재의 손실을 감수하는 삶을 살아간다. 이들은 "지금은 힘들어도 나중에 성공하면 행복해질 거야!"라는 생각으로 현재의 즐거움과 의미를 희생한다. 대학생들이 취업을 위해 하고 싶지도 않은 가식적 스펙 쌓기에 매달리거나, 직장인들이 승진을 위해 가족과의 시간을 포기하는 것이 대표적인 예다. 지금의 한국 사회에는 이런 성취주의적 태도가 만연해 있다. 교육열이 높은 문화적 배경과 경쟁이 치열한 사회 구조 속에서 많은 사람이 나중에 성공하면 행복해질 것이라는 믿음으로 현재의 행복을 포기하며 살아가고 있다.

하버드 대학교의 다니엘 길버트(Daniel T. Gilbert) 교수가 진행한 연구에 따르면, 사람들은 미래의 행복을 현재보다 훨씬 과대평가하는 경향이 있다고 한다.[9] 즉, 우리는 승진이나 결혼, 집 구매 같은

---

9) Gilbert, D. T.. 2006. Stumbling on Happiness. New York: Alfred A. Knopf.

미래의 성취가 가져다줄 행복을 실제보다 훨씬 크고 오래 지속될 것
으로 착각한다는 것이다. 이런 현상을 '임팩트 편향(Impact Bias)'이
라고 부르는데, 성취주의자가 빠지기 쉬운 대표적인 인지적 오류다.
문제는 그 나중이 오더라도 진정한 만족감을 얻지 못하는 경우가 많
다는 점이다. 왜냐하면 성취주의자는 한 가지 목표를 달성하면 또
다른 더 큰 목표를 설정하여 끊임없이 미래로 행복을 미루기 때문이
다. 이를 심리학에서는 '쾌락적응'이라고 하는데, 인간은 새로운 상
황에 빠르게 적응하여 처음의 기쁨이나 만족감이 금세 사라지는 특
성이 있다는 것이다.

　반면 허무주의자는 과거의 손실에 사로잡혀 현재의 손실까지 감
수하는 삶을 살아간다. 이들은 과거의 실패나 상처로 인해 미래에
대한 희망을 버리고, 현재에서도 의미나 즐거움을 찾지 못한다. "어
차피 노력해도 소용없어" "인생이 원래 그런 거야"라는 체념적인 태
도로 살아가며, 새로운 도전이나 변화를 두려워한다. 셀리그먼의 연
구에 따르면, 이런 허무주의적 태도는 '학습된 무기력'과 밀접한 관
련이 있다.[10] 반복적인 실패나 좌절을 경험한 사람들은 실제로는 상
황을 개선할 수 있는 능력이 있음에도 불구하고 과거의 경험 때문에
아예 시도하지 않는 경향을 보인다.

　허무주의자들의 특징을 더 자세히 살펴보면, 이들은 과거의 부정
적 경험을 일반화하여 현재와 미래까지 부정적으로 해석하는 경향

---

10) Seligman, M. E. P.. 1972. Learned helplessness. Annual Review of Medicine. 23(1).
　　pp. 407–412..

을 보인다. 예를 들어, 한 번의 취업 실패나 연애 실패를 경험한 후에는 "내가 뭘 해도 안 될 거야"라고 생각하며 더 이상 노력하지 않는 경우가 그렇다. 이들은 선택적 주의를 통해 부정적인 정보들만을 받아들이고, 긍정적인 가능성을 무시하거나 축소해서 해석한다. 그래서 허무주의자는 극단적인 사고를 보이는 경우가 다반사다. 완벽하지 않으면 의미가 없다고 생각하기에, 그들은 작은 진전이나 부분적인 성공도 인정하지 않고 여전히 무가치하다고 느낀다. 이런 인지적 패턴은 자기실현적 예언이 되어, 실제로 그들이 예상한 대로 부정적인 결과를 만들어내는 악순환을 초래하기도 한다.

쾌락주의자는 '현재의 이익'에만 집중하며 미래의 손실을 감수하는 삶을 산다. 이들은 '인생은 한 번뿐이니까 지금 즐기자'라는 생각으로 순간의 쾌락을 추구하지만, 장기적인 목표나 의미 있는 가치를 무시한다. 쾌락주의자들의 특징을 더 구체적으로 살펴보면, 이들은 현재의 감정과 기분에 따라 행동하는 경향이 강하다. 기분이 좋을 때는 충동적으로 결정을 내리고, 기분이 나쁠 때는 즉각적으로 기분을 나아지게 할 수 있는 활동에 몰두한다. 예를 들어, 스트레스를 받으면 공부나 일을 미루고 게임을 하거나 쇼핑하는 식으로 문제를 회피하려 한다. 이들은 '지금 이 순간'에만 집중하는 것 같지만, 실제로는 불편한 감정이나 어려운 상황에서 도피하기 위해 즉각적인 쾌락을 추구하는 것이다.

또한 쾌락주의자들은 자기 행동이 미래에 미칠 영향을 구체적으로 상상하거나 계획하는 능력이 상대적으로 부족하다. 그들에게 미래는 막연하고 추상적인 개념일 뿐이며, 현재의 구체적이고 생생한 경험이 훨씬 더 실질적으로 느껴진다. 이런 시간 인식의 특성 때문에 장기적인 목표보다는 즉시 얻을 수 있는 만족에 더 큰 가치를 부여하게 된다.

그렇다면 진정으로 행복한 사람은 어떤 특성을 가질까? 행복한 사람은 현재의 이익과 미래의 이익을 동시에 추구하는 삶을 산다. 이들은 현재 하는 일에서 즐거움과 의미를 찾으면서도, 동시에 그 일이 미래의 더 큰 목표와 연결되어 있다고 느낀다. 예를 들어, 자신이 좋아하는 분야를 공부하는 학생은 공부하는 과정 자체에서 즐거움을 느끼면서도, 그 공부가 미래의 꿈을 실현하는 데 도움이 된다고 생각한다. 이런 태도를 가진 사람들은 스트레스를 받는 상황에서도 회복탄력성을 보이며, 지속적인 성장과 발전을 이루어낼 수 있다.

칙센트미하이의 몰입연구는 이런 행복한 상태를 과학적으로 분석한 대표적인 사례다.[11] 몰입 상태에 있는 사람들은 현재 하고 있는 활동에 완전히 집중하면서도, 그 활동이 자신의 능력을 적절히 도전하고 발전시키는 것으로 느낀다. 이때 시간 감각이 왜곡되고, 자의식이 사라지며, 활동 자체가 목적이 되는 경험을 하게 된다. 이런 경험은 즉각적인 만족감을 주면서도 장기적인 성장과 발전에 기여하기에, 현재와 미래를 동시에 만족시키는 이상적인 상태라고 할 수 있다.

심리학 연구에 따르면, 행복한 사람들은 다음과 같은 특성을 보인

---

11) Csikszentmihalyi, M.. 1990. Flow: The Psychology of Optimal Experience. Harper & Row.

다. 첫째, 그들은 현재 순간에 집중하는 능력이 뛰어나다. 몸과 마음의 몰입 상태를 자주 경험하며, 과거의 후회나 미래의 걱정에 과도하게 사로잡히지 않는다. 둘째, 그들은 자기 행동이 의미 있는 목표와 연결되어 있다고 느낀다. 단순히 즐거움을 추구하는 것이 아니라 자신의 가치관과 일치하는 활동에 참여함으로써 더 깊은 만족감을 얻는다. 셋째, 그들은 적절한 도전과 성장을 추구한다. 너무 쉬운 일에 안주하지도 않고, 너무 어려운 일에 좌절하지도 않으며 자기 능력을 점진적으로 발전시켜 나간다.

그런데 우리는 왜 성취주의, 허무주의, 쾌락주의에 빠지기 쉬운 걸까? 이는 인간의 근본적인 특성과 관련이 있다. 우선 인간은 본능적으로 생존과 번식을 추구하는 생물학적 존재라는 점을 고려해야 한다. 이런 생존 본능은 현대 사회에서 성취욕구로 나타나며, 더 많은 자원을 확보하고 더 높은 지위에 오르려는 충동으로 이어진다. 진화 심리학적 관점에서 보면, 우리의 뇌는 여전히 수렵채집 시대의 환경에 적응되어 있기 때문에 사회의 복잡한 상황에서 균형 잡힌 판단을 내리기 어려운 경우가 많다. 당장의 위험에서 벗어나거나 즉각적인 보상을 얻는 것이 생존에 유리했던 과거와 달리 현대사회는 장기적인 관점과 복합적인 사고가 필요하지만, 우리의 본능적 반응 체계는 여전히 과거의 방식으로 작동하고 있다.

또한, 인간은 불확실성을 회피하려는 강한 경향이 있다. 미래에 대한 불안감이 클수록 현재의 확실한 쾌락에 집착하거나, 반대로 과거의 안전했던 시절에 머물려고 하는 경향을 보인다. 대니얼 카너먼(D. Kahneman)의 전망 이론에 따르면, 인간은 손실을 이익보다 더 크게 느끼는 '손실 회피' 경향이 있으며, 이는 새로운 도전을 꺼리고 현상 유지를 선호하는 보수적 태도로 이어진다.[12] 이런 특성은 허무주의적 태도와 직접적으로 연결된다. 한 번의 실패나 좌절을 경험하면, 그 손실감이 과대 평가되어 더 이상 시도하지 않으려는 마음이 생기는 것이다.

더 나아가 인간은 **사회적 비교를 통해 자신의 위치를 파악하려는 존재**이다. 다른 사람들과의 비교를 통해 자신의 가치를 평가하다 보면, 상대적 우위를 차지하기 위한 경쟁에 매몰되거나 비교에서 뒤처진다고 느낄 때 허무감에 빠지기 쉽다.

현대 사회의 경쟁적 특성이 이런 경향을 더욱 부추기고 있다. 자본주의 사회에서는 경쟁과 성취가 중요한 가치로 여겨지며, 성공을 객관적이고 측정가능한 지표로 평가하려고 한다. 소셜미디어는 끊임없는 비교와 평가의 장이 되어 사람들로 하여금 자신의 이미지를 관리하고 타인의 인정을 받기 위해 노력하게 만든다. 또한 급속한 사회 변화와 불확실성 증가는 사람들로 하여금 장기적인 계획을 세우기 어렵게 만들고 즉흥적인 선택을 하게 만든다. 사회학자 **리처드 세넷(R. Sennett)**이 지적한 것처럼, 현대사회의 '유연성'은 개인에게 더 많은 자유를 주는 동시에 더 많은 불안정성과 스트레스를 가져다 주기도 한다.[13]

---

12) Kahneman, D. & Tversky, A.. 1979. Prospect theory: An analysis of decision under risk. Econometrica. 47(2). pp. 263-291.

13) Sennett, R.. 1998. The Corrosion of Character: The Personal Consequences of Work in the New Capitalism. W. W. Norton.

　그렇다면 우리는 어떻게 이런 함정에서 벗어나 진정한 행복을 추구할 수 있을까? 먼저 자신이 어떤 태도로 살아가고 있는지 정직하게 성찰해 보는 것이 중요하다. 나는 주로 미래의 성취를 위해 현재를 희생하고 있는가? 아니면 과거의 상처나 실패에 사로잡혀 현재와 미래를 포기하고 있는가? 또는 현재의 즐거움만을 추구하며 미래를 외면하고 있는가? 이런 질문들을 통해 자신의 현재 상태를 파악한 후에야 변화의 방향을 설정할 수 있다.

　진정한 행복을 위해서 우리는 현재와 미래, 즐거움과 의미 사이의 균형을 찾아야 한다. 이는 단순히 중간 지점을 찾는 것이 아니라 현재의 경험 속에서 미래의 가능성을 발견하고, 즐거운 활동 속에서 의미를 찾아내는 것이다. 예를 들어, 공부를 단순히 시험 성적이나 취업의 수단으로만 보지 말고 새로운 지식을 알아가는 과정 자체에서 즐거움을 찾으려고 노력해야 한다. 동시에 그 공부가 자신의 장기적인 성장과 어떻게 연결되는지도 생각해 보아야 한다.

　이런 관점에서 볼 때, 행복은 단순히 감정이나 기분의 문제가 아니라 삶을 바라보는 태도와 관점의 문제다. 같은 상황이라도 어떤 렌즈를 통해 바라보느냐에 따라 전혀 다른 경험이 될 수 있다. 성취주의자는 현재의 어려움만을 보고 미래의 보상을 기다리지만, 행복한 사람은 현재의 어려움 속에서도 성장의 기회를 발견하고 그 과정 자체에서 의미를 찾는다. 허무주의자는 과거의 실패에 사로잡혀 모든 것을 포기하지만, 행복한 사람은 과거의 실패에서 교훈을 얻고 새로운 도전을 위한 발판으로 삼는다. 쾌락주의자는 순간의 즐거움만을 추구하지만, 행복한 사람은 현재의 즐거움이 미래의 더 큰 만족과 어떻게 연결되는지를 생각한다.

결국 행복은 훈련을 통해 기를 수 있는 능력이라고 할 수 있다. 마치 근육을 단련하듯이 현재에 집중하는 능력, 의미를 찾는 능력, 균형을 잡는 능력을 지속적으로 연습하고 발전시켜 가야 한다.

이번 절에서 이야기한 세 가지 삶의 태도들을 통해 우리는 자신이 어떤 시간의 노예가 되어 있는지 깨달을 수 있었다. 이제 그런 속박에서 벗어나 과거와 현재, 미래를 조화롭게 통합하는 진정한 행복의 길을 걸어가길 바란다. 그렇게 할 때 우리는 성취주의자처럼 현재를 희생하지도 않고, 쾌락주의자처럼 미래를 외면하지도 않으며, 허무주의자처럼 모든 것을 포기하지도 않는 건강하고 균형 잡힌 삶을 살 수 있다.

행복한 사람들의 특징은 무엇인가?

지금까지 행복에 대한 다양한 철학적 접근을 살펴보았다. 이 절에서는 구체적으로 행복한 사람들이 실제로 어떤 특징을 지니는지, 그리고 어떻게 그들의 모습을 닮아갈 수 있는지에 대해 이야기해 보자. 혹시 당신 주변에 늘 밝고 긍정적인 사람이 있는가? 그 사람을 떠올려보면서 이번 절을 읽어 보라.

행복한 사람들의 특징은 과연 어디서 오는 것일까? 이는 단순히 타고난 성격이나 선천적인 요인만으로 설명할 수 없는 어떤 복합적 현상이다. 탈 벤-사하르는 그의 긍정 심리학 연구를 통해 행복이 단순히 우연의 산물이 아니라 체계적으로 훈련하고 개발할 수 있는 능력임을 강조한다.[14] 그는 행복을 현재의 즐거움과 미래의 의미를 동시에 추구하는 상태로 정의하면서, 심리적으로 건강한 사람들이 공통적으로 보이는 특징들을 과학적으로 분석했다.

---

14) Ben-Shahar, T.. 2007. Happier: Learn the Secrets to Daily Joy and Lasting Fulfillment. McGraw-Hill.

행복한 사람들의 첫 번째 특징은 바로 그들의 말과 행동에서 드러나는 긍정적 표현능력이다. 같은 상황을 경험하더라도 이런 사람들은 그 상황을 해석하고 표현하는 방식이 다르다. 예를 들어, 시험에서 좋지 않은 결과를 받았을 때 불행한 사람은 "나는 정말 바보야"라고 말하는 반면, 행복한 사람은 "이번 경험을 통해 무엇을 배울 수 있을까?"라고 질문한다. 이는 단순한 긍정적 사고가 아니라 '성장 마인드-셋'을 기반으로 한 건설적인 인지 패턴이다.

셀리그만이 진행한 장기간의 연구에 따르면, 정신적으로 건강한 사람들은 일상 대화에서 감사 표현을 3배 더 많이 사용하며, 미래에 대한 희망적 언어를 2배 더 자주 사용한다고 한다. 이들은 "고마워" "다행히" "기대돼"와 같은 긍정적 감정을 드러내는 표현을 자연스럽게 사용한다.[15] 더 흥미로운 것은 이러한 언어 사용이 단순히 행복의 결과가 아니라 행복을 만들어내는 원인이 된다는 점이다.

그리고 이들의 말과 행동을 면밀히 관찰하면, 이들은 타인과의 관계에서 특별한 패턴을 보인다. 행복한 사람들은 대화할 때 상대방의 말을 주의 깊게 듣고, 진정한 관심을 표현하며, 상대방의 성공을 진심으로 축하해준다. 심리학에서 이를 '적극적이며 건설적인 반응'이라고 부르는데, 이는 단순히 "좋겠다"라고 말하는 것이 아니라 "정

---

15) Seligman, M. E. P., Steen, T. A., Park, N. & Peterson, C., 2005. Positive Psychology Progress: Empirical Validation of Interventions. American Psychologist, 60(5), pp. 410-421. 이 논문에서 실험자들은 매일 하루 동안 세 가지 좋았던 일과 그 이유를 설명하는 감사 편지를 작성하고 이를 직접 전달하는 활동은 즉각적인 행복 증가 및 우울감 감소를 가져왔고, 1개월 후에도 효과를 유지했다.

말 대단해! 어떤 기분이야? 그 과정에서 가장 기억에 남는 순간은 뭐야?"와 같이 상대방의 긍정적 경험을 확장하는 대화 방식을 말한다.

중국 고전에서 행복했던 사람의 모형을 찾아본다면, 우선 공자(孔子)의 제자 안회(顔回)를 떠올릴 수 있다. 안회는 "누추한 골목에서 한 그릇의 밥과 한 바가지의 물로 생활하면서도 다른 사람들은 그 근심을 견디지 못하지만, 안회는 그 즐거움을 잃지 않았다"라고 기록되어 있다.[16] 이것은 외부적인 조건과는 상관없이 내적 만족을 찾는 행복한 사람의 모습을 보여준다. 현대적 표현으로 말하면 안회는 물질적 풍요보다는 학문적 성장과 도덕적 완성에서 진정한 기쁨을 찾는 사람이다.

서양 문학에서 빅토르 마리 위고(Victor-Marie Hugo)의 《레 미제라블》에 등장하는 미리엘 주교 역시 행복한 인물이다. 그는 어려운 상황에서도 다른 사람들을 위해 자신의 것을 기꺼이 내어주며, 심지어 자신을 속인 장 발장에게까지 은촛대를 선물로 주었다. 그리고 "장발장, 나의 형제여! 이제 당신은 더 이상 악의 수중에 있지 않고 선의 소유가 되었소"라고 말한다. 이는 타인의 선함을 믿고 그들의 잠재력을 끌어내는 행복한 사람의 특징을 보여준다.

그렇다면 이러한 행복한 사람들의 말과 행동을 뇌과학적으로는 어떻게 설명할 수 있을까? 최근의 신경과학 연구에 따르면, 긍정적인 말과 행동은 실제로 뇌의 구조와 기능을 변화시킨다. UCLA의 매

---

16) 《논어》, 옹야편(雍也篇)- 9장, 子曰 賢哉回也 一簞食一瓢飮 在陋巷 人不堪其憂 回也不改其樂 賢哉回也.

튜 리버만(Mattew D. Lieberman)의 연구에 따르면, 감사 표현을 할 때 뇌의 보상 시스템이 활성화되면서 도파민과 세로토닌 분비가 증가한다는 것이다.[17] 더 놀라운 것은 이러한 변화가 단순히 일시적인 것이 아니라, 반복적인 긍정적 행동을 통해 뇌의 신경 연결망 자체가 재구성된다는 점이다. 특히 중요한 것은 '먼저 행동하기'다.

많은 사람이 행복해지면 긍정적으로 행동할 수 있다고 생각하지만, 실제로는 그 반대가 더 효과적이다. 하버드 대학교의 에이미 커디(Amy J. C. Cudd)가 진행한 '파워 포즈' 연구는 이를 잘 보여준다.[18] 단순히 2분 동안 자신감 넘치는 자세를 취하는 것만으로도 테스토스테론수치가 증가하고 스트레스 호르몬인 코르티솔이 감소한다. 이러한결과는 우리의 몸짓과 행동이 자기감정과 생각에 직접적인 영향을 미친다는 것을 의미한다.

좋은 행동을 우선 하는 것의 효과는 크다. 타인을 위한 친절한 행동을 할 때 뇌의 미주신경이 활성화되면서 심박수가 안정되고 면역 시스템이 강화된다. 이를 '도우미의 최고점'이라고 부르는데, 다른 사람을 도울 때 우리 자신도 신체적, 정신적으로 더 건강해진다. 따라서 행복한 사람들이 보이는 이타적 행동은 단순한 도덕적 선택을

---

17) Lieberman, M. D.. 2013. Social: Why Our Brains Are Wired to Connect. Crown Publishers.

18) Cuddy, A. J. C. Wilmuth, C. A., & Carney, D. R.. 2012. The benefit of power posing before a high-stakes social evaluation. Harvard Business School Working Paper. pp. 13-27.

19) Post, S. G.. 2005. Altruism, happiness, and health: It's good to be good. International Journal of Behavioral Medicine. 12(2), pp. 66~77

넘어, 자신의 행복을 보조하는 행위라는 것이 입증되었다.[19]

행복한 사람들이 보이는 또 다른 양상 중 하나는 긍정적인 행동 혹은 말이 반사적으로 나온다는 것이다. 누군가 자신의 실수를 반성할 때, 그들은 "괜찮아"나 "다음에는 더 잘할 수 있을 거야"와 같은 위로의 말을 자연스럽게 내뱉는다. 이는 의도적으로 계산해서 하는 말이 아니라, 오랜 훈련을 통해 체화된 반사적 반응이다. 반복적인 긍정적 행동과 말은 뇌의 기저핵에 새로운 신경 회로를 형성하여 점차 의식적 노력 없이도 자동적으로 긍정적 반응이 나오도록 만든다. 이는 마치 자전거 타기나 악기 연주와 같은 기술이 반복 연습을 통해 자연스러워지는 것과 유사한 원리다. 즉, 처음에는 의식적으로 긍정적으로 반응해야겠다고 생각하며 노력해야 하지만, 지속적인 연습을 통해 이것이 자연스러운 반사 행동이 될 수 있다는 것이다.

현대인들을 위한 행복 실천을 생각해 보면, 디지털 시대의 특수한 상황을 고려해야 한다. 소셜 미디어와 끊임없는 정보 노출 속에서 살아가야만 하는 우리는 과거 사람들과 다른 행복 전략이 필요하다. 현대인들은 비교의 함정에 빠지기 쉽다. 그래서 자신만의 행복 기준을 세우는 것이 우선 중요하다. 비교의 함정은 특히 소셜 미디어 환경에서 두드러지게 나타난다. 우리는 인스타그램이나 페이스북에서 다른 사람들의 완벽해 보이는 순간들만을 보게 되고, 이를 자신의 일상과 비교하게 된다. 하지만 이러한 비교는 근본적으로 공정하지 않다. 다른 사람의 하이라이트를 자신의 일상과 비교하고 있는 것이기 때문이다.

소셜 미디어 사용 시간이 하루 30분을 넘으면 우울감과 불안감이 현저히 증가한다고 한다. 이는 지속적인 사회적 비교가 뇌의 자존감과 관련된 영역에 부정적 영향을 미치기 때문이다. 더욱 문제가 되는 것은 현대인들이 '좋아요' 수나 댓글, 유튜브 조회수와 같은 외부 인정 지표에 의존하게 되면서 자신의 가치를 타인의 반응으로 평가하게 된다는 점이다. 이는 내재적 동기보다는 외재적 동기에 의존하게 만들어 진정한 만족감을 느끼기 어렵게 만든다.

또한 현대인들은 과도한 정보 노출로 인해 '선택의 역설'에 직면하게 된다. 배리 슈워츠(Barry Schwartz)가 제시한 이 개념은 선택지가 너무 많아지면 오히려 결정을 내리기 어려워지고, 결정을 내린 후에도 다른 선택이 더 나았을 것이라는 후회감에 시달리게 된다는 의미다.[20] 현대인들은 진로 선택부터 일상적인 구매 결정까지 무수히 많은 선택지 앞에서 결정 피로를 경험하게 되고, 이는 전반적인 삶의 만족도를 낮춘다.

이렇듯 디지털 시대에 살고 있는 우리는 하루 종일 스마트폰과 소셜 미디어의 끊임없는 자극에 노출되어 있다. 이러한 환경에서 행복을 추구하려면 의도적으로 디지털에서 잠시 벗어나는 시간을 만드는 것이 중요하다. 하루 중 일정 시간을 정해서 스마트폰을 완전히 꺼두고 자연을 관찰하거나, 책을 읽거나, 운동이나 명상하는 시간을 갖는 것을 권한다. 이 시간 동안 뇌의 기본 모드 네트워크가 활성화되면서 창의성과 내적 평화가 증진된다.

---

20) Schwartz, B., 2004. The Paradox of Choice: Why More Is Less. Harper Collins.

또한, 긍정 심리학을 옹호하는 작가 숀 아처(Shawn Achor)의 방법에 따르면, 매일 최소한의 시간만 투자해도 큰 효과를 볼 수 있다. 매일 세 가지 감사할 일을 찾고, 6분 동안 운동하며, 5분 동안 명상하는 것만으로도 뇌의 편향성을 긍정적 방향으로 재훈련시킬 수 있다. 이는 단순해 보이지만 뇌과학적으로 매우 강력한 효과가 있다.[21]

보다 중요한 것은 의미있는 인간 관계에 시간을 투자하는 것이다. 하버드 대학교에서 1938년부터 현재까지 진행 중인 최장기 연구인 성인 발달 연구에 따르면, 인생의 행복과 건강을 결정하는 가장 중요한 요소는 좋은 인간관계다. 현대인들은 종종 성취와 성공에만 집중하느라 관계를 소홀히 하는데, 실제로는 깊이 있는 인간관계야말로 지속 가능한 행복의 원천이다. 이는 단순히 많은 사람과 관계를 맺는 것을 넘어, 서로에게 진정한 관심으로 지지하는 관계를 의미한다. 온라인의 표면적 관계가 아닌 오프라인에서의 깊은 대화와 공감, 함께하는 시간을 통해 형성되는 관계에서 진정한 행복을 느낄 수 있다. 이러한 관계는 스트레스 상황에서 버팀목이 되어주고, 기쁨의 순간에는 그 즐거움을 배가하는 역할을 한다.

지금 이 책을 읽고 있을 대부분의 대학생과 사회 초년생의 경우, 당신들이 직면하는 독특한 도전을 생각해 보아야 한다. 진로에 대한 불확실성, 경쟁 압력, 독립에 대한 부담감 등이 이 시기의 주요 스트레스 요인이다. 이러한 상황에서 행복을 추구하기 위해서도 행복을

---

21) Achor, S., 2010. The Happiness Advantage: The Seven Principles of Positive Psychology That Fuel Success and Performance at Work. Crown Business.

향한 전략이 필요하다.

취업 준비를 하는 대학생이 계속되는 면접 실패로 좌절감을 느끼는 상황을 생각해 보자. 이럴 때 행복한 사람들은 어떻게 반응할까? 그들은 실패를 개인적 결함의 증거로 보지 않고 성장의 기회로 해석한다. 캐롤 드웩(Carol S. Dweck)이 제시한 성장 마인드셋(Growth mindset)의 관점에서, "나는 면접을 못했어"라고 말하는 대신 "나는 아직 면접 기술을 충분히 연마하지 못했구나!"라고 표현한다. 이러한 언어의 변화는 단순해 보이지만 뇌의 신경가소성을 활용하여 실제로 학습 능력과 회복력을 증진하게 만든다.

또 다른 예로, 신입사원이 낯선 환경 업무에 적응하며 압박감을느낀다고 가정하자. 많은 사람이 완벽함을 추구하다가 오히려 스트레스를 가중하는 경우가 많다. 이런 상황에서는 전형적인 악순환이 발생한다. 완벽하게 하려는 부담감이 클수록 실수에 대한 두려움이 커지고, 이는 집중력을 떨어뜨려 실제로 더 많은 실수를 유발한다. 실수가 늘어나면 자신감은 더욱 떨어지고, 이는 다시 완벽주의적 태도를 강화하는 악순환을 만든다. 이러한 악순환은 또한 스트레스 호르몬인 코르티솔의 지속적 분비를 촉진하여 기억력과 창의성을 저하하고, 심지어 면역 체계까지 약화시킨다.

이러한 악순환을 끊어내기 위해서는 먼저 '충분히 좋음'의 기준을 설정하는 것이 좋다. 심리적으로 건강한 사람들은 100점을 목표로 하는 대신 80점 정도의 만족할 만한 결과를 목표로 설정하고, 이를 달성했을 때 자기를 인정하고 축하한다. 이런 태도는 뇌의 보상 시스템을 활성화시켜 긍정적인 피드백 루프를 만든다. 실제로 이들이 사용하는 것은 작은 성취와 승리 축적의 전략이다. 복잡한 프로젝트를 맡았을 때 전체를 한 번에 완성하려 하지 않고 오늘은 자료 수집, 내일은 초안 작성, 모레는 검토와 수정 등으로 나누어 매일 작은 성취감을 느끼도록 한다. 이는 도파민 분비를 지속적으로 유지하며 동기를 꾸준히 유지하는 효과가 있다.

인간관계 측면에서도 특별한 접근이 필요하다. 대학 생활에서 선배와의 관계나 직장에서의 동료 관계가 어려울 때, 행복한 사람들은 일방적인 도움 요청보다는 상호 성장할 수 있는 멘토링 관계를 구축한다. 어려운 수업에서 고민하는 후배에게 자기 경험을 나누어주거나, 직장에서 새로운 시스템을 배우면서 동료들과 서로 정보를 공유하는 모습을 보인다. 이러한 상호 도움은 단순한 지식 전달을 넘어서 소속감과 의미를 동시에 충족시켜준다.

정체성의 혼란을 겪는 상황도 흔하게 나타난다. 많은 대학생이 "나는 경영학과 학생이야"라고 자신을 정의하거나, 신입사원이 "나는 회계팀 직원이야"라고만 생각하는 경우가 있다. 하지만 행복한 사람들은 훨씬 풍부한 정체성을 가지고 있다. 학업이나 직업뿐만 아니라 친구, 자녀, 취미 활동가, 봉사자 등 다양한 역할을 통해 자신을 정의한다. 시험 기간에 스트레스를 받는 학생이 평소 즐기던 음악 활동이나 운동을 통해 다른 측면의 자신을 발견하고 위안을 찾는 것도 이런 맥락에서 이해할 수 있다.

미래에 대한 불안과 과거에 대한 후회 사이에서 흔들릴 수도 있다. 졸업을 앞둔 학생이 졸업 후에 어떻게 될까, 하는 불안과 대학 시절을 너무 헛되이 보낸 것 같다는 후회 사이에서 괴로워하는 상황을 생각해 볼 수 있다. 행복한 사람은 이럴 때 현재 순간에 집중하는 능력을 발휘한다. 지금 내가 할 수 있는 일, 오늘 해야 할 과제나 친구와의 만남에 온전히 집중하는 것이다. 이는 단순하게 명상하는 것이 아니라 커피를 마실 때는 그 맛과 향에 집중하고, 친구와 대화할 때는 그 순간의 감정과 생각에 완전히 몰입하는 것을 의미한다.

행복한 사람들의 특징을 살펴보면서 우리가 깨달은 것은 행복이 우연히 찾아오는 것이 아니라는 것이다. 그들의 말과 행동, 사고 패턴은 모두 훈련과 연습을 통해 개발된 것이다. 우리 역시 이러한 특징들을 의식적으로 연습하고 체화시켜 나간다면, 더 행복한 삶을 살아갈 수 있을 것이다. 행복은 목적지가 아니라 여행하는 방식이라는 것을 기억하고, 독자 여러분도 오늘부터 작은 실천을 시작해 보기 바란다.

〈생각 및 토론 거리〉

1. 물질적 풍요가 인간의 행복에 얼마나 기여하는가, 아니면 정신적·관계적 요소가 더 기여하는가?
2. 쾌락주의적 행복과 의미 지향적 행복 중 어느 것이 진정한 삶의 만족을 더 잘 보장하는가?
3. 개인의 자유와 사회적 규범 사이에서 균형을 찾는 것이 행복에 필수적인가?
4. 고통과 시련을 경험하는 것이 행복을 느끼는 능력에 긍정적 영향을 미치는가, 아니면 부정적 영향을 미치는가?
5. 행복은 개인의 선택과 노력으로 달성 가능한가, 아니면 환경·유전 등 외적 요인에 크게 의존하는가?
6. 현대 기술과 디지털 문화가 인간의 행복에 미치는 영향은 긍정적인가, 부정적인가?

〈읽을 거리〉

1. 리처드 레이어드 | 정은아 역(2011). [행복의 함정] 북하이브.
2. 에리히 프롬 | 차경아 역(2020). [소유냐 존재냐] 까치.
3. 배리 슈워츠 | 형선호 역(2004). [선택의 패러독스] 웅진지식하우스

〈영화 볼거리〉

1. 폴 웨이츠(Paul Weitz) & 크리스 웨이츠(Chris Weitz) 감독(2001). [어바웃 어 보이(About a Boy)] 영국: Universal Pictures. – 다양한 인간관계 속에서 주인공이 성장하며 진정한 행복과 책임감을 깨닫는 이야기.
2. 로버트 저메키스(Robert Zemeckis) 감독(1994). [포레스트 검프(Forrest Gump)] 미국: Paramount Pictures. – 삶의 우연과 선택 속에서 주인공이 경험하는 사랑, 우정, 성취를 통해 행복의 다양한 의미를 보여주는 영화.

일상의 철학, 행복을 말하다

행복: 열두 이야기

초판 1쇄 발행일 | 2026년 3월 27일

지은이　　| 최현철
펴낸곳　　| 메디마크
펴낸이　　| 정기국
디자인　　| 서용석
관리　　　| 안영미

주소　　　| 서울시 성동구 마조로 22-2, 한양대동문회관 413호
전화　　　| (02) 325-3691
팩스　　　| (02) 6442 3690
등록　　　| 제 303-2005-34호(2005.8.30)

ISBN　　| 979-11-993268-3-5　03100
값　　　　| 18,000원